中共巩留县委
巩留县人民政府 主办

巩留年鉴

2021

巩留县党史研究室
巩留县档案馆 编

方志出版社
Publishing House of Local Records

图书在版编目(CIP)数据

巩留年鉴.2021 / 巩留县党史研究室, 巩留县档案馆编.—北京:方志出版社, 2022.12
ISBN 978-7-5144-5510-6

Ⅰ.①巩… Ⅱ.①巩… ②巩… Ⅲ.①巩留县—2021—年鉴 Ⅳ.①Z524.54

中国版本图书馆CIP数据核字(2022)第252551号

责任编辑:程倩
责任校对:刘玉霞
责任印制:梅中英
出 版 者:方志出版社
地　　址:北京市朝阳区潘家园东里9号(国家方志馆4层)
邮　　编:100021
网　　址:http://www.zgfzcb.cn
发　　行:方志出版社图书营销中心(010-67110500)
印　　刷:新疆金版印务有限公司
开　　本:889毫米×1194毫米 1/16
印　　张:13
字　　数:391千字
版　　次:2022年12月第1版
印　　次:2022年12月第1次印刷
定　　价:180.00元

《巩留年鉴（2021）》编纂委员会

主　任：熊　瑞

副主任：卓力得拜·吉尔哈力拜　沈慧娟　秦晓伟　吴桂春　王军文　孙国君

成　员：田　振　马敬喆　哈列力·奴苏甫汗　徐晓勤　胡飞龙　王　蕾　刘中华
李建刚　苗全国　叶芬玲　贺　玫　彭良成　刘晓雨　雷李君　文春梅

《巩留年鉴（2021）》编辑部

总策划：沈慧娟

主　编：胡飞龙

副主编：陈臻伟

编　辑：褚彦平　李平和　宗　娟　程志英　马文晶

编辑说明

一、《巩留年鉴(2021)》以马克思列宁主义、毛泽东思想、邓小平理论、“三个代表”重要思想、科学发展观、习近平新时代中国特色社会主义思想为指导，坚持辩证唯物主义的立场、观点和方法，全面、客观、系统地记述2020年该县自然、政治、经济、文化和社会发展状况，本书可为社会各界认识、了解新疆维吾尔自治区巩留县提供全面、准确、权威的信息，并为续修地方志积累资料。

二、《巩留年鉴(2021)》全书设31个类目：特载、专记、大事记、概况、对口支援、中共巩留县委员会、巩留县人民代表大会、巩留县人民政府、中国人民政治协商会议巩留县委员会、中共巩留县纪律检查委员会 巩留县监察委员会、群众团体、法治、军事、经济监督与管理、应急管理、农业、工业、交通·邮政·通信、金融业、城乡建设、贸易、自然资源·环境保护、科学技术、教育、文体·旅游、卫生健康、社会·民生、乡镇·片区·社区建设、驻县单位、荣誉和附录。

三、《巩留年鉴(2021)》采用分类编辑法，设类目、分目、条目三个层次。

四、《巩留年鉴(2021)》收录的县四套班子领导人名单以上年末在职为准。

五、《巩留年鉴(2021)》条目中的少数民族人名，尽量使用全名；各部门、各单位名称第一次出现时，均用全称，以后均用简称，文中出现的自治区，无特别注明下均指新疆维吾尔自治区。

六、《巩留年鉴(2021)》采用的稿件资料均由巩留县各部门、各单位、各乡镇片区和驻县各单位提供，所有材料均经供稿单位负责审核同意，由巩留县党史研究室(县地方志办公室)梳理编辑、巩留县地方志编委会审定。

七、《巩留年鉴(2021)》所用的数据以统计部门公布的为准，统计部门未公布的采用各单位提供的数据。因统计口径不同，有关部门所用个别数据与统计资料中的数据不尽一致，引用时以《巩留县国民经济与社会发展统计公报》为准。

八、数字用法、标点符号用法分别采用国家标准《出版物上数字用法》(GB/T15835—2011)、《标点符号用法》(GB/T15834—2011)，计量单位采用国家技术监督局1993年12月发布的《量和单位》系列国家标准。

九、根据2018年国有农牧场改制方案要求，将原有国有农牧场改为片区党工委，划入乡镇管理，2019年至2020年，为提高片区服务效率，结合实际情况，其间对片区进一步优化整合，对片区干部进行分流安置，变化后片区在《巩留年鉴(2021)》中收录。

十、巩留县直各单位、各乡镇片区均为《巩留年鉴(2021)》编纂委员会成员单位。

党的建设

巩留县学习贯彻党的十九届五中全会精神专题宣讲会举行

6月29日，巩留县机关和新兴组织党建工作推进会举行

9月28日，巩留县第二届党建文化节党务干部知识竞赛总决赛举行

10月24日，中国共产主义青年团巩留县第十一次代表大会参会代表合影

9月18日，巩留县2020年老干部党员培训示范班开班典礼举行

4月22日，表彰“访惠聚”驻村工作先进集体和先进个人

5月28日，巩留县召开“算清两笔账　感恩共产党”活动现场推进会

社区干部为老党员上门送学

巩留县引进高层次紧缺人才座谈会暨2018年、2020年安家费发放仪式举行

11月21—27日，新疆巩留县基层党建暨发展壮大村集体经济培训班举办

党小组搬进牧区

法　治

9月27日，伊犁州巩留县提克阿热克镇政府基层立法点授牌仪式举行

巩留县农村集体产权制度改革自治区级评估总结验收反馈会举行

萨尔乌泽克村干部调解矛盾纠纷

消费者权益日宣传活动

移动法庭入户开庭解民忧

交通安全知识宣传

马背宣讲队踏雪“送法到牧区”

青少年法治教育宣讲

市场监管部门行政执法

大农业

4月10日，巩留县阿克加孜克小流域水土保持综合治理项目谷坊及经济林

4月11日，巩留县吉尔格朗乡应急水源项目供水管道回填

克热森布拉克村乌图布拉克片区加压滴灌项目

巩留县2020年农村饮水安全工程维修养护项目穿渠南岸干渠管道安装与焊接

新农村道路建设

巩留县2020年农村饮水安全工程维修养护项目吉尔格朗乡水厂跨河大桥架断裂加固修复

转场

阿克吐别克镇林果高效栽培示范园

无人机喷药防治病虫害

农业农村局领导调研作物病虫害危害情况

甜叶菊种植基地

中草药产业

阿克图别克镇华凌牛养殖基地

羊标准化养殖

鲟鱼养殖场实景（育苗车间）

果农喜获丰收

干杏晾晒

特色产品展示

安全生产

巩留县应急管理局召开“轻骑兵”前突小队和志愿消防速报员队伍协调会议

巩留县2020年第四季度安全生产工作会议召开

疏通泄洪渠道现场

加油站应急演练

森林草原防火应急演练

民生建设

9月6日，巩留县城供水改扩建工程水厂基础独立柱施工

3月18日，巩留县鑫牛社区城乡一体化供水工程管沟开挖施工现场

3月18日，巩留县塔斯托别克乡英塔木村管网提升改造工程供水管道垮渠桁架吊装

丁香湖全景

再开溪河沿岸城区改造

蝶泉

蝶湖游园一角

丁香湖

团结湖鸟瞰图

栖湖湾小区

工 业

巩留县城北中小微企业创业园民生工业基地

新疆嘉格森新能源材料股份公司

伊犁华凌农牧科技产业园巩留县华凌活畜交易市场开业

建设中的红光村贫困户就业孵化基地

巩留镇卫星工厂

民族团结

巩留县“中华民族一家亲 同心共筑中国梦”主题知识竞赛举行

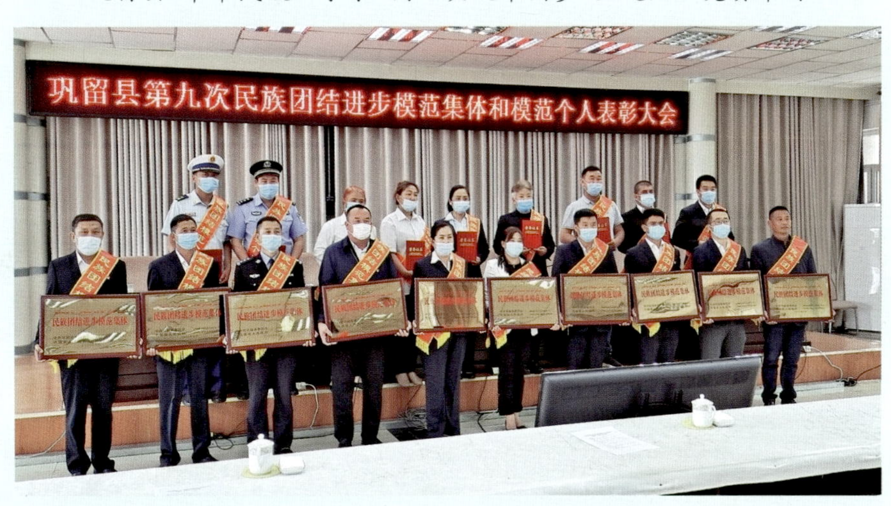

巩留县第九次民族团结进步模范集体和模范个人表彰大会举行

民族团结一家亲活动

“情满伊犁·爱传万家”讲述我身边的民族团结感人故事大赛获奖选手合影

共青团爱心生日会

哈萨克买里社区文化大院民族团结一家亲活动

“最美的季节 邂逅最美的你们”民族团结一家亲活动

结对干部给“妈妈”过生日

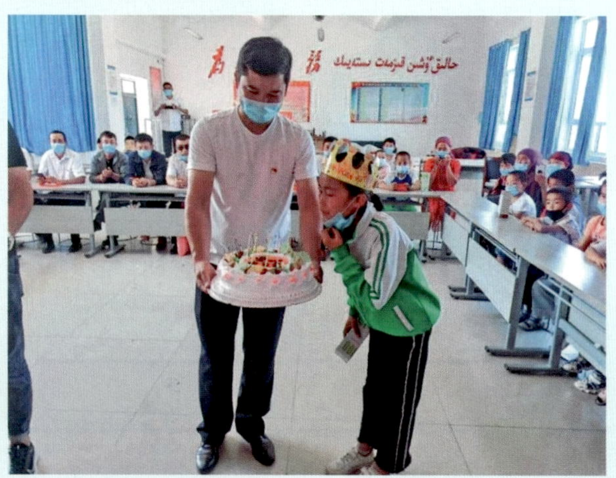

民族团结联谊活动

文体教育　医疗卫生

10月21日，巩留县教育系统首届“教育援疆·蝶湖论道”书记校长论坛活动开幕式在青少年活动中心举行

5月25日，巩留县2020年区内初中班中考前工作协调会议

6月14日，2020年中考、普通高考考前会议暨考试环境综合整治联席会议

巩留县第二小学

第二小学儿童节活动

巩留镇哈萨克买里社区“小手拉大手　感恩祖国一起走”主题六一儿童节活动举行

习近平新时代中国特色社会主义思想宣讲活动

纸伞上的中国画

文化下乡

巩留云杉中学举办“五老人员”宣讲进校园 红色精神永流传活动

巩留县税务局"石榴籽"篮球邀请赛

健康知识进毡房活动

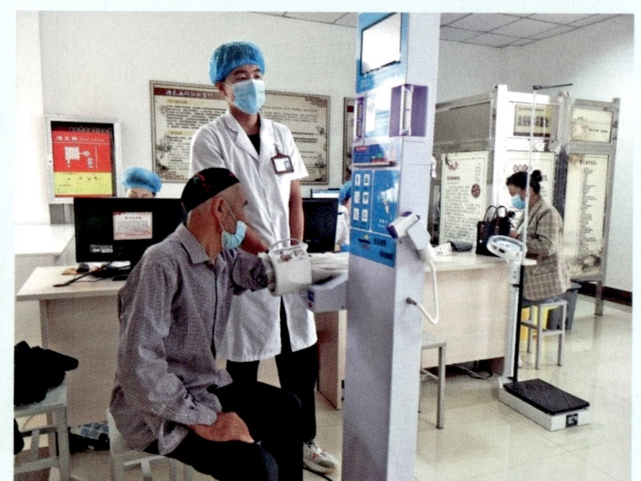

全民健康体检

居民为疫情防控一线的社区干部送锦旗

交通、旅游

道路改造

6月13日，东买里镇红光村铺设的柏油路

春色满园

儿童水上乐园

文化路

杏花山下新农村

富芍花海观光旅游

曲鲁克野果林

提克阿热克芦苇湿地

伊犁河沿岸次生林

援 疆

2020年巩留县援疆项目动员部署会召开

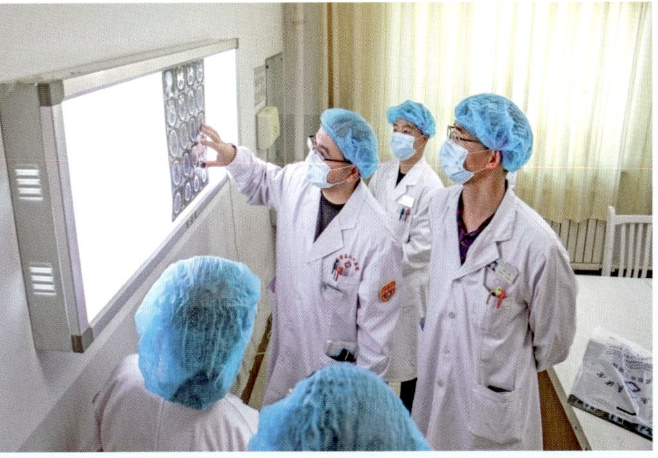

巩留县人民医院张家港援疆医生会诊

张家港市援建的石榴籽书屋

张家港援建的喀拉苏社区办公楼

巩留县别斯沙拉村村委会

志愿者活动

9月19日，巩留县举行2020年西部计划大学生志愿者暨南农研支团欢迎仪式

盛康集团公司为巩留县捐赠面粉50吨

2月19日，七十三团金腾养殖合作社为巩留县送去1200板鲜鸡蛋

志愿者进行疫情防控社会面宣传

疫情防控期间志愿者服务队配送物资

志愿者服务队为残疾人员送温暖

志愿者帮助农户收玉米

目 录

特 载

专 记

大事记

概 况

建置区划

环境资源 经济发展

对口支援

援疆工作

中共巩留县委员会

重要会议、文件

综合党务工作

组织工作

宣传工作

统战工作

网络安全和信息化

机构编制

县直机关党建

老干部工作

党史地方志工作

党校工作

巩留县人民代表大会

巩留县人民政府

重要会议、文件

政务服务

综合服务

中国人民政治协商会议 巩留县委员会

中共巩留县纪律检查委员会 巩留县监察委员会

群众团体

县总工会

共青团巩留县委员会

县妇女联合会

科 协

工商业联合会

残疾人联合会

红十字会

法 治

政法委

公 安

检 察

法　院

司法行政

军　事

人民武装

武警巩留中队

经济监督与管理

宏观经济管理

市场监管

财　政

税　收

统计服务

审计监督

应急管理

巩留县应急管理局

巩留县消防救援大队

巩留县森林消防大队

农　业

综　述

种植业

养殖业

农牧机械

林业和草原

水　利

工　业

综　述

园区建设

电　力

交通·邮政·通信

交　通

企业简介

邮 政

通 信

中国电信股份有限公司巩留分公司

中国移动通信集团新疆有限责任公司巩留县分公司

中国联合网络通信有限公司巩留县分公司

金融业

银 行

中国工商银行股份有限公司巩留支行

中国农业发展银行巩留县支行

中国农业银行股份有限公司巩留县支行

巩留县农村信用合作联社

中国邮政储蓄银行巩留支行

保　险

中国人民财产保险股份有限公司

中国人寿保险股份有限公司 巩留县支公司

中华联合财产保险股份有限公司 巩留县支公司

城乡建设

城乡规划与管理

城区园林建设与管理

住房公积金管理

贸　易

供销合作

商务经信

石油销售

烟草专卖

自然资源·环境保护

自然资源管理

生态环境

科学技术

科　技

气　象

教　育

综　述

职业教育

中小学、幼儿园简介(部分)

文体·旅游

文体工作

融媒体宣传

旅　游

景区管理

卫生健康

医疗服务

卫生监督

地方病防治

妇幼保健

疾病预防控制

医院选介

巩留县人民医院

巩留县中医医院

社会·民生

居民生活

人力资源

社会保障

民 政

医疗保障

退役军人事务

乡镇·片区·社区建设

巩留镇

大营盘社区

库尔旦社区

哈萨克买里社区

乔勒潘社区

托乎玉孜社区

同干买里社区

提尔曼社区

蝶湖社区

西公园社区

良繁社区

巩良社区

塔什干沙孜村

牛场片区

农一社区

农三社区

农七社区

良种社区

鑫牛社区

核桃园社区

克孜勒齐勒克社区

阿依纳巴斯陶社区

库尔德宁镇

莫合社区

吉尔格朗乡

阿尕尔森镇

东买里镇

塔斯托别乡

盛荣社区

园艺社区

提克阿热克镇

阿克吐别克镇

哈雷社区

驻县单位

新疆生产建设兵团第四师七十三团

天山西部国有林管理局巩留分局

荣 誉

先进个人

先进集体

附 录

特　载

聚焦新时代党的治疆方略 奋力实现“十四五”良好开局

——中共巩留县第十一届六次全委（扩大）会议工作报告

（2021年1月13日）

这次会议的主要任务是，以习近平新时代中国特色社会主义思想为指导，深入学习贯彻党的十九届五中全会、中央经济工作会议、第三次中央新疆工作座谈会精神，贯彻落实自治区党委九届十一次全会、经济工作会议和伊犁州党委常委（扩大）会议精神，回顾总结2020年工作，部署2021年工作任务，动员全县各级党组织、广大党员干部群众，聚焦新时代党的治疆方略，奋力实现“十四五”良好开局。

一、提高政治站位，坚定坚决把思想和行动统一到党中央决策部署和自治区、伊犁州党委工作要求上来

党的十九届五中全会，是在我国“两个一百年”奋斗目标的历史交汇点、世界百年未有之大变局加速演变的关键时期召开的一次重要会议。习近平总书记的重要讲话，科学回答了事关我国经济社会长远发展的一系列方向性、根本性、战略性重大问题，创造性地提出了许多新思想新观点新论断新要求，为推动高质量发展、构建新发展格局、夺取全面建设社会主义现代化国家新胜利提供了科学指南。中央经济工作会议，是在全面建成小康社会胜利在望、全面建设社会主义现代化国家新征程即将开启的重要历史时刻召开的一次重要会议。习近平总书记的重要讲话，全面回答了当前形势怎么看、应对挑战怎么办、把握机遇怎么干，提出了一系列重大判断、重要观点、重大举措，为我们在新发展阶段贯彻新发展理念、构建新发展格局、推动高质量发展提供了根本遵循。自治区党委九届十一次全会，充分总结了新疆“十三五”时期经济社会发展取得的重大成效，清晰展望了到2035年新疆与全国同步基本实现社会主义现代化的远景目标，明确提出了“十四五”时期新疆经济社会发展的指导思想、基本原则、主要目标和重点工作，为我们做好当前和今后一个时期的工作明确了方向、坚定了信心。自治区党委经济工作会议，全面总结2020年经济工作，深入分析当前经济形势，科学确定了2021年经济工作的目标任务、思路举措，为我们做好今年工作指明了具体路径、注入了强大动力。伊犁州党委常委（扩大）会议，深入贯彻党中央、自治区党委会议精神，提出了“十四五”时期伊犁经济社会发展的指导思想和基本原则、工作目标、工作举措，对2021年工作进行了全面安排部署。这些都为我们开创改革发展稳定新局面指明了方向、提供了遵循。

全县广大党员干部要提高政治站位，加强组织学习，坚定坚决把思想行动统一到党中央决策部署和自治区、伊犁州党委工作要求上来,完整准确贯彻新时代党的治疆方略,聚焦聚力总目标,坚持依法治疆、团结稳疆、文化润疆、富民兴疆、长期建疆,主动适应新发展阶段,坚定贯彻新发展理念,加快融入新发展格局,实施好"十四五"规划,扎实推进自治区党委统一安排的30件事和伊犁州党委(常委)扩大会议精神落实,确保各项工作取得实效。

二、总结工作成效,坚定推动巩留各项事业发展的信心和决心

刚刚过去的一年,极不平凡、极其不易。面对突如其来的新冠肺炎疫情和艰巨繁重的改革发展稳定任务,全县在自治区、伊犁州党委的坚强领导下,苦干实干、奋力拼搏,夺取了疫情防控和经济社会发展"双胜利",为"十三五"圆满收官、全面建成小康社会、开启全面建设社会主义现代化新征程奠定坚实基础。

抗击疫情坚决有力。面对疫情防控大战大考,坚持把人民群众生命安全和身体健康放在第一位,大力弘扬伟大抗疫精神,坚决落实"防、控、治、保、稳"五字要诀,守好"三道防线",落实"八项监测预警机制",疫情防控攻坚战取得阶段性胜利稳定大局不断巩固。

经济发展提速增效。预计全年完成地区生产总值57.2亿元,增长6%;固定资产投资15.2亿元,增长118%;规模以上工业增加值5.6亿元;一般公共预算收入2.12亿元,增长11.85%;限上社会消费品零售总额7788万元,增长40%;城镇、农村人均可支配收入分别达到31297元、15165元,分别增长7%、8%。

人民生活持续改善。贫困户3781户13417人,脱贫成果不断巩固,脱贫攻坚收官之战取得决定性胜利。实现城镇就业再就业3633人,劳务输出4.51万人次。城东九年一贯制学校开工建设,完成云杉中学改造、义务教育薄弱环节改善与提升,教育教学质量不断提高。医疗卫生改革大力实施,为患者减轻医药负担1640万元。累计发放低保金、五保供养、社会救助金等5737.5万元,惠及2.77万人次,救助因疫情防控误工困难群众1.28万人次。农村基础设施不断完善,建设完成农村公路295千米、防渗渠108千米、改善农村饮水1.5万户、提升用电质量4000户,建成安居富民、牧民定居861套,群众获得感、幸福感明显提升。援疆干部人才扎根巩留、倾情奉献,赢得各族群众的尊敬和赞誉。

党的建设不断深化。推动"不忘初心、牢记使命"主题教育常态化制度化,党员干部党性得到锤炼。建强干部队伍,选派536名年轻干部到疫情防控、反恐维稳、脱贫攻坚一线淬炼;动议干部158人,其中"90后"年轻干部占比46%,干部结构进一步优化。投入2430万元完成6个村(社区)阵地建设;调优配强第一书记、村(社区)"两委"正职、乡镇卫生院支部书记和院长,保障基层经费和人员工资薪酬6429.7万元;消除10万元以下集体经济薄弱村。自治区党委第三巡视组反馈的34条问题完成整改。党风廉政建设"两个责任"严格落实,以案促改和警示教育深入开展,政治生态更加清朗。民主政治建设不断进步,人大、政协依法履职,爱国统一战线不断巩固,群团组织作用发挥,汇聚起推动改革发展稳定的强大合力。

回顾一年来的工作,我们用汗水浇灌收获,以实干笃定前行。全县各级各部门和广大党员干部坚守岗位、履职尽责,自觉把岗位当阵地守、把工作当事业干、把奉献当本分看;县四套班子领导率先垂范、深入一线抓落实;广大基层干部舍小家为大家,加班加点、忘我工作,坚定坚决完成"1+3"重点工作任务,各行各业都呈现出新气象、展现出新变化。这些成绩的取得,得益于自治区、伊犁州党委的坚强领导,得益于张家港市的无私援助,得益于驻县单位以及社会各界的共同奋斗,凝结了全县各级各部门和广大党员干部的辛勤汗水。在此,我代表县委,向全县各级党组织和广大党员干部群众,向驻县单位以及所有关心支持巩留发展的各界人士,表示衷心的感谢和崇高的敬意!

在看到成绩的同时,也要清醒地看到存在的突出问题和困难:一是疫情变化存在诸多不确定性，“外防输入、内防反弹”的压力巨大；二是全县经济总量还不大，一二三产支柱产业、优势产业、全链产业缺乏，园区基础配套设施还比较滞后，吸引集聚产业能力还不强，实现高质量发展的任务艰巨繁重。三是教育质量、医疗水平与群众期盼还有一定差距，农牧民持续增收潜力仍需挖掘，扶贫产业基础还不牢固。四是部分领导干部本领不强、作风不实，执行力、落实力还需提升。针对这些问题，必须靶向施策，在今后的工作中认真解决。

三、牢牢扭住社会稳定和长治久安总目标，奋力推进2021年各项工作取得新突破

2021年工作总体要求是：坚持以习近平新时代中国特色社会主义思想为指导，深入贯彻党的十九大和十九届二中、三中、四中、五中全会精神，贯彻落实中央经济工作会议和第三次中央新疆工作座谈会精神，贯彻落实自治区党委九届十次、十一次全会和经济工作会议精神，贯彻落实伊犁州党委常委（扩大）会议精神，完整准确贯彻新时代党的治疆方略，牢牢扭住社会稳定和长治久安总目标，坚持稳中求进工作总基调，立足新发展阶段、贯彻新发展理念、融入新发展格局，以推动高质量发展为主题，以深化供给侧结构性改革为主线，以改革创新为根本动力，以做好疫情防控和维护社会稳定为前提，紧贴民生加快发展，继续打好“三大攻坚战”，扎实做好“六稳”工作，全面落实“六保”任务，围绕伊犁州建立以“三大增长极”为重点的现代化产业体系，加快打造生物制药、农副产品加工、旅游经济“三大重点产业”，推动经济高质量发展，奋力开创巩留社会稳定和长治久安新局面。

2021年奋斗目标是：疫情零发生，稳定不出事，经济上台阶，实现地方生产总值65.78亿元、同比增长15%；固定资产投资45亿元，增长200%；规模以上工业增加值6.6亿元，增长18%；一般公共预算收入3亿元，增长40%；社会消费品零售总额11亿元，增长10%；外贸增长30%；城乡居民人均可支配收入分别增长8%、9%；城镇登记失业率控制在4.5%以内，人口自然增长率控制在5‰以内。实现上述目标，我们必须以勇于超越、争先进位的气魄和担当，跳起来摘桃子，跑出加速度，以严深细实的作风，扎实做好以下各项工作。

（一）坚定不移抓好疫情防控工作。始终绷紧疫情防控这根弦，坚持外防输入、内防反弹，持续强化战时机制，落实落细常态化疫情防控各项措施，做到思想不松、措施不松、机制不松、责任不松，坚决守住疫情不出事、不反弹的底线。坚决外防输入。压实出境人员包联责任，确保稳控到位。把好入县大门，发挥好进入县域三个公安卡点过滤网、护城河作用，做到来巩返巩人员即来即推、即推即核，不漏一人、管控到位。坚决内防反弹。坚持把落实落细“八项监测预警机制”作为重中之重，压紧压实专班责任，织密织牢监测网络，做到早发现、早报告、早隔离、早治疗。群防群治守好院门，压实村（社区）网格队伍和行业部门防控责任，加强无疫社区动态管理，坚决落实进入小区人员登记管理、体温检测、戴口罩、查验健康码等措施，常态化做好核酸检测应检尽检。持续加强重点部门和场所防控，确保万无一失。提升常态化疫情防控能力。强化县领导包联医疗机构工作责任，常态开展院感风险大排查，确保院感零发生。开展“五支专业队伍”大培训、大演练，做到召之即来、来之能战。科学有序做好疫苗接种、物资储备等工作，做到未雨绸缪、有备无患。

（二）坚定不移维护社会大局稳定。

（三）坚定不移推动经济高质量发展。深入贯彻新发展理念，围绕自治区“十大产业”布局和伊犁州加快打造“三大增长极”，重点发展生物制药、农副产品加工、旅游经济“三大重点产业”，推动经济高质量发展。

一要坚持创新驱动发展。要着力推动“互联网+”运用。推进国家电子商务进农村示范县创建，新增乡村电商服务站15个。发挥“张家港·巩留之家”实体店作用，打响北纬43°品牌，促进更多优质产品销往“长三角”区域。要着力推进科技创新。支持晶维克、嘉格森、欣嘉药业、登海种业加大节能改造、新产品开发、新技术研发及应用。要发挥农业科技示范园的引领作用,在中草药种植、玉米制种、特色林果培育等方面应用推广一批新技术、新项目。要着力培育和引进创新型人才队伍。年内引进各学科领域人才20人以上,建立专家人才工作室5个。

二要加快培育支柱产业。坚持一产做优上水平、二产做强上规模、三产做精上层次,推动一二三产融合发展。大力发展现代农牧业。围绕“稳粮、促畜、强果、兴药”,调优农牧业结构,推进农业产业化发展,大力实施种子工程、中草药振兴、畜牧业增效、林果业提升、冷水鱼养殖“五大工程”。实施种子工程,依托登海种业,种植制种玉米3333.33公顷以上,把巩留打造成伊犁河谷重要的优质玉米种子基地。实施中草药振兴工程,坚持把中草药种植作为第一优势产业,围绕欣嘉药业年产1万吨中药饮片,实施中草药种植“一乡一品”工程,年内种植中草药面积达到4666.67公顷以上;到“十四五”末带动中草药种植达到13333公顷以上,把巩留打造成伊犁“天山药谷”优势主产区。实施畜牧业增效工程,大力实施肉牛增值、肉羊增产、家禽增效、奶业振兴“四大行动”,年内牲畜存栏达到66.79万头(只);肉、奶、蛋分别达到3万吨、5.5万吨、6800吨。大力推行“企业+合作社+农户”经营模式,依托那拉乳业、佳和乳业,规模化奶牛养殖场达到13个,引进良种奶牛1.1万头以上,骆驼养殖达到2100峰;依托华凌农牧科技产业园,养殖良种牛达到3万头以上。实施林果业提升工程,林果总面积达到4666.67公顷,其中新增干杏、苹果、核桃、小浆果等2000公顷,林果产量达到3.6万吨,果品商品化率达到85%;种苗产业总面积达到173.33公顷,新培育伊犁州级以上林果科技示范园3个。实施冷水鱼养殖工程,依托伊河鲟业,扩大冷水鱼养殖规模,水产品达到806吨,把巩留打造成生态渔业养殖基地。

大力发展实体经济。加快培育战略性新兴产业,推动传统产业升级,重点发展生物制药、农副产品加工、电力、新材料、煤炭等产业。坚持把生物制药作为第一新兴产业,重点推进投资10.96亿元的年产200吨辅酶Q10、100吨多杀菌素的疆宁生物科技绿色循环产业园一期项目,确保第一季度开工建设。积极跟踪总投资20亿元的文峰集团健康产业新城项目,争取落地实施。农副产品加工方面,加快总投资1.5亿元的欣嘉药业二期建设,年内建成集年加工生产万吨以上中药饮片生产线、农副产品检测中心、中草药种植等产加销于一体的科技示范园。做大做强乳制品产业,支持那拉乳业年产8000吨奶粉、7.8万吨液态奶加工项目建设,形成奶粉、奶酪、液态奶等全系奶制品生产线。依托天福润,实现有机牛羊肉产量达到3000吨以上,形成屠宰、加工、冷链、运输、销售产业链条。依托康龙、谷本禾、九河谷等农产品加工企业,实现粮油加工3万吨以上。电力方面,大力推动喀普其海水电站、山口水电站、雅玛渡水电站强基增效,支持鼓励电力企业整合重组,力争3家水电站发电量达到27亿千瓦时,实现工业增加值5.06亿元以上。新材料方面,大力推进晶维克、嘉格森硅业技术改造升级,实施总投资2亿元的捷利迅金属硅粉项目。大力发展电能消纳产业,重点发展单晶硅、多晶硅、微硅粉,延伸硅产业链,形成硅产业集群。煤炭产业方面,支持新建煤矿和塔拉迪煤矿实施60万吨扩产改造,积极跑办核量手续,争取年内产煤120万吨。大力发展劳动密集型产业。依托中小微企业园和夏尔湖镶产业园、东买里镇足球加工、塔什干沙孜服装加工、塔斯托别星空帐篷加工等,力争创造千人以上就业岗位。做大做强园区经济。坚持把打造百亿级产值园区作为第一要务,着力推动工业园区化、园区产业化、产业集群化,做到今后所有产业项目必须进园区。编制园区规划,加快基础设施建设,年内储备工业用地133.33公顷,进一步完善园区道路、电力、供热、天然气、供排水管网等基础设施,完成5万平方米标准化厂房建设,着力提升园区承载力。推动“个转企、企升规”,年内实现企升规2家。

大力发展旅游三产。坚持把旅游经济作为第一富民工程,围绕库尔德宁国家AAAAA级景区创建和打造自治区级全域旅游示范区，加快景区规划建设。完成《库尔德宁国家AAAAA级景区创建总体规划》《库尔德宁镇旅游产业专项规划》编制，总投资3亿元，完成库尔德宁5个观景台及其附属设施、库尔德宁—喀拉峻沿线生态停车场、科普教育展厅、旅游标识牌等建设，实施库尔德宁门禁及道路提升、恰西—塔里木景区接待服务中心改造、大吉尔格朗河观光游步道建设等一批项目。提升旅游服务。推进库尔德宁景区和云杉小镇一体建设，加快推进云杉度假酒店、中药养生馆、户外星空帐篷营地、姑苏小院建设，鼓励引导群众发展农家乐、牧家乐、渔家乐和旅游民宿、旅游小商品店，让更多群众干上“旅游活”、吃上“旅游饭”。完善旅游标识系统，加快加油站、停车场、通信网络、旅游公厕等配套服务设施建设，着力解决“三难一不畅”问题。加强宣传推介。利用“两微一抖”，培育本地网红人物、网红打卡地，邀请知名媒体和旅行社采风，办好“长江水·天山情”风情节、森林文化旅游节、露营大赛等节庆赛事活动，不断提高巩留知名度、美誉度，力争今年旅游人数、收入均增长20%以上。

三要强力推进招商引资。坚持把招商引资作为高质量发展的“一号工程”，年内实现招商到位资金35亿元以上，其中5亿元以上项目不少于3个。要完善招商项目库。坚持“大小项目一起做，一二三产一起上”，围绕产业建链、补链、强链，进一步完善招商项目库，提升定向精准招商质效。要强化招商项目服务。实行招商项目手续集中办理联审联批制度，实施线上“一网通办”、线下“全程代办、送证上门”服务，促进招商引资项目早审批、早落地、早建设、早投运。要丰富招商方式。突出驻点招商、精准招商、以商招商、产业链招商，以“跑断腿、磨破嘴”的精神，力争招商项目储备一批、洽谈一批、落地一批、投产一批。

四要持续扩大有效投资。坚持把项目投资作为拉动经济增长的第一支撑。围绕交通运输、水利、电力、信息化“四大支撑体系”，扩大有效投资，夯实经济发展基础。全年新建续建项目100个以上，总投资90亿元。要抓好项目跟踪服务，确保续建项目3月底前全面复工，新建项目5月底前全部开工，储备转化项目9月底前应开尽开。持续抓好中央预算内资金、政府债券资金争取跑办，搭建银企对接平台，切实做好融资贷款等工作。交通运输方面，围绕打造伊犁河谷东部重要交通枢纽和物流中心，协助推进伊宁—阿克苏铁路建设，力争G578线阜田—龙口段6月底前建成通车，启动S242线巩留—塔尔德萨依段、S329线阿尕尔森镇—特克斯二级公路建设。水利方面，实施吉尔格朗河清洁小流域治理、农村安全饮水养护、山洪灾害防治工程，争取团结灌区配套和改造项目、城乡一体化供水工程、特克斯河阿尕尔森沙拉达防洪工程等开工建设。电力方面，完成巩留—喀拉峻Ⅱ回路220千伏线路、工业园区220千伏变电站改扩建项目，启动实施2个35千伏变电站和24千米农村配网升级改造工程。信息化方面，年内新建5G基站47座，实现县城和乡镇机关所在地5G全覆盖。加快“智慧城市”信息化体系建设，实施城市网格化服务管理平台、政务全媒体平台等智慧运用项目，提升信息化服务群众水平。

五要全面深化改革开放。要深化“放管服”改革，完成县政务服务中心建设，做到有审批事权单位应入尽入，实现“最多跑一次”“最快送一次”，努力把巩留打造成伊犁州最优服务区域。要实施国企改革三年行动，培育壮大一批国有企业。深化农业农村改革，推进农村土地“三权”分置，深化农村集体产权制度改革，健全农村金融服务体系，为农业农村发展提供有力保障。

六要全面推进乡村振兴。巩固拓展脱贫攻坚成果。推进脱贫攻坚与乡村振兴“八个衔接”，抓好扶贫项目实施、贫困人口就业、扶贫产业发展，推进“输血”向“造血”转变。加强返贫致贫风险动态监测，做到早发现、早预警、早帮扶、早阻断。坚持“四个不摘”“八个不变”，落实兜底保障扶贫政策，坚决防止返贫。实施乡村建设行动。坚持规划先行，抓好乡村建设规划编制，加快补齐农村水电路气讯等基础设施短板，新建一般农村公路90

千米、山区牧道砂石化74千米、乡村农田机耕道219千米,形成以G578线为中轴、南北乡村为环线的交通网络;大力实施城乡供水一体化工程,铺设农村供水管网143千米、改善用水质量2205户,新建防渗渠110千米。持续推进农村人居环境整治院里院外“六件事”,完成剩余农村改厕任务,危旧房屋、危旧棚圈、残垣断壁拆除率达到100%,农村生活垃圾处理率达到90%以上。抓好美丽乡村建设,实施15个村(社区)绿化美化亮化工程,年内改造提升“美丽乡村”2个、创建“千万工程”示范村7个。大力培育新型职业农民。实施乡土人才培育工程,培养一批职业农民经理人、农业技术推广员、“田秀才”、“土专家”。

七要全面抓好城乡建设。坚持以城带乡、产城融合、景城一体,推动经典规划、精致建设、精细管理,努力建设“生态绿城、水韵蝶城”。抓好城市规划建设。按照城市“东扩、北延、中疏、南控”发展方向,编制《巩留县国土空间规划》,修编《巩留县城市风貌规划》《巩留东城区建设规划》。完善城市基础设施,完成日处理1.8万吨的城西污水处理厂、日供水3.2万吨的城乡供水改扩建项目建设,新建3座生活垃圾转运站及配套附属设施,完成新华东路改扩建、G578线至迎宾道路工程,提升城市承载能力。建设蝶湖片区市民服务中心,提升新城区人气。启动客运中心建设,新增一批公交线路。提升城市品位。加快蝶湖文化广场建设,将中华优秀传统文化植入蝶湖景区,增添蝶湖景区文化底蕴。做足绿色和水的文章,持续抓好再开西湿地生态环境改善与提升,引水入城,新增湿地面积30万平方米。抓好城市主干道两侧、路口节点绿化,绿化覆盖率达到52.8%。加强城市管理。成立城市管理委员会,推动城市管理标准化、规范化、精细化,加强环境卫生整治、市政设施维护、绿化美化亮化,着力营造优美、整洁、安全、有序的城市环境。打造特色小镇。重点推进库尔德宁云杉小镇、阿克吐别克拉克小镇规划和建设,分步实施供排水、供暖、市政设施和绿化、亮化工程,将阿克吐别克拉克小镇打造成特色鲜明、功能完善的交通重镇、物流小镇;将库尔德宁云杉小镇打造成集旅游、康养于一体的旅游名镇。

(四)坚定不移保障和改善民生。牢固树立以人民为中心的发展思想,坚持把财政支出的80%以上用于保障改善民生,实施好“八项惠民工程”。实施扩大就业工程。突出抓好城乡居民关注群体、高校毕业生、退役军人、贫困人口就业工作,实施零就业家庭“动态清零”,力争全年新开发就业岗位2900个,实现城镇新增就业再就业3600人,农村富余劳动力转移就业4.4万人次。实施增收致富工程。围绕产业发展需求,大力培养适应现代农牧业、新型工业化和城镇化、现代服务业发展的新型职业工作者,着力增加工资性收入,力争年内职业技能培训2300人。围绕农民经营性、财产性、转移性收入增长,健全土地流转、农企合作、支农贷款工作机制,推动资源变资产、资金变股金、农民变股东,有力支撑农牧民增收致富。实施教育提升工程。完成城东九年一贯制学校建设。扩大学前教育公益普惠面,加快城乡义务教育一体化发展,推进普通高中教育和中等职业教育协调发展,确保学前教育毛入学率达到99%以上、义务教育巩固率保持在98%以上、高中阶段毛入学率达到98%以上。推进名师工程、青蓝工程、青年教师“135”工程,全面提升教育教学质量。实施全民健康工程。完成中医院定点发热留观医院、县人民医院综合病房楼建设,确保传染病房楼开工建设。持续开展全民免费健康体检,大力推进医联体、医共体建设,推进远程诊疗向乡镇延伸,提升医疗服务水平。实施社保扩面工程。大力实施全民参保计划,健全多层次的社会保障体系,力争各险种参保率达到95%以上;完善城乡居民最低生活保障制度,推进有意愿的农村“五保”老人全部实现集中供养。实施安居保障工程。完成2050户棚户区改造、15个老旧小区改造、拆迁户安置小区建设。新建农村安居富民528户。实施“煤改电”工程。完成“煤改电”“气改电”4万平方米以上,新增天然气入户1748户。实施公共安全保障工程。严格落实安全生产责任制,完善应急管理体系,提升安全防范和防灾减灾能力。加强食品药品安全管理，保障群众舌尖上的安全。

（五）坚定不移巩固加强民族团结。以铸牢中华民族共同体意识为主线，深入推进民族团结进步事业。将民族团结教育纳入干部教育、青少年教育、社会教育，依托市民服务中心展示各民族交往交流交融的历史事实、历史文物、文化遗迹，让历史发声，教育引导各族干部群众树牢“五观”、增强“五个认同”。完善民族团结一家亲和民族团结联谊活动，创新活动载体，扎实开展“五同四送十个一”“三进两联一交友”活动，促进各民族广泛交往、全面交流、深度交融。抓好民族团结进步创建“十一进”活动，大力挖掘和宣传民族团结一家亲先进人物和事迹，树立典型、示范带动，推动民族团结进步创建活动取得实效。坚持在校学生混班混宿，让各族学生从小学在一起、玩在一起、成长在一起。鼓励支持各民族在居住环境、生产生活、文化教育等各领域主动融入，形成各民族共居、共学、共事、共乐的嵌入式社会结构和社区环境。

（六）坚定不移依法加强宗教事务管理。全面贯彻党的宗教工作基本方针，坚持新疆伊斯兰教中国化方向，引导宗教与社会主义社会相适应。要加强宗教人士管理，强化思想政治、国家通用语言文字、中华文化和宗教知识教育培训，造就一支政治上靠得住、宗教上有造诣、品德上能服众的宗教人士队伍。

（七）坚定不移实施“文化润疆”工程。强化意识形态领导权意识、阵地意识、底线意识，坚定不移举旗帜、聚民心、育新人、兴文化、展形象，确保意识形态工作正确的政治方向。维护意识形态领域安全。严格落实意识形态工作责任制，建立意识形态领域重大情况分析研判和报告通报制度，强化审读工作，把好关口、守好阵地。持续抓好“四本白皮书”宣传教育，引导各族群众树牢正确“五观”。精心实施文化润疆项目。实施中华民族视觉形象工程，推动中华文化元素和标志性符号进文化机构、进基层文化阵地、进旅游景区。大力实施文艺精品战略。实施文艺创作“五个一”工程，复排“梦蝶天山”大型歌舞剧，鼓励文艺工作者创作具有思想性、艺术性、观赏性的优秀作品，力争推出1～2个伊犁州级以上文艺精品力作。提升公共文化服务水平。完成县乡村新时代文明实践中心（所、站）建设，实现乡村文体小广场全覆盖，实施数字图书馆工程，加快乡村体育活动场所建设，广泛开展群众性文化体育活动。提升主流舆论媒体传播力。用好“石榴云”“巩留好地方”“巩留零距离”平台，完善“媒体+政务+服务”功能，提升主流媒体传播力、引导力、影响力。要加大外宣力度，助力经济发展，重点抓好招商、旅游、优质农产品等在主流媒体刊播推介。

（八）坚定不移加强生态保护建设。牢固树立“绿水青山就是金山银山”的理念，全面建设天蓝地绿水清花艳的美丽巩留。坚决打好蓝天、碧水、净土保卫战和农村人居环境整治行动四场标志性战役，开展大气污染综合防治，禁止新建20蒸吨以下锅炉；压实各级河湖长责任，加强伊犁河南岸湿地保护，确保河湖水清岸绿景美；加强农业面源污染防治，抓好秸秆资源化利用、农用地膜回收利用，有效防范土壤污染；推进农村人居环境整治，建立完善村收集、镇转运、县处理的垃圾收集转运机制。加强生态建设，实施草畜平衡17.07万公顷、一般性禁牧800公顷、水涵养区禁牧1.93万公顷。开展国土绿化工程，完成人工造林466.67公顷、封山育林666.67公顷、森林抚育666.67公顷，森林覆盖率达到19.61%。

（九）坚定不移推进融合发展。扎实做好对口援疆工作。深化产业援疆，深入开展结对帮扶，加强两地乡镇、学校、医院、社会团体之间交流合作，拓展合作领域。抓好干部人才培训，选送200名干部赴张家港学习，柔性引进40名干部人才。关心关爱援疆干部，让援疆干部人才充分释放潜能、大显身手。深化兵地、军民、驻县单位融合发展。积极推动兵地资源共享、基础设施互通、工业园区共建、干部人才交流等各项工作。深化军民双拥共建，巩固军政军民鱼水情关系。积极为驻巩企业、单位做好服务，创优投资环境。

四、坚持和加强党的全面领导,为全面推进各项任务落实提供坚强政治保证

坚持和加强党的全面领导,强化党的政治建设、思想建设、组织建设、作风建设、纪律建设,推动全面从严治党纵深发展。

加强思想政治建设。巩固深化“不忘初心、牢记使命”主题教育成果,深入学习习近平新时代中国特色社会主义思想,全面抓好党员干部党的十九届五中全会和第三次中央新疆工作座谈会精神轮训,切实增强“四个意识”、坚定“四个自信”、做到“两个维护”。严肃党内政治生活,认真谋划开展建党100周年系列庆祝活动,抓好“党旗映天山”主题党日活动,积极推进党性教育基地和网上展馆建设,从严抓好“三会一课”、谈心谈话等制度,推进党员干部党性教育常态化。

加强干部人才队伍建设。抓好县乡领导班子换届工作,突出选优配强党政正职,提高各级领导班子建设质量。加强干部培训培养,用好“线上+线下”培训模式,注重选派年轻干部赴乡镇任职、到村(社区)锻炼,大力选拔使用在疫情防控、反恐维稳、经济社会发展中打头阵、当标兵的干部,不拘一格选拔年轻干部、少数民族干部、女干部。健全干部激励关爱机制,完善待遇保障制度,让政治上强、本领过硬、实绩突出的优秀干部受重用。认真做好离退休老干部工作,全力支持做好关心下一代工作。

加强基层组织建设。抓好村“两委”换届工作。实施村、社区、卫生院、学校、派出所五类党组织书记培育工程,通过选派一批、帮带一批,提升五类基层党组织书记组织力、引领力。深化村党支部领导的党群服务中心、维稳综治中心、农村发展中心“三大中心”建设,扎实推进“星级化”创建,实施发展壮大村集体经济奖励政策,推动基层组织全面进步、全面过硬。深入推进“访惠聚”“四帮带一聚力”任务落实,加强基层干部双语培训,建设一支政治过硬、敢于担当的基层骨干队伍。优化提升社区“大党委”建设,加强“两新”党组织建设,推进“红色物业”建设,拓展“蝶城智慧社区”平台服务,推进党支部建设标准化规范化,年内发展党员900名以上。

加强干部作风建设。持续深化“转作风、改作风、严作风”活动,推动作风建设走深走实。坚持一线工作法,完善领导干部常态化包联基层工作机制,坚持一级带着一级干、一级做给一级看,推动各项工作落实落地。强化执行力和落实力,保持“今天再晚也是早、明天再早也是晚”的劲头,只争朝夕、锲而不舍,不折不扣抓好落实。持续在精文减会、规范督查考核、基层表格准入上精准发力,切实减轻基层负担。

加强党风廉政建设。严格落实“两个责任”,严格执行中央八项规定及其实施细则精神和自治区党委“十改进、十不准”等要求,坚持不懈整治“四风”“四气”和损害群众利益的突出问题,持之以恒正风肃纪。用好监督执纪“四种形态”,做到思想教育、管理监督、严厉惩处协同发力,让党员干部知敬畏、存戒惧、守底线。完善监督体系,充分发挥派驻“探头”和巡察“利剑”作用,全面提升监督效能;坚决整治群众身边腐败和作风问题,监督“小微权力”阳光运行;坚决以“零容忍”态度重拳惩治腐败,进一步巩固反腐败斗争压倒性胜利。

加强民主政治建设。坚持党对一切工作的领导,充分发挥党委总揽全局、协调各方的领导核心作用,积极支持人大及其常委会依法履行职责,支持人民政府依法行政、提高效能,支持政协民主监督、参政议政,充分发挥各人民团体联系群众的桥梁纽带作用,巩固和发展最广泛的爱国统一战线,汇聚各方面力量,形成战疫情、保稳定、谋发展、促和谐的强大合力。

同志们,新年伊始、万象更新。我们要以“开局就要决战,起步就要冲刺”的状态,下大力气抓好当前工作。要抓好疫情防控,坚决管好人、防好物、守好“三道防线”,严格控制聚集性活动,积极倡导干部群众节日期间不聚餐、不拜年,尽量减少人员流动,确保安全平稳度过节日。要抓好社会稳定。要抓好安全生产工作,开展安全隐患排查和专项整治,做好各方面安全防范工作,维护人民群众生命财产安全。要用心用情关心好各族群众，开展“送温暖、献爱心”活动，解决好困难和弱势群体的生产生活问题，确保各族群众温暖过冬。要认真开展冬季大培训，组织好“科技之冬”活动，促进群众增强感恩意识、提高国语水平、提升就业能力。要积极推进项目建设，各指挥部及专班要认真对照既定目标，抓紧做好项目前期准备工作，确保开春就能开工建设一批项目。

空谈误国、实干兴邦。全县各级党组织和广大党员干部要主动担负起新阶段发展的重担，坚持“干”字当头、“实”字为先，鼓实劲、出实招、干实事、求实效，咬定青山不放松、锲而不舍抓落实，不断开创各项工作新局面。

同志们，新的征程已经开启，新的使命光荣艰巨。让我们更加紧密地团结在以习近平同志为核心的党中央周围，在习近平新时代中国特色社会主义思想指引下，在自治区、伊犁州党委坚强领导下，以百倍的信心、百倍的努力、百倍的干劲，奋发进取、奋力攻坚，团结拼搏、真抓实干，奋力谱写新时代中国特色社会主义新疆的巩留篇章，以优异成绩庆祝建党100周年！

名词解释：

1.“六稳”“六保”：“六稳”：稳就业、稳金融、稳外贸、稳外资、稳投资、稳预期；“六保”：保居民就业、保基本民生、保市场主体、保粮食能源安全、保产业链供应链稳定、保基层运转。

2.自治区“十大产业”：石油石化、煤炭煤化工、电力、纺织服装、电子产品、林果、农副产品加工、馕、葡萄酒、旅游等十大产业。

3.伊犁州“三大增长极”：实体经济、口岸经济、旅游经济三大增长极。

4.“一园两区”：巩留工业园分为城北工业区、城西工业区。

5.脱贫攻坚与乡村振兴“八个衔接”：认识上衔接、观念上衔接、规划上衔接、措施上衔接、政策上衔接、产业上衔接、机制上衔接、体制上衔接。

6.脱贫攻坚“四个不摘”“八个不变”：“四个不摘”：摘帽不摘责任、摘帽不摘政策、摘帽不摘帮扶、摘帽不摘监管。“八个不变”：一是各级党委脱贫攻坚领导小组体制不变；二是各级扶贫办公室机构不变；三是“五级书记”一起抓责任不变；四是双组长责任制不变；五是党委和纪委监委主体责任和监督责任不变；六是脱贫攻坚的地、县、乡班子稳定不变；七是村第一书记、驻村干部帮扶机制不变；八是各级扶贫力量不变、帮扶关系不变。

7.农村土地“三权分置”：在坚持农村土地集体所有前提下，促使承包权和经营权分离，形成所有权、承包权、经营权三权分置，经营权流转的格局。

8.农村人居环境整治院里院外“六件事”：改厕、整治庭院环境、整治居住环境、排污、清垃圾、清淤。

9.城市“东扩、北延、中疏、南控”：东扩就是城市向东拓展，推动巩留镇、牛场、东买里镇城乡一体化建设；北延就是工业园区向北延伸；中疏就是抓好老城区棚户区改造疏解人口集中问题；南控就是按照国土空间规划和基本农田保护红线控制城南发展。

10.文艺创作“五个一”工程：一部好的戏剧、电视剧、图书、理论文章、歌曲和广播剧。

11.五观：国家观、历史观、民族观、文化观、宗教观。

12.五个认同：对伟大祖国、中华民族、中华文化、中国共产党、中国特色社会主义的认同。

13.访惠聚“四帮带一聚力”：帮带建强基层党组织、帮带健全党组织主导的决策议事机制、帮带健全基层干部素质能力提升机制、帮带健全管用的群众工作机制、聚力铸牢中华民族共同体意识。

政府工作报告

——巩留县第十七届人民代表大会第六次会议

（2021年1月15日）

一、“十三五”及2020年工作回顾

过去五年，是全面建成小康社会的决胜阶段，也是巩留历史上具有里程碑意义的关键时期。我们在伊犁州党委、政府和县委坚强领导下，以习近平新时代中国特色社会主义思想为指导，全面贯彻落实新时代党的治疆方略，按照自治区党委“1+3+3+改革开放”工作部署，开拓创新、务实奋进、砥砺前行，经济社会实现平稳发展，“十三五”规划圆满收官。

五年来，我们坚持聚焦总目标，社会大局更加稳定。社会面防控水平整体提升，党政军警兵民协调联动机制有效落实；“访惠聚”工作深入推进，扫黑除恶、信访矛盾化解、民族团结、宗教事务管理等工作齐头并进，荣获国家级民族团结进步示范县、国家级信访工作“三无”县、自治区级优秀平安县等荣誉称号。

五年来，我们坚持打好“三大攻坚战”，发展更均衡、生态更持续。积极稳妥化解存量债务，实现了违规零举债。深入落实“六个精准”，推进“七个一批”“三个加大力度”，健全完善防止返贫监测预警和动态帮扶机制，“两不愁三保障”有效落实，实现建档立卡贫困人口3781户13417人全部脱贫，10个自治区级贫困村全部退出，贫困发生率由2016年的5.3%下降至零。牢固树立绿色发展理念，打好蓝天碧水净土保卫战，获得国家重点生态功能区、国家生态文明建设示范县、中国天然氧吧等荣誉称号。

五年来，我们坚持抓实“三项重点工作”，乡村全面振兴、旅游蓬勃发展。积极融入丝绸之路经济带核心区建设，加强与友好城市、对口援疆城市合作，推动了教育、卫生、文化、人才等领域交流合作。坚持以农业供给侧结构性改革为主线，培育优质农产品品牌10个，“二品一标”累计认证26个，培育集体经济百万村4个；“三新四上”、农村“改厕”、生活垃圾污水治理有序推进，创建自治区级“千万工程”示范村16个。积极打造全域旅游发展格局，投入3亿元建设库尔德宁、野核桃沟等8个游客服务中心，天山渔村、生态富芍观光园、蝶湖国家AAA级旅游景区、伊勒格代SSSS滑雪场等项目带动一批酒店、民宿、农牧家乐消费营业。累计接待游客1296万人次、旅游收入超100亿元，较“十二五”时期增长540.25%、435.46%。

五年来，我们坚持深化“放管服”改革，发展动力活力充分释放。推进“互联网+”与各领域各项工作深度融合，梳理政府部门权责审批事项3190项，政务服务中心进驻部门24个，涉及行政许可事项314项。“五证合一、两证合一、一照一码”“多证合一”等商事制度改革落地见效，营商环境持续优化。机构改革、综合行政执法等政府自身改革取得成效，教育、医疗等社会事业改革稳步推进。荣获全国农村承包地确权登记颁证工作典型县称号。

五年来，我们坚持“一二三产”融合发展，经济运行更加平稳。坚持优化产业结构，推动经济健康发展。地区生产总值从2015年的40.54亿元增加到2020年的56.58亿元，年均增长7.1%；一般公共预算收入从1.96亿元增加到2.12亿元，年均增长1.6%；三次产业结构由33.9∶38.1∶28调整到36.8∶23.8∶39.4。现代农业提质增效，粮食总产量和农产品产量逐年保持增长，传统农业加速向现代农业转变。工业经济发展规模和质量效益不断提升，谷本禾等多家企业进入伊犁州优秀产品名

录，嘉格森、晶维克等重点企业纳入自治区电力双边交易、直接交易平台；落地招商项目101个，形成了新能源、农副产品精深加工等主导产业，“十三五”期间工业增加值年均增长12.3%。三产服务业日益活跃，电子商务经营户达25家，物流寄递企业达15家；九成商贸、汇成商业园、富民市场、晟阳广场、中央广场等场所投入使用。

五年来，我们坚持统筹城乡谱写蝶变之章，美丽家园更富魅力。投入8.2亿元实施蝶湖公园新建及配套设施提升、湿地公园改造提升、再开西整治、楼体亮化、棚户区改造和10处游园等工程，完善人行道、公厕、供热、供排水、生活垃圾处理等设施，打造库尔德宁、阿克吐别克特色小镇，巴哈拜、云杉小镇等文化旅游村，城市绿化覆盖率达52.8%，城镇化率达48%，较“十二五”末分别增长11.2%、6%。农村人居环境整治三年行动圆满收官，农村面貌焕然一新。

五年来，我们坚持以项目建设为引擎，发展后劲明显增强。累计完成全社会固定资产投资92.67亿元，一批事关巩留长远发展的水利、交通等重点基础设施建成投入使用。阿克加孜水库、城乡供水、高效节水等重点水利项目顺利实施；G577线旱田至特克斯段建成通车，G578线龙口至旱田、S242线巩留—塔尔德萨依段一级公路开工建设，城市公交开通运营，建设农村公路683千米，实现村村通柏油路，荣获“四好农村路全国示范县”称号。智慧支付深度应用，ETC推广普及，行政村光纤通达率100%，网络提速降费，各族群众向现代文明生活迈出新步伐。

五年来，我们坚持保障改善民生，社会更加幸福和谐。连续五年民生支出占一般公共预算支出80%以上，城镇和农村居民人均可支配收入年均分别增长5%、9.5%，基本实现人人享有社会保险。新增城镇就业1.99万人，农村富余劳动力转移就业22.38万人次，城镇登记失业率控制在3.5%以内。城南九年一贯制学校、公共卫生中心等一批教育、医疗项目建成投用，实现村村有幼儿园、卫生室、文化阵地，国家通用语言文字教学实现全覆盖，全民免费健康体检常态开展，城乡居民最低生活保障实现应保尽保，人口出生率、自然增长率分别为7.08‰、3.24‰，获国家义务教育基本均衡县、国家妇幼健康优质服务示范县、全国群众体育先进单位等荣誉称号。建成农村安居工程15411套，定居兴牧1020套，城镇保障性住房591套，老旧小区改造1466户，棚户区改造2424户，各族群众获得感、幸福感、安全感不断增强。对口援疆成果丰硕，累计投入援疆资金3.7亿元，实施援疆项目50个，援疆综合效益得到充分提升。

刚刚过去的2020年，极不平凡、极不容易。我们深入贯彻党中央、自治区、伊犁州党委和县委决策部署，统筹推进“1+3”重点工作，全力应对突如其来的新冠肺炎疫情和艰巨繁重的改革发展稳定任务，持续做好“六稳”工作，落实“六保”任务，夺取了疫情防控和经济社会发展“双胜利”。预计全年完成地区生产总值57.2亿元，增长6%；固定资产投资15.2亿元，增长118%；规模以上工业增加值5.6亿元；一般公共预算收入2.12亿元，增长11.85%；限额以上社会消费品零售总额7788万元，增长40%；城镇、农村居民人均可支配收入分别达31297元、15165元，分别增长7%、8%。一年来，我们重点做了以下九个方面工作：

抗击疫情坚决有力。大力弘扬伟大抗疫精神，三级疫情防控指挥体系高效运转，坚决落实“防、控、治、保、稳”五字要诀，严格落实“八项监测预警机制”，守好“三道防线”，完成定点发热门诊留观医院、预检分诊点、核酸检测实验室等基础设施建设，核酸检测能力大幅提升，日检测能力达11.3万人份。全县14000多名党员干部、医务人员、公安干警、志愿者冲锋在疫情防控一线，管好管住重点部位、重点场所、重点环节、重点人群，筑牢了疫情防控的铜墙铁壁，实现全年疫情零发生。

社会大局安定有序。坚持党政军警兵民协调联动，严打专项斗争和扫黑除恶深入开展，群众安全感明显提升。坚持正确的政治方向，深化“习近平新时代中国特色社会主义思想进万家”活动，“算清两笔账、感恩共产党”活动深入开展，群众工作赢得民心。全面贯彻党的民族政策和宗教工作基本方针,“民族团结一家亲”、民族团结联谊和“三进两联一交友”活动持续推进,中华民族共同体意识深入人心;持续深化驻村管寺工作,宗教领域更加和睦。

经济形势行稳致远。充分释放稳定红利、政策红利,经济全面提速增效。农业产业化稳步发展,中药材、制种玉米、露地蔬菜等特色种植面积达7088公顷,特色林果面积2866.67公顷,伊犁州级以上农业产业化龙头企业达10家;牲畜存栏达59.58万头,良种率达70%。招商引资到位资金22.9亿元,华凌活畜交易市场、万亩矮砧密植苹果基地、镶产业园等陆续建成;工业园区道路、供排水等基础设施持续完善,承载能力进一步增强。旅游三产全面提速,旅游基础设施不断完善。

城乡基础日趋完善。完成项目投资22.05亿元,城西污水处理厂、集中供热第二热源、县城供水改扩建工程、棚户区和老旧小区改造、G578线龙口—旱田公路、阿克加孜克沟小流域水土保持综合治理等一批重点项目顺利实施;“双湖”和再开西渠生态修复加快推进,扩大湿地面积30万平方米,建成绿廊湿地景观带3千米,铺设休闲慢行步道5.5千米;农村基础设施不断完善,新修农村公路295千米、防渗渠108千米,改善农村饮水1.5万户,提升用电质量4000户;完成安居工程、牧民定居861户,拆除残垣断壁、危旧房屋3317处,完成改厕2.9万户、“三新四上”1.9万户,伊犁州直农村人居环境整治工作现场会在巩留县召开。

污染防治精准有效。中央环保督察反馈问题年度整改任务全部完成。蓝天保卫战进展顺利,“散乱污”企业、砖瓦行业等领域专项整治深入推进,严格控制秸秆露天焚烧,空气质量优良天数占90.1%。碧水保卫战全面开展,完成“千吨万人”水源地问题整改,全县集中式饮用水水源地水质、地下水水质达标率100%。净土保卫战多点推进,“大棚房”、“违建别墅”、“农村乱占耕地建房”、露天开采矿山、地下开采矿山等专项整治全面完成。

改革活力加速释放。“放管服”改革持续深化,提升改造政务服务中心,完成电子政务外网二期工程。充分发挥政务大厅“一站式”服务功能,推行容缺受理机制,营商环境持续优化,群众和企业满意度进一步提升。理顺文旅投公司、库尔德宁旅游公司职责分工,健全完善董事会、监事会。完成事业单位分类改革,综合执法机构全部挂牌。教育、卫生、司法体制等改革纵深推进。

民生事业加快发展。全年民生支出达20.73亿元,占财政支出的80.1%,有效解决一批热点难点问题。精准脱贫成效显著,深入实施脱贫攻坚挂牌督战,投资2.8亿元扶贫资金实施产业发展、农田水利、生活条件改善等项目153个,巩固提升10个贫困村退出成果和3781户13417个贫困人口脱贫成效。就业增收稳步扩大,实现城镇就业再就业3633人,劳动力有组织转移592人,劳务输出4.51万人次、创收2.98亿元。教育事业繁荣发展,城东九年一贯制学校开工建设,完成云杉中学改造、义务教育薄弱环节改善与提升,推动集中办学向纵深发展,全县义务阶段巩固率达98.14%、本科上线率70%以上。公共卫生基础设施不断改善,医疗救治服务体系不断健全,医共体、医联体建设深入实施,荣获“全国计划生育优质服务先进单位”称号。社会保障体系不断完善,城乡居民养老保险参保登记率、基本医疗保险参保率分别达95%、100.3%。关心关爱困难群体,累计发放低保、五保供养、社会救助金等5737.5万元,发放1330万元居民消费券惠及千家万户。安全生产形势持续稳定向好,饮食用药安全监管进一步加强。

对口援疆硕果累累。投入援疆资金8738万元,县人民医院综合病房楼、援疆人才交流中心等20个项目稳步实施,一系列培训、保障、规划和交往交流交融项目有序开展,全国首家以民族团结为主题的24小时自助图书馆“石榴籽书屋”建成开放。“1+1帮1”援疆扶贫持续巩固,深化“组团式”援疆,创新实施“健康扶贫义诊村村行”“银龄”三年柔性引才计划等活动,柔性引才41人次。

自身建设持续加强。把党的领导贯穿政府工作始终,健全依法决策机制,修改完善《巩留县人民政府重大事项决策制度》《政府常务会议制度》，全年召开政府党组会议12次、常务会议8次，研究贯彻落实县委重点工作任务。加快法治政府建设，“七五”普法圆满完成。巩固拓展“不忘初心、牢记使命”主题教育成果，深入贯彻落实党的十九届五中全会精神和第三次中央新疆工作座谈会精神，确保党中央、自治区、伊犁州党委决策部署和县委工作要求落地生根。自觉接受各方面监督，办理线上投诉建议类事项218件，人大代表建议、政协委员提案办复率100%。

五年的发展历程极其不易，改革发展稳定取得的成绩来之不易，尤其是2020年我们与全国一样经受住了疫情这场大考，各族干部群众在平凡岗位上成就了不平凡的壮举，这是县委坚强领导的结果，是县人大、政协和社会各界监督支持的结果，是张家港市无私援助的结果，是全县人民团结拼搏的结果。在此，我谨代表县人民政府，向全县人民，向人大代表、政协委员，向离退休老同志、各人民团体和社会各界人士，向驻县单位、武警官兵和政法干警，向参与巩留建设、支持巩留发展的各界朋友和援疆干部表示诚挚感谢！

回顾“十三五”及2020年政府工作，在肯定成绩的同时，我们也清醒看到面临的困难和问题。主要是：一是疫情变化存在着诸多不确定性，“外防输入、内防反弹”的压力巨大。二是对反分裂斗争和反恐维稳斗争的长期性、复杂性、尖锐性认识还需要进一步统一。三是全县经济总量还不大，一二三产支柱产业、优势产业、全链产业缺乏，园区基础配套设施还比较滞后，吸引聚集产业能力还不强，实现高质量发展任务艰巨繁重。四是教育质量、医疗水平与群众的期盼还有一定的差距，农牧民持续增收潜力仍需挖掘，扶贫产业基础还不牢固。五是部分领导干部本领不强、作风不实，执行力、落实力还需提升。

二、“十四五”时期主要目标任务

各位代表，“十四五”时期是全面建设社会主义现代化国家新征程、向第二个百年奋斗目标进军的第一个五年，是巩固社会稳定成果、推动高质量发展、迈向长治久安的关键五年。当前和今后一个时期，我们虽然面临一些外部挑战和短板制约，但也面临重要机遇。从国内看，我国已进入高质量发展阶段，制度优势显著，治理效能提升，经济长期向好，物质基础雄厚，人力资源丰富，市场空间广阔，发展韧性强劲，正在形成以国内大循环为主体、国内国际双循环相互促进的新发展格局。从疆内看，以习近平同志为核心的党中央高度重视新疆工作，把新疆工作摆在事关党和国家工作大局的重要位置，召开第三次中央新疆工作座谈会，给予新疆一系列特殊支持政策，为我们高质量发展带来重大机遇。从伊犁州内看，随着“一带一路”、融入新发展格局持续推进和稳定红利持续释放，伊犁州区位优势、资源优势、后发优势更加显现，凝聚起了伊犁高质量发展的强大动能，形成蓄势待发的良好局面。从县域看，全县区位交通优势日益凸显、生态良好、水土光热资源丰富，拥有自治区级工业园区、低电价示范区，只要巩留利用好生态资源优势、交通区位优势、低电价优势、国家政策支持优势，就大有可为，就能实现巩留后发赶超、绿色崛起、快速发展，抢抓构建新发展格局重大机遇，倍加珍惜和谐稳定的好局面，倍加珍惜加快发展的好势头，始终发扬“跳起来摘桃子”的奋斗精神，保持战略定力，努力在危机中育先机、于变局中开新局，在新的起点上奋力开创新时代崭新局面。

县委确定的“十四五”时期经济社会发展指导思想是：高举中国特色社会主义伟大旗帜，深入贯彻党的十九大和十九届二中、三中、四中、五中全会精神，坚持以马克思列宁主义、毛泽东思想、邓小平理论、“三个代表”重要思想、科学发展观、习近平新时代中国特色社会主义思想为指导，增强“四个意识”、坚定“四个自信”、做到“两个维护”，贯彻落实第三次中央新疆工作座谈会精神，特别是习近平总书记重要讲话精神，完整准确贯彻新时代党的治疆方略，牢牢扭住新疆工作总目标，统筹推进“五位一体”总体布局，协调推进“四个全面”战略布局，按照依法治疆、团结稳疆、文化润疆、富民兴疆、长期建疆总体要求,坚定不移贯彻创新、协调、绿色、开放、共享的新发展理念,坚持稳中求进工作总基调,以推动高质量发展为主题,以深化供给侧结构性改革为主线,以改革创新为根本动力,以满足人民日益增长的美好生活需要为根本目的,以推进治理体系和治理能力现代化为保障,统筹发展和安全,主动融入以国内大循环为主体、国内国际双循环相互促进的新发展格局,围绕伊犁州构建现代化产业体系目标,加快建立生物制药、农副产品加工、旅游经济三大重点产业,将巩留打造成伊犁河谷东部重要交通枢纽和物流中心,实现经济行稳致远、社会安定和谐,努力谱写团结和谐、繁荣富裕、文明进步、安居乐业、生态良好的新时代中国特色社会主义新疆的巩留篇章。

按照2035年与全国全疆全州同步基本实现社会主义现代化的远景目标,紧扣社会稳定和长治久安总目标。

县委确定的"十四五"时期经济社会发展的目标是:综合实力大幅跃升,全县生产总值比"十三五"末翻一番,达到115亿元、年均增长15%;固定资产投资达到150亿元,年均增长58%;一般公共预算收入翻一番以上,达到5.3亿元,年均增长20%;规模以上工业增加值年均增长22%;外贸进出口总额年均增长21%以上;社会消费品零售总额年均增长10%;完成招商引资100亿元,年均增长34%;城乡居民人均可支配收入年均增速分别达到8%和9%。

紧紧围绕"依法治疆",彰显稳定法治的社会氛围。坚持高举社会主义法治旗帜,牢牢扭住新疆工作总目标,坚持行之有效的维稳措施不动摇,标本兼治、综合施策,不断完善防风险、护稳定、保安全、促和谐各项措施,推进反恐维稳法治化常态化。巩固各民族大团结,坚持新疆伊斯兰教中国化方向,维护意识形态领域安全,加强社会治理体系和治理能力现代化,保障公共安全,防范化解重大风险,确保社会大局持续稳定长期稳定。坚持依法行政,持续推进法治政府和法治社会建设,坚持把制度优势转化为治理效能,让社会公平正义进一步彰显,政府作用更好发挥,政府公信力和执行力不断提高,社会治理法治化、现代化水平显著提升。

紧紧围绕"团结稳疆",凝聚万众一心的磅礴力量。坚持以铸牢中华民族共同体意识为主线,将中华民族共同体意识教育纳入干部教育、青少年教育、社会教育,教育引导各族干部群众树立正确的国家观、历史观、民族观、文化观、宗教观,让中华民族共同体意识根植心灵深处。着力做好民族团结工作,巩固发展平等团结互助和谐的社会主义民族关系,扎实开展民族团结宣传教育和民族团结进步创建活动,加快构建各民族互嵌式社会结构和社区环境,筑牢共同团结奋斗的思想基础。坚持党的领导,团结一切可以团结的社会各界力量,形成保稳定、谋发展、促改革的强大合力;用心用情用力推进对口援疆、军地兵地、驻县单位融合发展,凝聚同心共筑中国梦的强大力量。

紧紧围绕"文化润疆",唱响文明进步的时代强音。坚持弘扬社会主义核心价值观,坚定不移举旗帜、聚民心、育新人、兴文化、展形象,持续开展"习近平新时代中国特色社会主义思想进万家"活动,在学深悟透习近平新时代中国特色社会主义思想、党的十九届五中全会精神、第三次中央新疆工作座谈会精神上下苦功夫、硬功夫、真功夫;深入推进"中华经典诵读工程""广电精品润疆工程",推动建立一批体现中华民族共同体意识、具有中华文化特征、彰显中华民族视觉形象的项目,创作更多各族群众喜闻乐见的文艺作品和文创作品;强化公共文化服务体系建设,提升公共文化服务水平,培训打造专业型文化人才队伍,挖掘、传承、发展非物质文化,讲好巩留故事。深入实施东风工程、农家书屋工程、农村电影放映工程,强化舆论引导能力,凝聚力量,温暖人心,夯实社会稳定和长治久安思想根基。

紧紧围绕"富民兴疆",谱写繁荣富裕的宏伟篇章。坚持新发展理念,统筹推进一、二、三产业融合发展。大力实施乡村振兴战略,巩固拓展脱贫攻坚成果,加快农业提档升级,推进农村产业融合,打造美丽乡村升级版,让农业成为有奔头的产业,让农民成为有吸引力的职业,让乡村成为安居乐业的幸福家园。推动工业强基增效和转型升级，围绕打造百亿级产值园区目标，加快构建生物制药、电力、新材料、农副产品加工、煤炭等五大主导产业，逐步形成亿元企业领军示范、千万企业竞相发展局面。围绕库尔德宁创建国家AAAAA级旅游景区工作，创新旅游发展体制机制，着力打造伊犁河谷中部旅游集散地和自治区全域旅游示范区，加快补齐旅游基础设施短板，完善“吃住行游购娱”要素，培育一批知名景区，开发一批文旅产品，发展一批酒店民宿，打造一批精品线路，推进一批特色村镇建设，把旅游经济培育为第一富民工程。坚持以人民为中心的发展思想，注重加强普惠性、基础性、兜底性民生建设，深入实施扩大就业、增收致富、教育提升、全民健康、社保扩面、安居保障、煤改电、公共安全保障、稳定惠民等九项惠民工程，提升各族群众幸福指数。

紧紧围绕“长期建疆”，夯实永续发展的强大基础。坚定坚决把思想和行动统一到中央决策部署和自治区、伊犁州党委和县委工作要求上来，完整准确贯彻新时代党的治疆方略，奋力做好“十四五”工作，打牢2035年与全国全疆全州同步基本实现社会主义现代化的远景目标的发展基础。秉承“绿水青山就是金山银山”的绿色发展理念，坚持发展与保护并重，坚定走生产发展、生活富裕、生态良好的文明发展道路，让巩留的天更蓝、地更绿、水更清。继续深化“放管服”改革，不断优化营商环境，持续推进诚信建设，打造投资洼地、服务高地，增强发展的动力活力。围绕强基固本，坚持聚焦关键领域和薄弱环节，加大基础设施领域补短板力度，着力构建事关长远的交通运输、现代水利、能源电力、新型基础设施“四大支撑”，充分发挥投资拉动作用，为经济高质量发展提供强有力支撑。围绕“生态绿城、水韵蝶城”城市定位，优化国土空间开发格局，加快县城升级改造和特色城镇建设，促进城乡融合发展，让巩留的城市和乡村更美、服务功能更全、百姓更舒心。

三、2021年主要工作

各位代表，2021年是“两个一百年”奋斗目标交汇与转换之年，是中国共产党成立100周年，是立足新起点、谋划新发展的重要一年，开好局至关重要、意义重大。县委第十一届六次全委扩大会议确定的预期目标是：疫情零发生，稳定不出事，经济上台阶，实现地方生产总值65.78亿元、同比增长15%；固定资产投资45亿元、增长200%；规模以上工业增加值6.6亿元、增长18%；一般公共预算收入3亿元、增长40%；社会消费品零售总额11亿元、增长10%；外贸增长30%；城乡居民人均可支配收入分别增长8%、9%；城镇登记失业率控制在4.5%以内；人口自然增长率控制在5‰以内。

围绕上述目标，我们重点抓好以下十四个方面的工作：

（一）坚持科学防治，推进疫情防控有效落实。始终绷紧疫情防控这根弦，坚持“外防输入、内防反弹”不放松，扎实做好常态化疫情防控工作。坚持群防群控、联防联控、兵地一体，百分百落实“八项监测预警机制”，坚决守好“三道防线”，充分发挥县域三个公安卡点过滤网、护城河作用，强化村（社区）、小区、重点场所服务管理，构建从国门到大门、到院门的多层次、全方位防控链条，确保重点部位、重点场所、重点环节、重点人群管得住管得好，全力维护各族群众生命安全和身体健康。

（二）坚持主动作为，推进社会大局持续稳定。深入贯彻落实以习近平同志为核心的党中央治疆方略，巩固社会大局持续稳定长期稳定。持续深化严打攻坚，开展扫黑除恶，常态化抓好社会面防控。深化意识形态领域反分裂斗争，推进社会治理现代化，巩固自治区优秀平安县创建成果，践行发展新疆特色“枫桥经验”，推进信访工作由“走访”向“网访”转变，最大限度地团结和凝聚人心，为推动经济高质量发展保驾护航。

（三）坚持多维施策，推进乡村振兴全面实施。坚持一产做优上水平，围绕“稳粮、促畜、强果、兴药”，调优农牧业结构，大力实施种子工程、中草药振兴、畜牧业增效、林果业提升、冷水鱼养殖“五大工程”，年内实现农林牧渔业总产值38.94亿元，增长21.53%。实施种子工程，依托登海种业，繁育制种玉米5万亩以上,把巩留打造成伊犁河谷重要的优质玉米种子基地。深入落实藏粮于地、藏粮于技战略,落实“菜篮子”“米袋子”负责制,有效保障粮食安全和主要农产品供给。推广“良种+良法+良技+良田”运作模式,运用科技提高粮食综合生产能力,建设高标准农田3333.33公顷,提高土地产出率,严守耕地红线,耕地储备提质改造1400公顷。依托谷本禾、康龙等龙头企业,优先建设阿尕尔森镇、塔斯托别乡、提克阿热克镇、阿克吐别克镇优质小麦主产区,突出发展中强劲、有机小麦,小麦面积稳定在13333公顷左右;着力优化调整粮经饲比例,推广特色高效经济作物规模种植,特色农作物面积达11640公顷。实施中草药振兴工程,坚持把中草药种植作为第一优势产业,围绕欣嘉药业、瑞龙等企业,实施中草药种植“一乡一品”工程,重点加强库尔德宁镇、吉尔格朗乡、塔斯托别乡等中药材优势产区建设,贝母、黄芪、胆南星等中药材种植面积达7万亩以上,到“十四五”末带动中草药种植达到20万亩以上,把巩留打造成伊犁“天山药谷”优势主产区。实施畜牧业增效工程,依托华凌、那拉、佳和、天福润等重点企业,大力推行“企业+合作社+农户”经营模式,鼓励各类资本进入农畜产品养殖加工销售领域,实施肉牛增值、肉羊增产、家禽增效、奶业振兴“四大行动”。加快“小畜换大畜”“土种换良种”步伐,重点支持巩留镇、阿尕尔森镇、东买里镇、塔斯托别乡、牛场等新建或改扩建新疆褐牛养殖小区和育肥小区5个,培育西门塔尔牛、新疆褐牛养殖家庭牧场5个,新增引进良种奶牛1.1万头,良种牛达10.22万头,羊46.62万只,家禽100万羽,肉、奶、蛋产量分别达3万吨、5.5万吨、6800吨,年内牲畜存栏达66.79万头(只)。大力发展草原鸡、蜜蜂、骆驼等特色养殖。实施林果业提升工程,依托景曦农业、“三香红”苹果基地、羊场核桃基地、博伦台干杏基地等,因地制宜、适地适树,加快特色林果发展,种苗培育总面积达到173.33公顷,新增干杏、苹果、核桃、小浆果等特色林果3万亩、总面积达到4666.67公顷,林果产量达到3.6万吨,果品商品化率达到85%。强化特色林果标准化基地建设,建立伊犁州级苹果、西梅标准化示范基地100公顷,申报伊犁州级示范园3个。实施冷水鱼养殖工程,围绕打造全疆重要冷水鱼养殖基地目标,争取实施鲟鱼种质资源场项目,大力推进商品鱼标准基地建设,支持伊河鲟业扩大养殖规模,实现渔业稳步健康发展,水产品达到800吨以上。

坚持品牌创建,助推农业提质增效。强力推进质量兴农、绿色兴农、品牌强农,打造高品质、有口碑的巩留特色农产品品牌,做大做强“那拉”驼奶粉、“三香红”苹果、“原野”核桃、“天畔”糯玉米、“天山夏尔湖”旱田馕等特色农业品牌,力争新疆谷本禾石磨面粉进入全国名特优农产品目录,全方位提升巩留农产品品牌影响力。加快构建农产品疆内收购网和疆外销售网,配套发展预冷保鲜、仓储物流、电子商务等生产性服务业,持续开展农超、农企、农社等对接及农产品展销活动,深入推广“巩留采购联盟+第三方服务商+张家港销售联盟”合作模式,确保更多的农产品销往“长三角”区域。

加快产业发展,持续提升脱贫成果。巩固拓展脱贫攻坚成果同乡村振兴有效衔接,抓好扶贫项目、贫困人口就业、扶贫产业发展,实现农村产业、人才、文化、生态、组织全面振兴。持续巩固“两不愁三保障”,过渡期内严格落实“四个不摘”“八个不变”要求,保持主要帮扶措施总体稳定。动态监测和帮扶包含农村易返贫致贫人口,以及因病因灾因意外事故等刚性支出较大或收入大幅度缩减导致基本生活出现严重困难等农村低收人口。加强农村产业扶持力度,加快培育农业产业龙头企业、农民合作社和家庭农场等新型经营主体,支持发展庭院特色养殖,切实让“小庭院”实现“大增收”,新增自治区级龙头企业1家、伊犁州级2家。持续推进消费扶贫,全力打造以消费扶贫专柜、专馆、专区为重点的消费扶贫载体,确保扶贫产品产得出、有销路。加强就业帮扶,积极挖掘县域内存量岗位,鼓励中小微企业、民生坊、个体工商户等吸纳贫困劳动力就业,促进脱贫人口稳定就业。

改善人居环境,建设生态宜居乡村。有序推

进乡村规划编制，坚持以城带镇、以镇带村，重点推进库尔德宁云杉小镇、阿克吐别克拉克小镇规划和建设，加快补齐水电路气讯等基础设施短板。持续推进农村人居环境整治院里院外“六件事”，重点实施7个“千村示范”、2个“美丽乡村”、15个村(社区)村庄绿化美化项目建设，下大力气开展私搭乱建、残垣断壁、废旧危房、环境卫生等清理整治，鼓励乡镇开展适合农村特点的垃圾就地分类、源头减量试点，科学设置垃圾综合处置场所。结合乡村发展实际，梯次推进农村生活污水治理，严守“三防两有”改造标准，加快推进农村卫生厕所全覆盖。

（四）坚持多措并举，加速推进新型工业化。坚持二产做强上规模，按照“一园两区”总体布局，一张图规划、一盘棋思考、一体化发展，构建多元发展的特色产业体系。完善园区筑平台，围绕打造百亿级产值园区目标，着力推动“工业园区化、园区产业化、产业集群化”，修订完善工业园区产业发展规划，储备工业用地133.33公顷；进一步完善园区道路、电力、供排水、供暖、供气、绿化等基础设施，建设5万平方米标准化厂房。壮大产业促升级，大力发展生物制药产业，加快推进总投资10.96亿元的疆宁生物科技绿色循环产业园一期项目、投资1.5亿元的欣嘉药业年加工生产1万吨中药饮片生产项目建设，跟踪投资20亿元的文峰集团健康产业新城项目。持续推进农副产品加工项目，支持乳品企业开展绿色、有机乳制品认证，重点推进总投资3.15亿元的那拉本源乳业项目，扶持景曦农业加快万亩矮砧密植苹果基地建设。积极培育硅产业中下游产品、电能消纳等优势产业链，推进晶维克、嘉格森硅业技术改造升级，实施总投资2亿元的捷利迅金属硅粉项目；培育单晶硅、多晶硅、微硅粉项目，延伸硅产业链。支持新建煤矿和塔拉迪煤矿扩产改造，力争年内产煤120万吨。加快推进个转企、企升规，年内实现企升规2家，全力培育新的经济增长点。优化环境促招商，坚持把招商引资作为推进高质量发展的“一号工程”，完善招商引资优惠政策，充实招商项目库，丰富招商引资方式，聚集更多的资金、项目、信息、技术、人才流入，力争年内招商引资到位资金达35亿元以上、增长50%，其中招引5亿元以上项目不少于3个，为经济高质量发展注入新动力。

（五）坚持文旅融合，推进旅游产业复苏回暖。坚持三产做精上层次，坚定不移把发展旅游作为富民兴疆的支柱产业，完善旅游基础设施，深挖旅游文化内涵，逐步把巩留创建为自治区全域旅游示范县。突出规划引领，围绕全域旅游发展格局，高水平编制《库尔德宁国家AAAAA级景区创建总体规划》《库尔德宁镇旅游发展总体规划》。提升旅游品牌，借助“国家生态文明建设示范县”“中国天然氧吧”两张国字号名片，加快推进库尔德宁国家AAAAA级旅游景区、“中国气候宜居城市(县)”创建工作。完善基础设施，投资3亿元实施库尔德宁景区5个景观台及其附属设施、生态停车场、科普教育展厅、旅游标识牌等建设，加快大莫合门禁、道路提升、云杉小镇知青博物馆、恰西-塔里木景区接待服务中心改造等，持续完善旅游厕所、网络通信等基础设施建设，全面解决“三难一不畅”问题，逐步提升旅游公共服务及整体发展水平。加大旅游宣传，充分发挥“张家港·巩留之家”北纬43°联络站文化宣传媒介作用，强化巩留印象输出。开发凝聚地域文化特色的旅游产品，积极参加“丝绸之路·新疆旅游年”、新疆冬季旅游产业交易博览会等重大旅游活动，举办以森林文化为主题的系列活动，争取游客数量、旅游收入分别增长20%以上。

（六）坚持城乡统筹，推进新型城镇化建设。编制好《巩留县国土空间规划》，围绕建设“生产空间集约高效、生活空间宜居适度、生态空间山清水秀”的城镇目标，聚力打造“生态绿城、水韵蝶城”品牌，力争城镇化率达到48.5%以上。优化空间布局，坚持“东扩、北延、中疏、南控”发展思路，科学合理地修编完善城乡总规、控制性详规、基础设施专项规划、防洪规划等，推进“多规合一”，逐步拉开城市框架，城市规划面积达到27平方千米，建成区面积达22平方千米，县城居住人口达5.4万人，不断提高城镇人口吸纳能力、综合承载能力。提升城市品位，实施绿色生态提质工程，做好东城区基础设施、新华路改扩建、G578线至迎宾路市政路网、供电供水供热供气、污水和垃圾处理、停车场、公厕、小游园等配套设施建设，着力提升城市承载能力。做足绿色和水的文章，高品位建设爱情公园、团结路游园，改善提升再开溪湿地生态环境，引水入城、延伸湿地到团结东路拆迁区，打造独具特色的水系景观，新增湿地面积30万平方米。实施文化彰显工程，统筹规划公共服务、商业网点、专业市场、商住小区等布局，将地域文化、民俗特色、现代文化等融入城市“肌理”，以社区为依托推进教育医疗、文化体育等公共服务设施延伸配套，加快推进总投资6000万元的集政务服务中心、党性教育中心、社会主义文明实践中心、青少年科技馆、图书馆、博物馆、展览馆为一体的多功能市民综合服务中心建设，着力优化公共服务供给。加强城市管理，成立城市管理委员会，完善人居环境综合整治长效管理机制，持续落实红黑旗通报、长效保洁等措施，常态化开展背街小巷、集贸市场、河道沟渠、旅游景点整治，营造整洁有序、清新靓丽、文明和谐的城市形象。启动“智慧城市”建设，推进专业化物业管理全覆盖，提高城市管理智能化、现代化、精细化水平。

（七）坚持整合力量，推进基础设施逐步完善。持续做好“十四五”规划项目动态储备，加强基础设施建设，构建交通运输、现代水利、电力、信息化“四大支撑体系”，年内新建续建项目100个以上，完成投资45亿元以上，为经济高质量发展打下坚实基础。水利方面，实施好总投资5972万元的吉尔格朗乡清洁小流域治理、大吉尔格朗河中小河流域治理、山洪灾害防治、农村安全饮水维修养护和城镇供水(一期)工程建设，续建日供水3万立方米水厂1座。积极争取团结跃进灌区续建配套与现代化改造、特克斯河沙拉达段防洪、城乡供水一体化、吉尔格朗乡集中供水、农村配水管网提升改造等一批水利工程。交通方面，巩固提升“四好农村路全国示范县”成果，力争总投资12.3亿元的G578线龙口—旱田一级公路上半年建成通车，启动县客运站、S242线巩留—塔尔德萨依段一级公路、S329线巩留县阿尕尔森镇—特克斯县二级公路、S345线库尔德宁—恰西—塔里木—喀拉峻四级公路开工建设，建设农村公路90千米、山区牧道砂石化74千米、乡村农田机耕道219千米。积极配合做好伊宁—阿克苏铁路(巩留段)项目建设。电力方面，完成巩留—喀拉峻Ⅱ回220千伏线路、工业园区220千伏变电站改扩建项目，实施国网电力伊犁吉尔格朗35kV输变电工程、伊河电力35kV水库变电站升级改造等工程，提升用电质量8600户。信息产业方面，积极推进5G网络建设，完成5G基站规划布局，建设5G站点47个。推广智能支付、智能家居的运用，加快物联网、新能源汽车充电桩等项目建设。

（八）坚持共享发展，推进改善民生增进福祉。牢固树立以人民为中心的发展思想，实施以就业、教育、医疗、社保、安居为重点的惠民工程，让各族群众的获得感更充实、幸福感更真实、安全感更踏实。实施扩大就业工程，把稳就业摆在突出位置，统筹做好新增劳动力、高校毕业生、退役军人和困难群体就业工作，实现城镇新增就业再就业3600人。保持零就业家庭“动态清零”，大力实施职业技能提升工程，开展“点餐式”“订单式”等各类技能培训2300人以上，实现农村富余劳动力转移就业4.4万人次，增收2.9亿元。实施增收致富工程，依托劳动密集型产业、民生工业园、镶产业园、民生坊等，创造千人以上就业岗位，围绕群众个人愿望、企业用工和产业发展需求，多渠道增加低收入群体收入、扩大中等收入群体，确保城乡居民收入和劳动报酬增长不低于经济增长。实施教育提升工程，优化学校布局，建成城东九年一贯制学校，改造优化中小学、幼儿园供暖设施和旱厕，实施职业技术学校实训楼项目。巩固国家通用语言文字教学全覆盖成果，推进学前教育普及普惠发展，学前三年适龄幼儿“应入尽入”；积极推进义务教育优质均衡发展，确保实现义务教育巩固率保持在98%以上；统筹普通高中和职业教育协调发展，高中阶段毛入学率达到98%以上，高考本科上线率达到71%以上，落实职业技术学校兜底招生，确保应届初中毕业生升学率达到100%。实施全民健康工程，加快完成县人民医院综合病房楼，积极争取县人民医院精神科病房楼、疾控中心改造升级等7个改扩建项目，加大重大传染病、重点地方病、职业病防治救治力度，进一步提升基层全科医生、乡村和社区医疗卫生机构服务能力。积极探索开展互联网医院试点工作，推广5G技术卫生健康方面应用和发展。深入挖掘哈萨克族、维吾尔族等宝贵民族医药文化，推进巩留中医药库建设。坚持计划生育基本国策，稳步推进全县3岁以下婴幼儿照护服务健康有序发展，扎实开展城乡居民免费健康体检，基本医疗保险参保率达95%以上。实施社保扩面工程，积极推进社会保险扩面征缴，力争基本养老保险参保登记率达到就业人口的98%以上。逐步完善城乡低保、社会救助、社会福利体系建设，积极争取敬老院提升改造、殡仪馆改扩建等项目，统筹做好残疾人、留守儿童、空巢老人等特殊群体救助工作，确保有意愿的“五保”老人集中供养、孤儿集中收养达100%。实施安居保障工程，完成农村安居工程528户、棚户区改造2050套、老旧小区改造15个，新增房地产开发面积10万平方米；强化公租房管理，解决低收入群体住房问题。实施“煤改电”工程，因地制宜推进城乡居民使用电采暖4万平方米以上，新增天然气入户1748户。实施公共安全保障工程，严格按照“党政同责、一岗双责、齐抓共管、失职追责”的要求，扎实推进安全生产专项整治三年行动，坚决防范和遏制较大以上安全生产事故发生。健全应急处置机制，加强安全执法力量配备，开展第一次全国自然灾害综合风险普查工作，进一步提高防灾减灾救灾能力。坚守食品、药品、产品质量和特种设备“四大安全”监管底线，全力保障各族群众生命财产安全。实施稳定惠民工程，坚决防范和打击暴力恐怖、民族分裂、宗教极端和黑恶势力以及各类违法犯罪活动，营造安定有序的社会环境，确保各族群众安居乐业。

（九）坚持释放活力，推进重点领域稳步改革。加大“放管服”改革力度，做到窗口服务单位依申请事项“应进尽进”。进一步拓展“互联网+政务服务”，推动政务服务一体化平台深度应用，有效提升“网上办理、网上审批”和基层经办服务能力，打通政务服务“最后一公里”，实现“马上办、网上办、掌上办、自助办、就近办、一次办”，不断优化营商环境。深化财税、金融、投融资体制改革，落实好财税金融、减税降费、纾困惠企、稳岗就业政策，为企业减负松绑。实施国企改革三年行动，加快国有资产整合重组，推动交通、农业、水利、城市建设等资源整合，不断提升国有企业市场竞争力和市场化融资实力。实施民营企业培优工程，重点扶持市场前景好、成长性高、带动作用强的民营企业。稳步推进农村承包地“三权分置”，构建现代农业体系。持续推进教育体制改革，充分发挥教育集团核心学校办学优势，在管理文化、优质师资、办学品牌、教育教学质量等方面输出成功经验，带动成员学校共同发展。

（十）坚持提标提质，推进生态环境持续向好。牢固树立“绿水青山就是金山银山”的理念，巩固提升国家生态文明建设示范县成果，加快建设天蓝、地绿、水清的美丽巩留。持续加强大气污染防治，推动砖瓦窑行业配套除尘和脱硫设施建设，推进煤改电、煤改气等清洁能源使用；持续加强水污染防治，全面落实水资源管理“三条红线”管理制度，加强用水总量控制，严格控制地下水开采。多措并举落实“河湖长制”，加强对主要河流沿线排污口的监管，加强山口水源地水质安全保障；持续加强土壤污染防治，开展绿色矿山治理，加快畜禽禁养区搬迁工作，实现农业化肥、农药使用量零增长，减少地膜白色污染，建立土壤污染企业监督管理机制，保证土壤生态环境安全。加强水土保持监管力度，提高水土流失治理能力。统筹山水林田湖草和湿地系统治理，坚决保护好巩留的森林、草原、湿地、野生动植物，落实草原生态奖补政策，实施草畜平衡17.07万公顷、一般性禁牧0.8万公顷、水源涵养区禁牧1.93万公顷，草原补播改良0.47万公顷，完成森林抚育666.67公顷、封山育林

666.67公顷,森林覆盖率达到19.61%。

(十一)坚持文化润疆,推进中华文化扎根新疆。坚持以社会主义核心价值观引领文化建设,开展群众性文体活动,推进中华优秀传统文化进学校、进家庭、进社区。持续实施公民道德建设工程,深入做好意识形态领域工作,依托"学习强国""石榴云""巩留好地方"等新媒体平台,开展"党的十九届五中全会和第三次中央新疆工作座谈会精神进万家"活动,推动习近平新时代中国特色社会主义思想走进千家万户。持续巩固国家公共文化服务体系示范区创建成果,不断完善公共文化服务大网络,将文化元素融入城市建设,加快推进东西"两湖"文化体育公园建设项目,实施石榴籽阅读服务工程,使电子阅读走进群众生活。创新实施文化惠民工程,积极鼓励繁荣文艺创作,复排"梦蝶天山"大型歌舞剧,推出一批具有时代特色、弘扬社会主义核心价值观的文艺精品力作。以文物整体保护彰显巩留魅力,重点推进麻扎、岩画、石刻等文物抢救性整修维护,实施征集流散文物、揭示历史发展脉络工程,编写文物讲述历史的通俗读本,让文物"说话",让历史"发声"。积极推进新时代文明实践中心建设,管好用好县级融媒体中心。贯彻落实《中央新疆工作协调小组关于新疆若干历史问题研究座谈纪要》精神,教育引导各族干部群众树立正确的国家观、历史观、民族观、文化观、宗教观。推进中华优秀传统文化进校园活动,把立德树人融入思想道德教育、文化知识教育、社会实践教育各环节,常态开展"中国梦""扣好人生第一粒扣子""少年传承中华传统美德"等主题活动。

(十二)坚持绵绵用力,推进民族团结宗教和睦。坚持以铸牢中华民族共同体意识为主线,深入开展民族团结进步宣传教育和民族团结进步创建工作,创新开展"民族团结一家亲"和民族团结联谊活动,加快构建互嵌式社会结构和社会环境,促进各民族广泛交往、全面交流、深度交融。依法加强宗教事务管理,坚持新疆伊斯兰教中国化方向,引导宗教与社会主义社会相适应。

(十三)坚持援疆惠民,推进兵地军地融合发展。借鉴学习援疆省市的先进理念,积极配合落实好援疆规划,坚持援疆项目资金继续向保障和改善民生倾斜,实施好投资8289万元涉及促进就业、改善民生、产业发展等25项援疆项目。充分发挥援疆干部人才"桥梁纽带"和"传帮带"作用,构建全方位、多层次、宽领域的援疆工作新格局。用足用好援疆资源,关心关爱援疆干部,积极支持他们更好地开展工作、发挥作用。牢固树立"兵地一盘棋"的思想,加强沟通交流,相互支持配合,深入推进经济、政治、文化、社会、生态和干部人才等全方位融合,相互提携,优势互补,共同发展。持续做好新时代退役军人服务管理巩固工作,深化双拥共建,促进军民融合,巩固坚如磐石的党政军民关系,为实现中国梦强军梦凝聚强大力量。

(十四)坚持执政为民,推进加强政府自身建设。站在历史发展的新起点,踏上未来五年的新征程,我们将勤勉履职、奋发作为,持续加强政府自身建设,全面提升政府治理能力和服务水平,着力打造人民满意的政府。

始终坚持党的领导。巩固拓展"不忘初心、牢记使命"主题教育成果,增强"四个意识",坚定"四个自信",做到"两个维护",坚持党对政府各项工作的绝对领导,在思想上政治上行动上同以习近平同志为核心的党中央保持高度一致。自觉接受人大法律监督、政协民主监督、纪委监委和社会舆论监督。发挥政府一套班子抓发展作用,让实干担当成为政府的鲜明底色,让抓落实重实效成为工作的主旋律。

全面推进依法行政。加快推进法治政府建设,强化领导干部法治思维和依法行政能力,深入开展"八五"普法,广泛开展《民法典》普法工作,引导干部群众养成自觉守法的意识,形成遇事找法的习惯,培养解决问题依靠法的能力。完善政府法律顾问工作机制,健全政府部门协调配合机制,建立重大决策终身责任追究制度和责任倒查机制,增强政府决策的科学性。注重改进领导方式,深入调查研究,科学依法决策,积极稳妥解决热点难点问题，使政府工作更加符合实际、顺应民意。

建设清廉高效政府。纵深推进党风廉政建设和反腐败斗争，加强政府机关工作人员廉洁从政教育，坚持反腐高压态势，不仅要让党纪国法、准则条例等入心入脑，而且要落实到具体行动中。坚决贯彻中央八项规定及其实施细则，大力整治形式主义、官僚主义，持续为基层减负松绑。深入转变工作作风，持续提升行政效能，以过硬的作风保证党中央、自治区、伊犁州党委决策部署和县委工作要求落到实处、取得实效。

各位代表！巩留是我们共同的家园，建设发展巩留是我们肩上共同的责任与担当。承载20万蝶城人民的梦想和重托，我们豪情万丈踏上新的伟大征程，让我们紧密团结在以习近平同志为核心的党中央周围，在伊犁州党委、伊犁州政府和县委的坚强领导下，勇担时代重任、锐意改革进取、凝聚磅礴力量，努力开创“十四五”良好开局，奋力推进社会稳定和长治久安，谱写好新时代中国特色社会主义新疆的巩留篇章，以优异成绩庆祝建党100周年！

名词解释：

1.1+3+3+改革开放：“1”：社会稳定和长治久安总目标。“3”：打好三大攻坚战，即防范化解重大风险攻坚战、精准脱贫攻坚战、污染防治攻坚战。“3”：抓好三项重点工作，即丝绸之路经济带核心区建设、乡村振兴战略、旅游产业发展。“改革开放”：深化改革、扩大开放。

2.六个精准：扶持对象精准、项目安排精准、资金使用精准、措施到户精准、因村派人（第一书记）精准、脱贫成效精准。

3.七个一批：通过就业转移扶持一批、通过发展产业扶持一批、通过土地清理再分配扶持一批、通过转为护边员扶持一批、通过实施生态补偿扶持一批、通过易地扶贫搬迁扶持一批、通过综合社会保障措施兜底一批。

4.三个加大力度：加大教育扶贫力度、加大健康扶贫力度、加大基础设施建设力度。

5.两不愁三保障：不愁吃、不愁穿，义务教育、基本医疗、住房安全和安全饮水有保障。

6.二品一标：“二品”即绿色食品、有机食品（农产品），“一标”即农产品地理标志。

7.三新四上：“三新”即新家园、新气象、新风尚，“四上”即吃饭上桌、睡觉上床、做饭上灶、学习有课桌。

8.千万工程：千村示范、万村整治。

9.“1+3”重点工作：疫情防控、经济社会发展、脱贫攻坚、社会稳定。

10.八项监测预警机制：发热门诊监测预警机制、环境监测预警机制、环境消杀预警机制、冷链食品及邮件物流监测预警机制、交通运输人和物的监测预警机制、重点人群核酸检测预警机制、不聚集管理监督预警机制、“健康伊犁”应用预警机制。

11.双湖：蝶湖、湿地公园。

12.“1+1帮1”：1名张家港干部同1名巩留县本地干部共同帮扶1名巩留县建档立卡贫困户。

13.四个不摘：摘帽不摘责任、摘帽不摘政策、摘帽不摘帮扶、摘帽不摘监管。

14.八个不变：各级党委脱贫攻坚领导小组体制不变，各级扶贫办公室机构不变，“五级书记”一起抓责任不变，双组长责任制不变，党委和纪委监委主体责任和监督责任不变，脱贫攻坚的地、县、乡班子稳定不变，村第一书记、驻村干部帮扶机制不变，各级扶贫力量不变、帮扶关系不变。

15.院里院外“六件事”：改厕、整治庭院环境、整治居住环境（三新四上）、清垃圾、清污水、清淤。

16.三防两有：贮粪池防渗漏、防臭、防蝇，有遮挡、有照明。

17.三难一不畅：上厕所难、停车难、加油难，通信信号不畅。

18.农村承包地“三权分置”：指在坚持农村土地集体所有的前提下，促使承包权和经营权分离，形成所有权、承包权、经营权三权分置，经营权流转的格局。

19.水资源管理“三条红线”：确立水资源开发利用控制红线、确立用水效率控制红线、确立水功能区限制纳污红线。

专 记

疫情防控

巩留县坚持以习近平新时代中国特色社会主义思想为指导，认真贯彻落实党中央、国务院关于疫情防控工作的系列决策部署，贯彻落实自治区领导关于疫情防控系列讲话精神，坚持把人民群众生命安全和身体健康放在第一位，落实“四个不松”(思想不松、措施不松、机制不松、责任不松)、“四个坚决”(坚决“外防输入、内防反弹”，坚决做到聚集性疫情零发生，坚决做好病例和无症状感染者发现在传染之前，坚决做好防疫措施全覆盖落实)要求，统筹抓好常态化疫情防控和经济社会发展。

一、健全指挥体系，夯实组织基础

坚持疫情防控指挥体系、战时体系不变，加强统筹协调、工作部署和督导落实，做到指挥部指令清晰、运转快捷、条块畅达、执行有力。

健全组织机构。成立由县乡村三级党组织书记任指挥长的疫情防控指挥体系，形成指挥部统一领导、各部门联动、全民动员全民参与的疫情防控工作格局。县指挥部下设疫情防控、医学隔离观察、来巩返巩、医疗救治等12个工作组，抽调各部门、各单位精干力量，集中人员、集中资源、集中办公，抓好疫情防控各项工作落实。加强和完善与防控形势变化相适应的组织体系，重点强化八项预警机制组织领导，做到每项机制都有一名县级领导负责、都有一个工作专班。

完善工作机制。建立指挥部调度机制，坚持指挥长每周调度、重点紧急工作随时调度机制，做到上级部署要求及时办理。先后出台《巩留县贯彻落实〈伊犁州加强秋冬季新冠肺炎疫情防控工作实施方案〉责任分解》《巩留县新冠肺炎疫情常态化防控八项监测预警机制细化措施》，以及来巩返巩人员排查、采样、数据比对闭环管理机制等，推动疫情防控工作常态化、规范化开展。建立健全兵地联防联控机制，成立巩留县、七十三团联防联控工作领导小组，七十三团派驻一名干部在县疫情防控指挥部坐班，建立流行病学调查协查、兵地接合部协同管理、医疗卫生资源共享、生活物资相互支援。

压实工作责任。树牢疫情防控意识，明确工作措施，实行责任捆绑，对疫情防控责任落实不到位的上追一级领导责任，层层传导压力，确保常态化疫情防控各项措施落实落地。落实常态化培训机制，开展专班专项培训、行业纵向培训、辖区属地培训，着力提升工作能力。

二、坚决外防输入，守好“三道防线”

坚决守好国门。共摸排出境人员2078名，其中哈萨克斯坦2038人、其他国家40人。成立境外工作专班，由一名副县级领导专门负责，抽调5名干部充实到境外工作组，建立县乡村三级包联责任制，32名县级领导、46名科级干部、104名乡镇干部、161名村干部及常态化基层力量实现对境外人员全覆盖包联，落实“五个必须”措施(人员必须联系、亲属必须入户走访、困难诉求必须解决、风险必须评估、一户一策必须建立)，落实每日联系和周督查、周通报制度，确保包联责任落实到位。从暂居在哈萨克斯坦人员中筛选17名联络员，帮助境外人员办理护照延期，走访境外人员做好思想稳控，实行签证、护照、绿卡办理挂图作战销号制，共帮助办理证件到期人员303人，证件办理完成率

100%。解决暂居在哈萨克斯坦人员的生活困难，累计解决困难诉求469条，帮扶救助42.53万元。

坚决守好大门。加强卡点查控，成立检查站查控工作领导小组，三个检查站共配备警力、医务人员103人，设置车辆查验岗、人员信息采集岗、核酸检测采样岗、视频监控岗等，对进入巩留辖区所有人员查验“健康伊犁”及“新疆政务健康通行码”“大数据行程码”，分类做好处置：第一类：对显示绿码无异常人员正常通行；第二类：对“健康伊犁”显示黑码人员（重点人群3天内、一般群众7天内未做核酸检测人员），就地采样后通行；第三类：对显示黄码、红码人员（有中高风险地区旅居史人员），立即启动应急预案，将人员送至定点留观医院和集中隔离点。加强重点地区返巩来巩人员摸排和隔离。通过一体化平台推送、基层组织网格化管理，加强重点地区旅居史人员摸排。实施每3天一次核酸检测和2次双抗检测，对隔离期满且检测无异常人员解除集中隔离。

坚决守好院门。强化重点机构防控。按照“三个一律”和“五个暂停”要求，敬老院、看守所等重点场所严格执行封闭式管理，完成留观室改造建设，驻地门口派驻警力24小时值守，确保一个不进、一个不出。强化重点场所管理。实施县直部门包联居民小区、大型商超、农贸市场制度，实行责任捆绑，47个单位包联73个小区（单位家属楼）、13个人员密集场所，每个单位派出1~2名干部进驻，筛选44名干部驻企业工地，抓好测温、验码、消杀、戴口罩“四件事”落实。完成73个居民小区人脸识别系统安装，居民进入小区均须刷脸测温识别，车辆除司机外乘车人员全部下车进入小区，严控外来人员随意进出。加强“无疫情社区”创建。落实《伊犁州直“无疫情社区”创建实施办法（试行）》要求，实施积分管理、每月排名、群众满意度测评等措施，无疫情社区创建取得实效。

三、坚决内防反弹，落实八项监测预警机制

加强联防联控、群防群治，健全完善及时发现、快速处置、精准管控、有效救治的防控机制，织密织牢常态化防控网络。

落实发热门诊预警机制。加强发热门诊建设。县人民医院、中医医院2家二级甲等医疗机构完成发热门诊建设，设置隔离留观病房20间，配备负压救护车2辆，规范设置“三区两通道”，安装红外线体温检测仪，视频监控系统已接入公安监控大平台。坚持关口前移，按照医疗机构预检分诊、发热门诊规范化设置自查表30条措施，改扩建预检分诊点11个。加强重点场所留观室建设，所有机关企事业单位、学校、小区（家属楼）、车站、农贸市场等均设置发热隔离留观室。建强发热门诊队伍。建立发热门诊、医疗救治、实验室检测三支队伍，在卫健委设置专家组管理专门科室，统筹协调专家组工作。将中医医院、县人民医院、疾控中心各专业学科医师队伍纳入专家库。发热门诊组建专家组2个14人、应急救治梯队3个108人。规范发热人员筛查、接诊、转诊、救治工作流程，开展居民发热筛查，掌握每一个发热人员发病史、旅居史、接触史，对发热人员严格按照流程进行隔离留观、双抗和核酸检测，做到早发现、早报告、早隔离、早治疗。落实医疗机构凡进必检、非必要不陪护、禁止探望探视三项制度，对病房区、门诊区设置硬隔离，严防发生院感。完善应急处置流程及院感防控，制定演练脚本，完善应急处置预案，开展预检分诊、发热门诊、患者转运、定点医院救治、流调核查、小区封控、集中隔离和舆情处置等全要素实战演练，提升应急处置能力。

落实环境监测预警机制。采取“专业+行业”“固定+应急”并行模式，建立专兼职环境检测采样队伍82人。制定环境监测预警处置流程图，将环境监测范围划分为人员密集场所、公共交通工具、生活污水、垃圾运输车辆4个方面28个行业类别，有988处点位，针对监测点位，定时间、定周期、定责任人，常态化开展采样检测工作。

落实环境消杀预警机制。压实“五方责任”（县级包联领导、乡镇包联领导、消杀主体、卫健疾控部门、监管部门等五方责任），制定《巩留县疫情防控消毒消杀工作方案》，成立消杀指导组，负责全县消毒消杀工作业务指导、标准制定、监督检查;成立由10人组成的重点场所专业消杀组,负责物业小区、屠宰场、企业等重点场所的消毒消杀和培训指导工作;以行业系统为主,医疗机构、学校、商超等202个重点部位,按照配备3名消杀员、1名指导员和1名监督员要求,组建消杀队伍652人;依托环境卫生、城市建设等现有队伍164人,承担社会面环境卫生整治和消杀工作。全县各类消杀场所4615个,根据消杀场所类型,研究制定企事业单位办公场所、农贸市场等13个消毒消杀标准,统一规范制作51个重点场所消杀公示牌,所有场所实行消杀登记制度,通过现场指导和集中培训等方式,确保消杀人员精准掌握消杀方法和消杀流程。

抓好冷链食品及邮件物流监测预警机制落实。强化梳理摸排,从冷链食品生产、加工、仓储、运输、销售“五大环节”入手,对冷链食品加工企业、屠宰场、冷库、冷链车、冷链食品销售批发商及从业人员登记造册,建立台账,定向采样,全县有冷链食品经营企业及商超59家、从业人员108人,冷链车辆13辆(县外冷链配送车辆9辆、县内冷链配送车辆4辆),实施冷链车辆配送报备制度,由市监局开具报备单,卡点见单放行,做到冷链食品运输、仓储、加工及销售消杀、检测全覆盖;物流9家、从业人员52人,快递8家、从业人员107人。冷链食品和邮件物流采样15751份。

落实交通运输人和物的检测预警机制。加强货运车辆检测。三个公安卡点分别设置采样点,对伊犁州外货运车辆司乘人员查验行程码、健康码,若无3天有效期内核酸检测报告或采样证,就地采样,采样检测伊犁州外货车司乘人员4073人份。对拉运的货物在卸货场按照10%~15的比例进行抽样检测,采样检测货车3003辆、货物14884份。全县摸排4.5吨以上货车450辆,全部纳入3天一周期核酸检测范畴。加强营运车辆检测。严格执行从业人员3天周期、车辆外环境7天周期检测要求,采样检测从业人员12603人份、车辆外环境10226份。

落实重点人群监测预警机制。提升核酸检测能力。建成县人民医院、中医院、疾控中心PCR实验室3个,配备96孔提取仪5台、32孔提取仪4台,96孔扩增仪13台,生物安全柜7台,按照1∶10混检,每日最大检测能力11.3万人份。加强检测队伍建设,实验室检验人员67人。紧扣“保障、采样、转运、检测”四大环节,做好一村(社区)一方案,每一个采样点按照“十个确定”(确定牵头干部和负责人、确定采样时间、确定采样点位、确定医务人员、确定采样对象、确定物资配备标准、确定采样点位组织人员、确定样本转运和转送人员车辆、确定数据汇总统计人员、确定后勤保障标准)要求,定人、定岗、定职责,建立采样、送样、检测、反馈、数据比对闭环工作流程,确保全民核酸检测有序开展。全县设置采样点位446个(固定采样点75个、相对固定采样点208个、流动采样点163个),共有采样人员266组532人,每个点位固定3~5名志愿者,有志愿者1700多人。抓好全民核酸检测,压实9个行业部门主体责任、12个乡镇属地责任,对公职人员、医疗机构、一线警力、窗口单位、餐饮、理发、商贸市场、交通运输、外卖家政、加油加气、景区宾馆、企业(项目)工人、物流快递等25类人员开展摸排,核酸采样率、检测率、“健康伊犁”数据上传率均为100%。

落实人员不聚集监管预警机制。按照“分级管理、属地为主,谁经营谁负责”原则,明确县乡村三级责任和行业部门责任,加强人员不聚集监管。利用综治中心视频监控提示、乡村大喇叭、宣传流动车、入户宣传等,教育引导群众落实不扎堆、不聚集、佩戴口罩疫情防控措施。坚持巡逻和技防相结合,与便民警务站网格化巡控有效衔接,确保及时发现、及时处置。在农贸市场、大型商超、银行等重点场所设置监管员,对发现扎堆、聚集、不戴口罩的人员及时劝告,落实聚集性活动审批制度。减少机关单位大型聚集性会议、活动,30人以上会议活动报县疫情指挥部审批,50人以上会议活动报伊犁州疫情指挥部审批。禁止婚礼大操大办。举办丧礼由村(社区)、乡镇(片区)、县疫情防控指挥部逐级审批,做好服务管理。

脱贫攻坚

巩留县坚持以习近平新时代中国特色社会主义思想为指导，按照习近平总书记关于“坚决打赢脱贫攻坚战，确保到2020年所有贫困地区和贫困人口一道迈入全面小康社会”的要求，围绕新时代党的治疆方略，贯彻落实中央、自治区和伊犁州关于脱贫攻坚系列决策部署，坚持“六个精准”“七个一批”“三个加大力度”，实施“十一个专项行动”，实现建档立卡贫困人口3805户13674人全部脱贫，10个自治区级贫困村全部退出，贫困人口人均年收入稳定超过国家标准，不愁吃、不愁穿、教育、医疗、住房得到有效保障，贫困发生率由2016年的5.3%下降至“零”，贫困村基础设施健全、村集体经济收入全部达标。

一、建机构、强机制，组织领导到位

贯彻落实习近平总书记关于脱贫攻坚的重要讲话和重要指示批示精神，提高政治站位、扛实政治责任，系统谋划、统筹推进，坚决打赢脱贫攻坚战。加强理论学习。坚持把脱贫攻坚理论学习纳入各级党组党委理论中心组学习的重要内容，通过集中学习、个人自学、研讨学习等方式，做到脱贫攻坚理论学习入脑入心，真正学通、弄懂、做实。召开县委理论中心组专题学习4次，政府党组专题学习6次，开展脱贫攻坚专题民主生活会1次，组织全县各级党员干部应知应会测试2次，着力提升各级领导干部扶贫理论水平和工作能力。建强组织体系。成立县乡两级党政主要领导任“双组长”的扶贫开发领导小组，充实配强扶贫队伍，县乡村三级扶贫专干力量为418人，切实保证扶贫专职力量的稳定性。明确由县委常委、组织部部长分管脱贫攻坚，1名副县长专职负责脱贫攻坚，抽调人大、政协各1名县领导补充到县脱贫攻坚指挥部，切实做到脱贫攻坚力量只增不减。强化责任落实。制定《巩留县脱贫攻坚三年行动计划》《巩留县脱贫攻坚挂牌作战实施方案》，实施“十一个专项行动”，每个专项行动确定1名县级领导牵头，明确牵头部门、配合单位，列出时间表，细化路线图，扎实推动工作落实。压实挂牌督战责任，实行“一线工作法”，按照县乡村三级书记遍访要求，县委书记走遍所有的贫困村，其他县级挂牌督战领导每季度遍访监测户、边缘户且对本村其他贫困户每季度入户走访率达到30%以上，县扶贫办主任、乡镇（片区）党委书记、乡镇长走遍辖区内所有贫困户，有效推动脱贫攻坚工作责任落实。

二、严排查、细核实，精准识别到位

坚持“精准扶贫、精准脱贫”要求，扎实推进扶贫对象动态管理，及时组织县乡村干部包村入户，对照“一超过两不愁三保障”标准，逐村逐户逐人逐项进行核查，认真填报无安居房的农村低保户、残疾户、贫困户统计表、建档贫困人口“五个一批”分类表等专项摸底表，摸清贫困人口贫困程度、致贫原因、家庭状况，因户因人制定“一户一策”，做到对症下药、精准施策。按照“四色”预警要求，加强返贫致贫风险动态监测，依托全国扶贫开发信息系统全程跟踪，建立脱贫返贫、就业失业、防风险三大监测预警机制，坚持把算清贫困户每一笔收入和支出作为重点，通过村每半月比对一次、县每月监测一次，对存在致贫返贫风险人员动态调整、录入系统，压实县乡领导“一帮一”包联责任，做到早发现、早预警、早帮扶、早阻断。黄色、橙色、红色标识贫困人口143户588人，监测户10户48人、边缘户13户49人全部消除风险。

三、出实招、见成效，脱贫措施到位

围绕“一超过两不愁三保障”标准，大力实施“五个一批”工程，整合资源，统筹发力，持续推动贫困户脱贫增收。

转移就业“稳增收”。坚持把促进就业作为最直接最有效的脱贫方式，成立县乡劳动力转移就业专班、村级就业服务站，通过实施就业“五个一批”措施，推动有就业能力的贫困人口全部就业。通过技能培训帮扶一批，按照贫困劳动力需求，精准制定培训计划，分类分批组织开展免费技能培训，保证每一名贫困劳动力都掌握1到2项就业技能。2016年以来，共投入资金143.64万元，累计开展贫困人口技能培训1110人次。通过向疆内外转移就业一批,鼓励有技术、有能力、有干劲的贫困劳动力外出就业,并派出干部到疆内外对接用工企业,实现外出就业4056人,其中有组织转移贫困劳动力就业679人。通过开发公益性岗位安置一批,结合农村人居环境改善,设置公益性岗位246个,人均年增收1.3万元。通过发展卫星工厂、民生坊就地就业一批,培育和扶持壮大卫星工厂、民生坊,塔什干巴依服装厂、萨尔布群夏尔湖馕产业园、阿尕尔森镇“三乡绣”刺绣合作社等21家卫星工厂、民生坊带动作用明显,解决就业680人。通过产业发展就业一批,围绕企业用工、旅游三产、农业产业化发展,推动贫困劳动力向一产产业链和二三产业转移,实现就业1641人。依托项目入户工程,推动自主创业就业348人。

壮大产业“摘穷帽”。制定《关于接续推进全面脱贫与乡村振兴有效衔接的实施方案》,按照“宜农则农、宜林则林、宜牧则牧、宜渔则渔”原则,立足当地资源,因地制宜,积极探索产业发展“五个一”模式(选准一个好产业、打造一个好龙头、培育一个好市场、创新一个好机制、形成一个好链条),实行“党支部+企业+合作社+农户”经营模式,推动农村土地规模化、市场化经营,将企业、合作社、贫困户结成共同体,使贫困户“有业可从、有企可带、有股可入、有利可获”。贫困村巴哈拜村成立土地股份制合作社,辐射带动全村682户466.67公顷土地流转,种植油芍166.67公顷、制种玉米300公顷,将整村打造成集农业产业化发展、乡村旅游、休闲观光、就业创业于一体的田园综合体,实现“土地流转挣租金、基地务工挣薪金、入股分红挣股金”,带动整村脱贫致富。以巴哈拜村为模板,各贫困村积极探索产业发展新路子,塔什干沙孜村实施肉鸽养殖基地“分包养殖+订单回购”的模式,阿克加孜克村大力发展骆驼养殖向那拉乳业供应驼奶驼绒的做法,阿热勒村成立合作社带领贫困户种植贝母的举措,吉尔格朗乡旅游商品“小木屋”扶贫工程,有效带动当地贫困户增收致富。

生态扶贫“享红利”。发挥生态优势,实施“旅游+扶贫”工程,打造东部山区库尔德宁—恰西—塔里木环线和西部平原乡村旅游精品线路,沿线布局万亩油芍、万亩伊贝、千亩油葵、千亩草莓、千亩黄芪等生态观光园和采摘园,全面推进库尔德宁云杉小镇、阿克吐别克拉克小镇、吉尔格朗天山渔村、头道湾自驾民宿区、伊力格代村、莫合小镇旅游田园综合体建设,引导群众大力发展农(牧渔)家乐和旅游民宿、旅游小商品店,让更多贫困群众享受生态旅游红利。落实生态补偿政策,实施一般性禁牧0.67万公顷、水涵养区草原禁牧2万公顷、草畜平衡21.53万公顷,草原生态补偿资金每年2367万元,其中受益贫困户512户、年发放奖补资金325万元,户均受益6300元。制定《巩留县生态护林员选聘工作实施方案》,从建档立卡贫困户中选聘生态护林员48人,每人每年工资性收入2.28万元。

易地搬迁“挪穷窝”。全县投入3368.7万元,对自然环境较差、居住偏远散区域的159户597名贫困户实施易地搬迁(其中集中连片搬迁133户488人,插花安置26户109人),并完成安置区道路、供水、供电、广播电视等基础设施建设。将易地搬迁贫困户纳入产业发展和扶持就业的重点对象,坚持“一户一策”,落实各项支农、惠农政策,多渠道促进安置区后续产业发展,实现易地搬迁户“搬得出、稳得住、能致富”。

社会保障“兜底线”。健全城乡社会救助体系,扩大城乡居民最低生活保障范围和城乡医疗救助范围,城乡居民基本医疗保险门诊、住院、特殊慢性病保障政策落实率100%。实行兜底保障政策,对低保对象实施动态管理,精准建立台账,做到应纳尽纳、应退尽退,对无劳动能力的3390名贫困人口全部纳入低保,低保标准从2016年的2855元/年提升到2020年的4400元/年,全年发放低保资金891.67万元;对688名建档立卡残疾人发放“两项补贴”54.3万元;有64名特殊困境儿童、108名孤寡老人在福利院、养老院集中供养。

四、补短板、强弱项，政策保障到位

按照“三个加大力度”要求，逐村逐户落实住房安全、义务教育和基本医疗保障工作，查找短板、补齐弱项，确保所有农户实现“三保障”。

实施教育保障政策。坚决阻断贫困代际传递，持续强化农村义务教育控辍保学，学前三年免费教育、义务教育“两免一补”等政策落实，9953名学前幼儿、28871名义务教育阶段学生实现应入尽入、应免尽免。持续改善办学条件，实施义务教育薄弱环节改善与能力提升项目，新建第二小学、城北、城南九年一贯制学校和38所农村幼儿园，新增校舍建筑面积5.46万平方米，通过义务教育均衡发展国家评估认定，实现国家通用语言文字教学全覆盖，农村教育教学水平得到大幅提升。实施“雨露计划”“黄土计划”“金秋助学”等政策，2016年以来，累计资助建档立卡贫困学生1.03万人次，资助资金1417.42万元。

实施健康保障政策。加大因病致贫建档立卡户医疗救治力度，落实“一站式结算”“先诊疗后付费”政策，实施大病集中救治一批183人、慢病签约服务一批1982人、重病兜底一批1338人，确保让贫困人口看得起病、看得好病。对贫困人口参加农村合作医疗及商业政策性保险缴费的，由县财政承担，2016年以来，共代缴医疗保险金4282.7万元，惠及2.8万人次。城乡居民医疗保险、大病保险、医疗救助、补充医疗保险“四项政策”落实后，报销比例达到90%，极大减轻贫困户看病就医经济负担，消除因病返贫隐患。

实施安居保障政策。2016年以来，共投入5556.6万元，为贫困户建房1305户，其中安居富民2016、2017年每户补助3.85万元、2018年每户4.32万元(援疆补助2万元)、2019年补助4.4万元(援疆补助2万元)，共建房1163户；牧民定居补助金2016年7万元(援疆补助2万元)，2017、2018年6万元(援疆补助1万元)、2019年5万元，共建房142户，并完成房屋安全认定挂牌全覆盖，实现户户有房住、房房有鉴定的目标，住房安全得到有效保障。

五、准施策、强基础，项目落实到位

坚持“资金跟着项目走、项目跟着规划走、规划跟着贫困户需求走”，成立扶贫项目专班，加强项目谋划，用好项目资金，加快完善基础设施，为贫困村、贫困户发展奠定坚实基础。2016年以来，共投入专项扶贫资金4.96亿元(中央、自治区和伊犁州专项资金4.64亿元、县级财政扶贫资金0.32亿元)，完成扶贫项目444个，其中当年投入2.76亿元(专项资金1.13亿万元、地方债券资金1.63亿元)，实施项目149个，全部完工。交通道路方面，累计投入1.45亿元建设农村柏油路318.8千米，乡村通达率由2016年的75%提升到100%，巩留县荣获“全国农村四好公路示范县”称号；电力供应方面，累计投入3.26亿元，新建、改造供电线路1531.13千米，改善用电质量2.45万户；饮水安全方面，累计投入6463万元，实施自来水管网改造、城乡供水一体化、吉尔格朗乡应急水源建设等项目，改善饮水条件2.4万户，全县自来水入户率99%以上，饮水安全得到有效保障；产业发展项目方面，投入3078万元建设民生坊、卫星工厂、保鲜库、标准化养殖小区等产业发展项目35个，促进群众通过产业增收致富；项目入户方面，户均投入1万元为1474户贫困户修建棚圈，共发放牛2458头、羊6033只、骆驼88峰、鸡鹅苗等100万羽，发放小额贴息贷款1363户6953.42万元。

六、广动员、齐参与，各界帮扶到位

坚持“四位一体”大扶贫格局，动员社会各界力量广泛参与脱贫攻坚，形成脱贫攻坚强大合力。完善包联机制。完善县直机关、企事业单位定点结对帮扶机制，73个县直单位、33家企业、4家驻县单位与所有村队(社区)实行定点帮扶，县领导1人包联3户、科级领导1人包联2户、干部职工1人包联1户包联要求，做到实名包联贫困户全覆盖，建立“周末扶贫日”制度，各级干部与贫困群众结对认亲，同群众一块过、一块苦、一块干，帮助理清发展思路，帮扶解决困难问题，加强感恩教育，以实际行动回应群众的基本需求，注重改善贫困户生产生活环境，通过援疆资金帮扶、包联干部捐助，全县完成3805户贫困户“三区四上一改”，做到“人净、户洁、院整”。实施社会扶贫。实施“百企联百村”活动，社会爱心人士积极参与到扶贫帮困的行列中，11个新兴党组织与10个村结对，社会各界公益组织、企业累计筹集帮扶资金1000万元。实施消费扶贫，成立消费扶贫专班，确定扶贫产品名录20类92个产品，并在广播电视、微信公众平台发布消费扶贫倡议书，动员社会力量采取“以购代捐”“以买代帮”“以工促收”等方式购买扶贫产品，直接购买和帮助销售扶贫产品8624.6万元。实施对口扶贫。江苏张家港市援疆工作组积极发挥自身优势，牵线搭桥，实施张家港10个国有企业与巩留10个自治区级贫困村结对共建，通过产业帮扶、就业扶持等方式，提升结对村自我“造血”功能。投入援疆资金900万元在7个村建设8个民生坊，助力贫困户就业，通过“1+1帮1”援疆扶贫模式(张家港1名爱心人士+巩留1名党员干部帮1户贫困户)，帮扶巩留722户贫困户稳定脱贫，共接受张家港各单位、各界人士帮扶资金1200多万元。

七、强举措、重落实，问题整改到位

压实县乡村党组织书记抓整改主体责任、分管县领导具体责任、乡镇属地责任、纪委监察监督责任，对各级反馈问题全面梳理，定期召开整改工作调度会，逐一分析研究，逐件细化措施，建立销号台账，做到整改一个、验收一个、销号一个。2016年以来，各级各类督导检查反馈问题以及主动认领的问题325条全部整改落实。开展脱贫攻坚领域腐败和作风问题专项治理，对问题整改情况适时开展“回头看”，对标对表举一反三、查漏补缺、全面整改，并建章立制，强化监督问责执纪，倒逼责任落实，坚决防止问题反弹。

八、树典型、重宣传，智志双扶到位

坚持既富“口袋”又富“脑袋”，开展贫困群众宣传教育，着力激发贫困群众发展生产、脱贫增收的主动性，引导群众依靠勤劳双手实现脱贫致富。加强思想教育。制定《巩留县贫困人员“扶志扶智”实施方案》，以“民族团结一家亲”“农牧民夜校”“访惠聚”驻村等工作为载体，以政策宣传、感恩教育、技能培训、典型引领等13个方面为抓手，“一对一”“面对面”开展思想引导，全覆盖开展“算清两笔账、感恩共产党”活动，引导农牧民比收入、谈幸福、讲党恩，培养贫困户自主脱贫、勤劳致富的思想观念。加强培训引导。在贫困村组织种养大户、勤劳致富模范人物开展宣讲培训活动，并组织贫困群众4033人外出观摩学习，拓展眼界，转变贫困户发展观念。发挥农牧民夜校作用，实行国家通用语言培训常态化，培训覆盖2.6万人次，提升18~45岁少数民族贫困人口的国家通用语言水平。加强舆论宣传。完善农村文化阵地基础设施，实现村村都有文化活动中心、农家书屋、文体设施、乡村大喇叭，开展“文明新风进万家”系列活动，创新“微演出+”模式，开展“我们的中国梦——文化进万家”、庆祝新中国成立70周年等文体活动，坚持“三馆一站”免费开放，丰富各族群众精神文化生活。在电视台、微信平台、政府网站开辟扶贫专栏，大力宣传脱贫攻坚最新新闻和脱贫致富经验，2016—2020年，共选树先进典型218人，开展脱贫致富宣讲活动1246场次，受教育8万多人次，引导贫困户转变“等靠要”思想，变“要我脱贫”为“我要脱贫”。

大事记

1月

1月7日，巩留县开展事业单位年度报告公示工作。至3月17日，全县完成219个事业单位年度报告公示。

11—13日，中国人民政治协商会议巩留县第十五届委员会第五次会议在县文化活动中心召开。

11—14日，巩留县第十七届人民代表大会第五次会议在县文化活动中心召开。

13日，应中国农业银行伊犁州分行之邀，青岛金启航企业管理有限公司漆玉枫老师到巩留支行开展为期一周的营销效能提升项目。

15日，全县完成71个党政群机关、280个事业单位的机构编制年审工作。

17日，伊犁州红十字会为巩留县下拨价值12840元(10个博爱箱、30件棉衣)的博爱物资。

是日，巩留县开展春风行动大型招聘会1场，25家企业提供就业岗位927个，266人参加此次招聘，达成就业意向176人。

18日，巩留县举办“魅力蝶城、情暖夕阳红”首届老年春节联欢会，并通过中国移动手机网络平台进行现场直播。

19—22日，巩留县委老干局开展春节慰问活动，慰问老干部48人，发放慰问金2.88万元。

21日，巩留县举办“童心筑梦新时代、乘风蝶舞正当时”少儿春节联欢会。晚会通过中国移动手机网络平台进行现场直播。

27日，巩留县以及社会各界58个单位，先后为第四师七十三团场抗击新冠疫情医务人员、卡点工作值守人员、辖区困难人员捐赠防护服、口罩等抗疫物资，折合人民币15.58万元。

是月，巩留县公共法律服务中心获得全国公共法律服务工作先进集体。

2月

26日，巩留县残联为103名残疾人个体工商户发放扶持资金30.9万元。

是日，巩留县拍摄制作发布全县疫情防控《巩留战役》宣传片。

3月

4日，疫情防控期间，巩留县红十字会收到捐款1272126.7元，支出100%。收到捐赠物资价值1032060元。

7日，巩留县工商联制定全县民营企业复工参考规程“二十条”。在县工商联微信公众号向全县民营企业宣传推送。

9日，巩留县全县解封，干部职工正常上班，并做好疫情防控期间的各项消杀工作。

11日，巩留县司法局党组部署，从律师事务所、法律服务所、公证处抽调业务骨干成立全县企业复工复产法律服务工作队，提供免费优质的法律咨询服务，为企业复工复产和经济发展保驾护航。

15日，巩留县应急管理局分别在库尔德宁镇阿热勒村、吉尔格朗乡喀拉吐木苏克村开展突发性地质灾害应急演练活动,县应急管理局、自然资源局、相关乡镇政府分管领导、民兵应急分队、地质灾害点监测员及当地群众等100多人参加演练。

16日,巩留县喀拉苏社区阵地建设项目复工复产。

18日,巩留镇鑫牛社区城乡一体化供水工程、塔斯托别乡英塔木村管网提升改造工程、塔斯托别乡古丽巴格村管网延伸工程开工建设。

21日,巩留县自然资源局组织召开国土空间规划项目招标代理机构遴选会,参会企业有新业公司、顶庆公司、宏宇公司。综合各项考量,最终新业公司中标。

25日,巩留县委常委会审议通过乡镇、片区党工委,部门2019年绩效考核结果,全县12个乡镇、片区党工委中有优秀5个、良好7个,占比分别为41.67%、58.33%;52个部门优秀19个、良好27个、一般6个,占比 分别为36.54%、51.92%、11.54%。

28日,巩留县召开农村饮水安全问题大排查及农村饮水安全脱贫攻坚"回头看"安排部署会。

4月

3—4日,巩留县应急管理局、县民政局对阿尕尔森镇、巴哈拜、伊勒格代、综合农场、提克阿热克镇辖区内5处公墓、春季农牧民烧荒现象进行检查,发现问题5处,要求立即整改。

6日,县委组织部干部考核科通过电子政务内网点对点反馈12个乡镇、片区党工委,52个部门2020年第一季度绩效考核存在的问题。

8日,巩留县违建别墅领导小组召开专题会议,讨论违建别墅相关问题。县委副书记、县长卓力得拜主持会议,政府副县长努尔兰、张海江、陈昭宏参加会议,西天山自然保护区管理局、天西林管局巩留分局、自然资源局、住建局、生态环境局、水利局、林草局、文旅局、司法局主要领导及法律顾问参加会议。依法整治违建别墅。

9日,巩留县工商联发出《迅速行动起来科学防控、加快复工复产倡议书》。

9—11日,自治区、伊犁州开展决战决胜脱贫攻坚视频培训会暨新选派驻村干部、新上任乡村干部培训班,全县有270名干部参加培训。

10日,巩留县阿克加孜克沟小流域水土保持综合治理项目(续建)开工建设。

11日,巩留县团结干渠、南支干渠开闸放水。

是日,吉尔格朗乡农村饮水备用水源工程开工建设。

4月15日,县局对伊犁州直第五批巩留县土地整治项目组织初步验收通过。

16日,巩留县境内出现中到大雨,沿南山沟都不同程度发现洪水,最大洪水位于东买里镇琼艾拉克沟,最大流量为每秒1.5立方米,造成南岸干渠南侧交通涵管桥堵塞。水利管理站及时向局领导汇报,立即派出挖掘机疏通,当晚12点疏通完毕,排除安全隐患。

17日,巩留县自然资源局召开巩留县2020年第一次国有建设用地使用权摘牌会议。此次挂牌出让发布公告4宗,成交2宗,成交面积53785.65平方米,成交总价款526.9万元。

18日,巩留县开通首趟"库尔德宁杏花"旅游专列,正式拉开火车旅游的序幕。来自乌鲁木齐的50名游客到"田园牧歌、繁花似锦"的曲如克杏花村和"天然氧吧"之称的世界自然产地库尔德宁景区游览。

20日,巩留县自然资源局组织国土空间总体规划编制单位前往巩留县县域12个乡镇、片区党工委进行国土空间规划座谈调研。

21日, 巩留分局联合天西森林公安分局巩留林区派出所民警开展"打击破坏野生动植物资源和非法犯罪活动清山专项行动"。

24日,伊犁州党委发文熊瑞、任巩留县委委员、常委、书记。

4月28日,巩留县东买里镇农村幸福大院开工建设。

5月

4日，巩留县文化体育广播电视和旅游局举办非物质文化遗产知识讲座。

7日，巩留县红十字会收到欣佳药业捐赠的价值228611.3元的医疗物资并作好分配发放工作。收到新疆海王欣嘉医药有限公司捐赠11.5万只口罩，定向发放给全县各所幼儿园，分别为县委、县人事和社会保障局、跳蚤市场、南疆务工人员宿舍、城镇派出所5处安装欣嘉药物捐赠的人脸温控识别一体机。

8日，巩留县红十字会收到金诺沙场和久鑫商贸捐赠的20套桌椅价值7200元，定向捐赠到阿尕尔森镇二道湾村开展“三新四上新”生活工作。

9日，巩留县工商联联合县司法局、县侨办、县市场监督管理局，成立巩留县律师参与疫情防控公益服务工作队。

12日，自治区违建别墅领导小组办公室下派核查组到巩留县实地核查违建别墅项目整改情况。

14—17日，巩留县应急管理局聘请第三方对全县21家企业进行检查。

17日 巩留县红十字会为41名大病患者发放张家港第一批援疆（巩留）公益关爱基金15.3万元。

是日，自治区水利厅水保处王永增处长到巩留县指导检查水土保持重点项目建设工作。

18日，巩留县残联投入资金11685元，为95名残疾人工作者发放“大礼包”。

23日，巩留县残联投入项目资金13.58万元，委托县妇幼保健院为570名贫困残疾人提供精准康复服务和基本康复服务 。

5月24日至6月10日，巩留县总工会与县文旅局联合举办“中国梦 文化进万家”阿肯阿依特斯线上比赛，全县有280多人参加，10名优秀阿依特斯阿肯获奖。

30日，巩留镇鑫牛社区城乡一体化供水工程、塔斯托别克乡英塔木村管网提升改造工程、塔斯托别乡古丽巴格村管网延伸工程完工。

6月

1日，自治区不动产登记中心一行到巩留县调研异地扶贫搬迁、农村宅基地和集体建设用地登记发证工作，并召开会议。会上自治区不动产登记中心调研员徐强通报全疆异地扶贫搬迁、农村宅基地和集体建设用地登记发证工作情况，巩留县、尼勒克县、新源县自然资源局汇报各自县异地扶贫搬迁、农村宅基地和集体建设用地登记发证工作存在的问题。

7日，巩留县公安局成功以塔某为首的盗窃牲畜团伙，破获系列盗窃牲畜案件14起，其中涉及当地13起、特克斯县1起，涉案总价值30多万元。抓获犯罪嫌疑人4人。

9日，伊犁州体育局有关人员到巩留县对文化体育广播电视和旅游局体育场地进行常态化调查准确性调研。全县有体育场地355个，新增单位6个场地7个。

10日，伊犁州人民检察院连接巩留县人民检察院视频接访系统，为1名国家司法救助申请人发放救助金2万元，向申请人宣读了国家司法救助决定书，共同完成一件国家司法救助案件。

13—14日，巩留县开展2020年“文化和自然遗产日”系列活动。为巩留县恰西景区、跳蚤市场的游客及商户发放《中华人民共和国文物保护法》《中华人民共和国非物质文化遗产法》宣传单1000张。

14日，巩留县召开县委2020年第18次常委（扩大）会议暨理论中心组第7次集体学习会议，会上通过《关于进一步明确旅游机构职责分工方案》。

16日，张家港市总工会党组书记、主席季洪良、副主席高翔等一行4人到巩留县总工会对接援疆工作，季洪良代表张家港市总工会向巩留县总工会捐赠10万元。

17日,巩留县委、县人民政府、天西局巩留分局与巩留县森林消防大队,在恰西林区联合开展森林草原防灭火应急实战演练。来自天西林业局巩留分局、县林草局、森林消防大队、消防救援大队、气象局、库尔德宁镇、吉尔格朗乡等12个部门的100多人参加该项活动。

23日,巩留县妇联、县法院联合举行巩留县"家事审判法庭"揭牌仪式。

25—26日,新疆949交通广播与新疆康辉大自然国际旅行社组建的自驾游车队,到巩留县野核桃沟、库尔德宁、恰西等各大景区开展为期3天的自驾游活动,有44辆车、130名游客参与活动。

29日,巩留县召开第九次民族团结进步模范集体和模范个人表彰大会。全县表彰25个模范集体和40名模范个人。

30日,巩留县吉尔格朗乡农村饮水备用水源工程完工。

7月

1日,张家港市供销合作总社主任江建胜一行8人到巩留县供销社开展对口援疆共建交流活动,给予援助资金3万元。

2日,巩留县妇联收到张家港市妇联捐赠的爱心礼包150箱,价值10万元。

8日,伊犁州人大常委会有关领导到巩留县对《新疆维吾尔自治区农村扶贫开发条例》实施情况进行执法检查。

8—9日,巩留县残联投入资金4万元,举办农村实用技术培训班、有80名残疾人参与学习。

12日,14点20分巩留县阿克吐别克镇齐纳尔沟强降雨造成突发性洪水,最大秒流量为每秒12立方米。到15点21分为止,洪水已消退,洪水径流量为每秒5立方米。19点22分,巩留县南山沟发生阵发性暴雨性洪水,阿克加孜克老村、萨尔布群村老村发生暴雨性冰雹天气。齐纳尔沟洪水径流量为每秒12立方米,萨尔布群沟洪水径流量为每秒4立方米,铁力木图沟洪水径流量为每秒6立方米,齐纳尔沟的洪水经团结渠退至伊犁河,萨尔布群沟洪水经南支干七号导洪洞汇入团结渠,铁力木图沟洪水聚积至提克阿热克镇天然取料场,蓄满后经南支干七号导洪洞汇入团结渠。县水利局组织人员对洪水进行疏导,并安排预警人员24小时在岗在位,沿南山沟随时监测雨情、汛情,第一时间汇报情况,及时向所在乡、村领导汇报,无受灾情况。

13日,根据《关于巩留县党政机构改革涉及的科级事业单位调整的批复》(伊州党编委〔2020〕20号)精神,全县调整隶属关系事业单位7个,更名事业单位9个,撤销事业单位8个。

17日,巩留县公安局举行集中退赃活动,将6月中旬以来在破获案件中追回的14万多元现金、100多克黄金首饰、5部手机等全部返还给群众。

20日,巩留县残联累计有509名特困残联人纳入社会兜底工作,做到应保尽保。

22日21点,巩留县阿克吐别克镇强降雨造成突发性洪水,阿克加孜沟洪水流量为每秒12立方米,齐那尔沟洪水流量为每秒7立方米,齐包图沟洪水流量为每秒8立方米,洪水造成阿克加孜沟护岸20米毁坏,齐包图沟造成6.67公顷农田冲毁。

24日,巩留县编委印发《关于组建巩留县交通运输综合行政执法大队的通知》,整合巩留县交通运输局、巩留县路政稽查大队、巩留县城市客运管理办公室承担的各类行政执法职能,整合自治区交通运输厅管理的巩留县道路运输管理局承担的行政执法职责,组建巩留县交通运输综合行政执法大队,在巩留县交通运输局挂牌,实行"局队合一"体制。

是日,巩留县红十字会为2名14岁以下先天性心脏病患者申请小天使基金,每人3万元;为2名唇腭裂儿童申请嫣然基金,每人6000元,共1.2万元救助金。

8月

25日,疫情防控期间,县残联为残疾人低保户发放肉价补贴39人次1855元。

26日，巩留县残联资助贫困残疾大学生15人次，发放资金49500元。

29日，巩留县残联为161名残疾人个体工商户发放扶持资金79.02万元，同时为73户残疾人工商户发放租房补贴3.65万元。

30日，两次疫情防控期间，县残联临时救助1029人，帮扶资金542702.5元。

是月，第四师七十三团完成学校宿舍楼项目开工建设；10月投入250万元，学校校园运动场改建项目完工。

9月

4日，巩留县红十字会完成14名造血干细胞志愿者招募并加入中华骨髓库。

6日，巩留县城供水改扩建工程(一期—原水管道及水厂)开工建设。

11日，巩留县推送退役军人创业项目：混凝土景观系列产品，获“建行杯”自治区首届退役军人创业创新大赛精准扶贫组三等奖。

是日，北京凤凰全媒国际传媒科技有限公司拍摄团队在巩留县拍摄专题纪录片《小城故事——巩留》。纪录片以古文物守护、冬不拉传承和民族团结故事为主题，通过人文故事展现巩留的自然风光，长约30分钟。

15日，张家港市援疆办出资10万元慰问巩留县100户特困残疾人。

16日，巩留县妇联举行2020年“巾帼暖心圆梦大学”助学金发放仪式，为19名贫困女大学生每人资助2000元，累计发放3.8万元。

17日，巩留县红十字会收到张家港民营企业苏州嘉嘉发安全防护用品有限责任公司、张家港惠久针织有限公司、锦丰镇建设村定向捐赠及伊犁紫苏丽人有限责任公司捐赠物资总价为15.04万元，并做好发放和公示工作。

17—22日，巩留县委老干局组织80名老党员举办老干部党员培训示范班。

18日，巩留县残联推荐3名残疾学生到自治区特教中专学校就读。

20日，巩留县残联投入项目资金8万元为40名听力残疾人安装助听器，完成率100%。

是日，巩留县阿克加孜克沟水土保持综合治理项目完成竣工验收。

是日，农村供水管网提升改造工程完工。

21日，巩留县农业农村局组织15家农副产品加工企业及合作社参与伊犁州“特色地产品展销会”。展出农副产品为小麦粉系列、干果系列、糯玉米系列、排酸牛羊肉系列、库尔德宁白酒系列、野果林酱系列、蜂蜜系列、酸奶奶酪奶茶粉系列、驼奶粉系列、禽蛋系列、馕系列11大类、68种农副产品。

21日19时18分，新疆伊犁州巩留县发生地震，据中国地震台网正式测定，此次地震为4.2级，震源深度17千米，震中位于北纬43°45′，东经81°94′，震中距离巩留县城26千米，震感强。此次地震未造成人员伤亡和经济财产损失。

22日，自治区“七五”普法检查验收组第四组到巩留县检查验收“七五”普法工作开展情况。

25日，巩留县中秋节慰问张家港市援疆干部人才(含柔性引才)(23人)、江苏张家港和连云港援疆支教教师(共19人)、苏州援疆民警(35人)，2012—2020年高层次紧缺人才(66人)，全县有143人接受传统佳节祝福。

26日，巩留县红十字会举办一期基层团干部应急培训，参与培训84人。

是日，自治区心脑血管医院专家一行5人到巩留县筛查0～14岁先天性病儿童54名，筛查有手术指征8人，协调完成3名儿童转院手续前往自治区心脑血管医院治疗，享受中国红十字基金会救助金总计7.05万元。

28日，伊犁州霍尔果斯市人民政府和巩留县人民政府在苏州联合主办霍尔果斯—巩留旅游推介会，霍尔果斯市和巩留县两地相关部门与苏州市旅游部门及各大文旅企业就旅游市场开发、人才交流、信息互通等方面的合作进行交流，并与苏州文旅集团、苏州国际旅行社协会、苏州国内旅行社协会、苏州旅游文化产业协会等10家旅游单位签订合作协议。

9月29日至10月9日,巩留县组织部选派7名第一书记、工作队队长赴浙江大学参加由伊犁州党委组织部举办的学习新时代“枫桥经验”专题培训班。

30日,巩留县残联投入项目资金37.4万元,康复训练48名0~6岁的脑瘫残疾儿童。

是月,巩留县蝶城文化传媒有限责任公司正式成立。

10月

2—5日,由巩留县委主办,县委宣传部、张家港援疆工作组,县文旅局、文联共同举办了那拉乳业杯“金秋十月·大美巩留”摄影大赛和主题摄影采风活动,邀请中国摄影家协会、自治区摄影家协会、自治州摄影家协会等40名会员前往库尔德宁、恰西、大小莫合、野核桃沟等景区参加采风活动,并面向社会征集表现巩留四季自然风光、民俗风情等主题的优秀摄影作品。

13日,全国总工会对巩留县城市困难职工解困脱困工作进行第三方评估。评估成绩为优。

13日,巩留县蝶湖公园石榴籽书屋正式建成投入使用。石榴籽书屋由张家港市援疆工作组支援建设,总投资148万元,占地面积600平方米,其中书屋面积80平方米,藏书5000多册。书屋为张家港市首创,通过科技手段,实现24小时自助服务,以民族团结为主题。

是日,巩留县举办自治区民族团结进步示范县挂(授)牌仪式。

20日,巩留县与农垦科学院共同组织国内相关专家对全县大豆麦后免耕覆秸精播技术试验田开展田间实收计产活动。此次实收计产试验田有2块,试验品种3个,试验面积为3公顷。3个品种均采用麦后免耕覆秸精播技术,品种黑科60,实收面积0.1公顷,亩产178.07千克;品种黑河42,实收面积0.1公顷,亩产158.87千克;品种中黄901,实收面积0.12公顷,亩产159.28千克;试验品种亩产均高于巩留县复播平均产量(10千克/公顷)。此项技术亩播种量较传统播种量少6千克(可节约成本27元),犁地费用节约40元,亩产按照178.07元预算,亩增效126.32元,累计节本增效193.32元。

是日,巩留县委四套班子领导慰问抗美援朝老兵,为18名老兵颁发抗美援朝纪念章。

21日,巩留县红十字会开展重阳节慰问活动,为全县100名高龄老人发放张家港公益关爱基金5万元。

22日,伊河鲟业养殖有限公司举行中国水产科学研究院黑龙江水产研究所巩留县科学实验基地揭牌仪式。

26日,张家港援疆工作组、县文旅局到阿克吐别克镇开展重阳节慰问高龄老人活动。

30日,巩留县阿克加孜克沟小流域水土保持综合治理项目(续建)完工。

是日,巩留县残联累计发放残疾人“二项补贴”42148人次,资金5434480元。

11月

9日,1时37分,新疆伊犁州巩留县发生3.1级地震,震源深度13千米,震中位于北纬43°51′,东经82°22′。此次地震未造成人员伤亡和财产损失。

15日,巩留县残联完成精准康复系统录入工作,康复服务率95.1%,辅助器具服务率达98.1%以上。

是日,巩留县残联投入项目资金9万元,安排30名肢体残疾人在县中医医院康复科接受免费康复服务治疗。

11月17日至12月4日,组织新疆嘉格森新能源材料股份有限公司、安康热力公司等103家企业、经营场所安全生产负责人,通过网络在线培训方式参加安全培训合格证专题培训。

18日,巩留县举办张家港公益关爱基金发放仪式,为12户大病家庭发放5万元的救助金。全年完成张家港公益关爱基金大病救助59人23.7万元的救助金发放工作。

20日，巩留县残联累计征收残疾人就业保障金4348429.38元。

23日，巩留县残联投入资金1.2万元，组织脱贫攻坚、惠残项目和系统录入业务培训班2场次，培训乡镇、片区党工委主管领导、残联干事及残疾人专职委员90多人次。

是日，巩留县红十字会收到新疆亿卫医疗器械有限公司捐赠的价值50万元的一次性口罩和3台发电机，总价值52.25万元。按照县政府物资保障分配会议方案将42万个口罩发放到6个镇2个乡1个片区党工委，为群团组织分配9500个口罩，为县政法委发放3台发电机。

23—25日，新疆维吾尔自治区财政厅扶贫资金管理处委托政和会计师事务所（北京）有限公司，对巩留县2020年财政扶贫资金使用管理情况开展帮助指导，县政府副县长努尔兰·阿西木，财政局班子主要领导参与陪同。

26日，巩留县残联投入项目资金9万元，对109名精神残疾人进行服药治疗。

是日，印发（巩党编办发〔2020〕15号）文件《关于设立巩留云杉中学的批复》。

27日，巩留县残联为8个幼儿园、5所中小学分配应急救护培训教具模拟人，为3个幼儿园分配3箱油画棒，为5所中小学各5箱玻璃杯。

28日，伊犁州红十字会为巩留县配发“爱心物”，有棉鞋、衣服、帽子、小孩绒衣、棉被、玻璃杯等，县红十字会定向分配给全县10个贫困村。

30日，巩留县红十字会共收捐款101笔，资金为127.21万元；接收爱心企业12家的捐赠物资，有一次性防护服、84消毒液、面粉、驼奶粉、鸡蛋、三文鱼、加碘盐、人脸温控识别仪等，爱心物资总价值212.39万元，分7次将12批物资在县媒体平台公示，接受社会各界和媒体的监督，提升红十字会募捐工作的透明度。

是日，巩留县残联新录入动态更新残疾人4848人、完成率100%，完成残疾人数据动态更新工作。

12月

1日，巩留县成立老科技工作者协会，召开全县老科技工作者第一次代表大会。

7日，巩留县召开2018—2020年高层次紧缺人才座谈会，2018—2020年引进人才及部分机关单位研究生学历人才代表30人参会。

8日，巩留县妇联开展“农村贫困母亲两癌救助金”发放活动，7名农村贫困母亲获得7万元救助资金。

19—20日，伊犁州绩效考核组到巩留县开展绩效考核，考核组对应急管理局安全生产档案工作进行检查，县人民政府副县长张海江陪同，实地察看县教育局、县交警大队、县消防救援大队、森警大队、阿斯迈乳业、新捷加气站。

22日，中共巩留县委员会批准巩留县应急管理局党组改设党委。

23日，巩留县退役军人服务中心创自治区级示范点通过验收；巩留县巩留镇退役军人服务站创全国“枫桥式退役军人服务站”通过验收；巩留县库尔德宁镇退役军人服务站创自治州级示范点通过验收。

25日，巩留县融媒体中心建设工作以94.5分的成绩通过自治区验收。

28日，中共巩留县道路运输管理局党组撤销。

30日，全县累计发放三代残疾人证3967件，办理新证171件。

是月，巩留县党校举办学习贯彻党的十九届五中全会和第三次中央新疆工作座谈会精神教育培训3期，培训606人。

是年，开办农牧民职业技能培训班60期，培训2458人。其中，创业培训6期，培训172人；在南疆务工人员安置点开展培训5期，培训114人。

是年，全县开办企业在岗职工培训班61期，94个班培训2716人，其中通用职业素质培训班15个，培训353人。

概 况

建置区划

【建置沿革】 巩留,汉语名称,因辖地广阔,巧取“巩吉斯”和“特克斯塔留”地名前后两字,成为“巩留”县名,意为“巩固长留”。1930年巩留建县,1932年,定巩留县为三等县。建县之初,县域包括今昭苏、特克斯、察布查尔、新源、尼勒克等县及伊宁县一部分。1937年,特克斯设县,巩留将今昭苏、特克斯两地析出。1938年1月,巩哈设治局成立,巩留县恰普河迤东区域划归其管辖。1939年6月,恰克满设治局成立,今新源县域析出。同年,河南设治局成立,划巩留县坎圩孜以西区域归其管辖。1948年,因其管理不便,将喀什河以东地区划归伊宁县管辖。至此,巩留县行政区域稳定下来,再未有大的变化。1950年5月,隶伊犁公署下的伊犁专区。2001年10月,伊犁地区建置取消,巩留为伊犁哈萨克自治州直属县。

【位置面积】 巩留县位于北纬42°54′~43°38′、东经81°34′~83°35′,地处伊犁河上游南侧,东翼是林海草场,西翼是河谷平原,四周分别与新源、尼勒克、伊宁、察布查尔、特克斯及巴音郭楞蒙古自治州的和静县相邻,平均海拔900米,最高海拔4257米。总面积4528平方千米。县城距伊犁州首府伊宁市公路里程97千米。距乌鲁木齐市公路里程801千米(直线距离412千米)。省道316线、220线呈十字形贯穿全境。

【行政区划】 巩留县境东高西低,东西长南北窄,中部最窄处仅6千米,特克斯河恰如蓝色绸带横系其中,继而向北汇入伊犁河,将巩留县分为东西两区,东部为山区,西部为平原,东西长162千米,南北宽42千米。2020年,巩留县辖6个镇、2个乡、1个片区党工委,驻县单位有新疆生产建设兵团第四师七十三团、天山西部国有林管理局巩留分局、伊犁河流域开发建设管理局喀普其海水利枢纽管理处、巩留县森林消防大队、巩留县消防救援大队、中国人民武装警察部队伊犁支队执勤四大队巩留中队6个。巩留县乡镇人口129629人,牧业人口24854人,有汉族、哈萨克族、维吾尔族、回族等23个民族。

环境资源 经济发展

【气候环境】 2020年,巩留县无霜期140天,年降水量220~280毫米。年平均气温9.8℃,比常年偏高1.2℃,年均日照时数2775.8小时。属北温带大陆性干旱气候。

【资源物产】 巩留县境有大小河流40条,地表水平均流量为每秒42.36立方米,平原区天然储量100亿立方米,县境西部沿河区域有4万平方千米沼泽湖。已探明的矿藏有煤、石灰石、石棉、石英、水晶石、石膏、凝灰岩、页岩、花岗岩、绿柱石、云母、金、铅、锌、铁、铜、钨、铀等,开发利用的有煤、金、石灰石、凝灰岩、石膏。野生动植物种类繁多,其中国家一、二级保护动物有马鹿、雪豹、雪兔、雪鸡、盘羊、金雕等,主要野生动物有20目、55科、162种。林地面积8.95万公顷,森林覆盖率19.6%;天然草场27.62万公顷;珍稀野生植物物种有野生核桃林、雪岭云杉、野山杏、野苹果、山杨、桦树、山柳、花楸等,主要野生植物有64科、238属、429种,其中雪岭云杉形成国内独特、面积最大的森林，入选全国十大美丽森林之一，是伊犁州的州树。主要旅游景点有世界自然遗产库尔德宁景区（国家AAAA级），国内唯一、亚洲第二大野生核桃林野核桃沟景区（国家AAAA级），塔里木景区（国家AAA级），国家森林公园恰西景区等；文物古迹有乌孙古墓群、齐那尔阿吾列洞、喇嘛昭遗址、萨尔布群古墓群、奥尔塔克尔古墓群、莫合尔古墓群、巩额尔塔比尔古墓群及铁尔木图岩文、斯木塔斯古岩画等。

【经济社会发展】 2020年，巩留县完成生产总值565821万元，比上年增长4%（按不变价计算，下同）。其中，第一产业208558万元，比上年增长5.9%；第二产业134601万元，比上年增长3.6%；第三产业222662万元，比上年增长2.9%。经济结构有所调整，全县三次产业比重由2019年的34.9%、24.1%、41.0%调整为36.8%、23.8%、39.4%。人均生产总值29208元。耕地面积4.838万公顷。农作物总播种面积（含复播）6.386万公顷，其中粮食作物播种面积5.545万公顷，经济作物播种面积0.84万公顷。经济作物播种面积中，油料面积为0.18万公顷，蔬菜面积为0.051万公顷，甜菜面积为0.088万公顷，其他作物0.522万公顷。粮食产量为413750吨。农林牧渔总产值31.81亿元，其中农业产值18.38亿元、林业产值0.62亿元、牧业产值12.54亿元、渔业产值0.15亿元、农林牧渔服务业产值0.12亿元。主要农产品产量为粮食413750吨，小麦86200吨，玉米311200吨，油料6169吨，甜菜67600吨，瓜果3038吨，蔬菜31836吨。牲畜存栏59.58万头（只），出栏牲畜52.74万头（只）。肉类总产量27557吨，牛奶46953吨，羊毛1266吨。农业机械总动力27.25万千瓦，化肥施用量2.46万吨，农村用电量1538万千瓦时。规模以上工业总产值214573.9万元，工业增加值56338.9万元，主要工业产品产量为发电量260490万千瓦时，水电260490万千瓦时，原煤82.6万吨，工业硅42274吨，小麦粉27000吨，饲料8893吨。全县房地产投资29601万元，其中住宅投资23457万元、商业营业用房投资4462万元。

全社会固定资产投资增长119.8%。在总投资中，第一产业投资增长1112.63%；第二产业投资增长2683.06%；第三产业投资增长31%。社会消费品零售额126579万元，其中城镇社会消费品零售总额为96589.9万元，乡村社会消费品零售总额29989.1万元。地方财政收入累计完成49319万元，增长68.34%。一般公共预算收入为21220万元，其中税收收入15710万元。地方财政支出309835万元，一般公共预算支出258806万元。年末银行各项存款余额51.71亿元，增长15.3%。城乡居民储蓄存款余额35.97亿元，增长15.5%。年末银行各项贷款余额27.33亿元，增长27%。城镇居民人均可支配收入30490元，比上年增加1240元，同比增长4.2%；农村居民人均可支配收入15151元，比上年增加1109元，同比增长7.9%。

全县有学校100所，其中职业高中1所、高级中学1所、九年一贯制学校2所、初级中学2所、小学26所、幼儿园68所。全县在校学生41563人。

全县有电影院1个、文化馆1个、档案馆1个、调频广播发射台1座、县级电视台1座、乡级文化广播站12座，电视人口覆盖率99%，广播覆盖率99%。有线数字电视用户4100户。

全县有卫生计生医疗机构127家，其中县级医疗卫生机构4所（人民医院、中医医院、妇幼保健计划生育服务中心、疾控中心）、乡镇卫生院（社区卫生服务中心）9所，牧区卫生院1所，社区卫生服务站6所，村（队）卫生室68所，个体诊所36所，民营医院3所；全县医疗卫生机构编制床位810张；医疗卫生人员1369人。

全县参加失业保险10826人，参加职工基本养老保险16587人，参加城乡居民基本养老保险61026人。参加基本医疗保险172100人，其中城乡居民基本医疗保险参保155154人。

城镇居民中得到最低生活保障救济2281人，农村得到最低生活保障救济10085人。

全县有基层党组织331个，其中党委8个、机关党委1个、党总支21个、党支部301个；另有县直党工委1个、片区党工委4个、党组40个。全县党员9543人，其中新发展党员584人。

对口支援

援疆工作

【张家港市对口支援巩留县工作组成员】
组长:陆德峰(巩留县委副书记)
副组长:黄晓伟(巩留县副县长)
援疆干部:孟令剑(组织部副部长)、谢海(发展和改革委员会副主任)、张敏(商务和信息化局副局长)、魏新阳(文旅局副局长)
援疆教师:陆平(高级中学副校长)、周璧玉(女,高级中学语文学科教研组组长)、冯永清(高级中学高一年级部副主任)、陈熠林(高级中学高三年级部副主任)、范桂湘(女,高级中学教研处副主任)、李骏(高级中 学高二年级部副主任)、陈辉(女,高级中学政教处副主任)、惠静(女,高级中学教务处副主任)
援疆医生:王浩(人民医院副院长)、任聘(女,人民医院内一科副主任)、邢栋(人民医院内一科副主任)、陈振(人民医院内二科副主任)

【概况】 2020年,张家港市对口支援巩留县工作组援疆干部人才共21人。张家港市选派干部、教师、医生赴巩留县开展工作,2名张家港市领导先后率团到巩留考察援疆工作、慰问援疆干部。安排援疆资金8638.08万元,实施援疆项目20个,4个非基建类项目、16个基建类项目按计划推进。

【队伍管理】 2020年,张家港援疆工作组成立临时党支部,开展“锤炼好作风、提振精气神”争当优秀援疆干部人才活动,举办“长江水 天山情”主题读书活动,打造作风优良的援疆干部人才队伍。是年,援疆工作组被伊犁州党委授予“民族团结一家亲”先进集体称号。

【项目援建】 2020年,张家港援疆工作组在巩留县主要实施以下工程项目:巩留县九年一贯制学校项目2180万元;安居富民工程项目1200万元;县人民医院病房楼项目1105万元;基层政权建设项目1662万元;援疆人才服务中心改扩建项目770万元;巩留县景区规划、设计等项目费用344万元;巩留县健康生活方式培养项目349万元;公安干警保障项目228万元。

【文化旅游交流】 2020年,张家港援疆工作组与新疆广播电台949频率深度合作,推出2020独库公路自驾第一团、伊犁巩留深度自驾游,在苏州举办巩留旅游推介会。参与组织、举办“金秋十月·大美巩留”摄影大赛,全国各地140名摄影爱好者参与,征集作品1556幅。在巩留蝶湖广场建成全国首家以民族团结为主题的24小时自助图书馆——石榴籽书屋。在张家港举办巩留风情文化节暨音乐烧烤节。推动两地3500名青少年开展以“万里鸿雁传真情”为主题的手拉手书信交友活动。

【招商引资】 2020年,张家港援疆工作组更新招商要素信息库和招商引资推介项目库。奔赴江浙沪等地开展招商考察活动,达成具体投资意向项目8个,计划总投资103亿元。

【人才培养】 2020年,受疫情影响,张家港援疆工作组安排援疆资金164万元实施干部人才援疆项目4个，114名巩留干部人才赴张家港培训；张家港45个单位赴巩留对口交流，积极与巩留县直各单位（部门）对接，制定2020年柔性引进人才岗位需求目录，分4批从张家港柔性引进41名巩留紧缺人才。创新实施“银龄”三年柔性引才计划，首批7人退居领导岗位的校长（园长）在巩留开展工作。全年，张家港市委组织部、市委党校、教育和卫生系统为巩留培训干部人才398人次。

【结对帮扶】 2020年，张家港援疆工作组牵头做好“1+1帮1”精准帮扶，重新梳理帮扶对象、帮扶干部，制定精准帮扶计划，梳理完成援疆结对帮扶对象722户，发放帮扶资金和物品60万元。创新建立村企结对帮扶共建新模式，组织张家港市9个优强社区与巩留县9个社区结对共建，张家港十大国有企业结对帮扶巩留县10个困难村。推进张家港（巩留）援疆公益关爱基金帮扶工作，发放公益关爱基金387万元。倾情援助新疆疫情防控，组织张家港企业和个人捐款、捐物，募集总价值54.25万元的防疫物资和240万元捐款。其中，200万元用于巩留核酸检测实验室建设和设备采购，助力巩留县核酸检测实现从无到有的跨越。设立近3000平方米的“张家港·巩留之家”，打造“北纬43°”的销售品牌，年内累计销售额为2850万元。借助江苏鸿逸泰生态农业科技有限公司，在南京等地区推广销售巩留特色农产品10多万元。（孟令剑）

中共巩留县委员会

【巩留县委领导】
书记:熊瑞(4月任职)
副书记:卓力得拜·吉尔哈列拜、杨全国(11月离任)、沈慧娟(11月任职)、陆德峰
常委:淳永林、乔雪刚(11月离任)、叶尔肯·齐那斯里(哈萨克族,8月离任)、艾尼瓦尔·巴哈尔丁(维吾尔族)、玛丽娜·巴合达提(哈萨克族)、孔海东、阿里木江·吾斯曼(哈萨克族,8月任职)、詹大军、张相伟(11月任职)、王岸先(11月任职)、黄晓伟

重要会议、文件

【中共巩留县第十一届五次全委(扩大)会议】 2020年1月10日,中共巩留县第十一届五次全委(扩大)会议召开。会议主要回顾总结2019年工作、部署2020年工作任务,要求全县各级党组织、广大党员干部群众,坚守初心使命,决战脱贫攻坚,决胜全面小康,开创社会稳定和长治久安新局面。

【县委常委会会议(部分)】 2020年,巩留县委42次常委会召开。其中,4月4日,召开第6次常委会会议,审议《巩留县作风整治专项行动实施方案(讨论稿)》;审议《巩留县绩效考评工作方案(讨论稿)》;研究巩留县2020年第一季度考核意见;审议《巩留县纪委监委2020年干部作风问题典型案例通报(讨论稿)》;研究《巩留县作风建设暨警示教育大会议程(讨论稿)》;关于明确脱贫攻坚专职分管负责同志有关事宜;通报2020年第一季度州直保障和改善民生工作县市排名情况。通报全县在2020年第一季度州直保障和改善民生工作排名倒数三位的责任单位的有关领导,责令其在巩留县作风建设暨警示教育大会上作表态发言。

4月6日,第7次常委会会议召开,主要是研究讨论人事任免事宜。

12月20日,第39次常委会会议召开,主要是研究州党委管理干部2020年度考核评定等意见。

12月31日,第42次常委会会议召开,内容是宣布有关人员的处分决定。

【县委巡察专题会议】 2020年,巩留县委召开9轮巡察专题会议。其中,1月22日,第七轮巡察专题会议召开,学习自治区、伊犁州党委领导关于巡视巡察工作的讲话精神;听取县委第七轮巡察工作情况汇报;审议《巩留县委第八轮巡察工作方案》《巩留县委第八轮巡察工作动员部署会方案》。

7月10日,第八轮巡察专题会议召开,学习中央、伊犁州党委领导关于巡视巡察工作的讲话精神;听取县委第八轮巡察工作情况汇报;审议《巩留县委第九轮巡察工作方案》《巩留县委第九轮巡察工作动员部署会方案》。

12月14日,第九轮巡察专题会议召开,学习党中央和自治区党委领导关于巡视巡察工作的重要讲话精神;听取县委第九轮巡察工作情况汇报;审议《巩留县委第十轮巡察工作方案》和《巩留县委第十轮巡察工作动员部署会方案》。

【关于自治区第三巡视组巡视反馈意见整改推进情况汇报会】 2020年10月30日,巩留县关于自治区第三巡视组巡视反馈意见整改推进情况汇报会在县委会议中心召开。主要内容有:需长期坚

持的机制、制度建立还不到位，常态抓好落实还需加强；整改落实还存在不充分、不平衡问题，对需巡视整改的个别问题，工作措施较宏观，没有定出具体目标，按照时间节点制定阶段性的量化指标、细化措施还不到位；整改工作与当前重点工作、与今后一个时期工作谋划结合不够。对以上问题，巡察领导小组成员要强化措施，抓好落实。会议要求：高度重视整改工作。巡察领导小组成员、责任领导、责任单位要提高政治站位，增强“四个意识”、坚定“四个自信”、做到“两个维护”；抓好重点问题整改。关于理论学习不深入的问题，关于群众工作不实、团结关爱群体释法教育效果不彰的问题，关于社会面防控漏洞多的问题，关于审读工作，关于旅游资源开发严重滞后问题等要压实整改责任。对巡视反馈问题，按照责任分工，牵头县领导及各级党组书记要切实担负起第一责任人的责任，把自己摆进去、把职责摆进去、把工作摆进去，以上率下、真抓真改，确保按时完成整改任务。

【干部作风整治推进会】 2020年4月25日，巩留县干部作风整治推进会在县综治视联网中心召开。主要内容有：将原定全县干部作风整治行动再延长40天，每隔10天召开1次推进会，对于工作落实不力、作风不实的单位领导责令出镜亮相、表态发言，严重者进行组织处理；四套班子领导、法检正职及其他副县级领导要带头对照州党委书记邱树华在全州干部作风整治大会上提出的6个方面问题，逐一对标对表，开展深刻检查，自我画像，谈认识、找差距、谈不足，上报对照检查材料，制定每周、每月、每季度目标任务。

【县委财经领导小组第一次会议】 2020年1月9日，巩留县委财经领导小组第一次会议在县委四楼会议室召开。主要内容有：研究2020年巩留县有关部门预算编制工作的事宜；研究2019年度财政预算执行情况的通报；研究发放2019年下半年绩效工资的事宜；研究县聘高定工资调整发放的事宜；研究人社局冬季大培训相关事宜；研究城南九年一贯制学校建设项目资金的事宜；研究通报新城区绿化工程情况的事宜；研究中央厨房设备处理的事宜；研究王新平同志工资待遇的事宜；研究对冰雪运动有限公司注销登记的事宜；研究无偿划转原环保局办公楼的事宜；研究关于巩留县污水处理专项债券项目与PPP模式结合实施建议的事宜；研究巩留县工业园区道路项目实施建议的事宜；研究巩留县库尔德宁道路和团结干渠及南支干渠防渗整治PPP建设项目终止合作协议的事宜；研究巩留县差额、自收自支等事业单位“三重一大”事项议事决策规程的事宜；研究设立巩留县促进旅游产业发展激励专项资金事宜；研究巩留县农村集体“三资”管理办法和农村集体经济审计实施方案的事宜；研究巩留县部分国有企业债权债务及处理法律意见的事宜；研究巩留县粮食购销公司债权债务及处理法律意见的事宜；研究申请对国有企业委托监管和调整受托监管部门方案的事宜；研究进一步推进国有企业贯彻落实“三重一大”决策制度的事宜；研究巩留县国有企业“三重一大”事项决策规则和程序的事宜；研究巩留县国有企业领导人员管理办法（试行）的事宜；研究预算单位资金需求。

【县委财经领导小组第二次会议】 2020年2月6日，巩留县委财经领导小组第二次会议在县疫情防控指挥部会议室召开。主要内容有：研究支持巩留县众康医疗公司医护物资生产的事宜；研究2020年地方政府新增一般债券分配情况的事宜；研究疫情防控期间政府便利化采购的事宜；研究疫情防控期间捐入、捐出防护物资的事宜；研究巩留县3家国有企业向农发行融资贷款事宜。

【县委财经领导小组第三次会议】 2020年3月19日，巩留县委财经领导小组第三次会议在县委四楼会议室召开。主要内容有：关于通报1月至3月16日财力情况的事宜；关于支持巩留县众康医疗公司医护物资生产的事宜；关于2020年地方政府新增一般债券分配情况的事宜；关于承租国有资产经营用房的个体工商户减免房租费用的事宜;关于万邦公司拖欠王劲松欠款的事宜;关于疫情防控期间红十字会和民政局接收社会捐款捐物的事宜;关于疫情防控期间医疗费用的事宜;关于2020年新建、续建项目开复工情况的事宜;关于巩留县众康医用材料有限公司扩大产能的事宜;关于2020年春季园林绿化工作计划的事宜;关于通报新冠疫情防控期间各项费用的事宜;关于预算单位资金需求。

【众康医用材料有限公司现场办公会议】 2020年2月1日,巩留县召开众康医用材料有限公司现场办公会。主要内容有:关于企业生产中存在的问题;关于企业原材料供应问题;关于企业新增一条平面口罩机、N95口罩机生产线和采购原材料存在的资金问题。

【新型冠状病毒感染的肺炎疫情防控工作领导小组第1次会议】 2020年1月21日,巩留县新型冠状病毒感染的肺炎疫情防控工作领导小组第1次会议在县委行政楼五楼大会议室召开。会议要求成立由县委书记任组长,人大、政府、政协相关领导任副组长的疫情防控工作领导小组,下设由县长任指挥长的疫情防控指挥部,指挥部设在县维稳指挥中心,设置综合组、医疗救治组、疫情防控组、宣传组、保障组、治安组、督导组等专项小组,坚持24小时带班值班,统一领导、协调全县各部门(单位)抓好疫情应急防控工作;由县长牵头,卫健委负责,相关单位配合,坚持科学应对、防治结合,制定新型冠状病毒感染的肺炎防控工作方案和应急预案,明确各部门(单位)职责任务,做好应急处置准备;调配精干力量和医疗资源,成立相应临床诊断、疫情应急处置小组,加强疫情监测和预检分诊;设立专门诊治场所,确保出现疑似病情及时隔离观察、科学治疗;由县级领导牵头,相关部门具体实施,加强人员密集场所(医院、企业工厂、商场超市、培训学校等)、重点场所(看守所)消毒、通风工作;县委组织部、宣传部,县卫健委,各乡镇(片区)、村(社区)负责,在不影响群众正常生活情况下,做好疫区返回人员关心服务工作。

【新型冠状病毒感染的肺炎疫情防控工作领导小组第2次会议】 2020年1月22日,巩留县新型冠状病毒感染的肺炎疫情防控领导小组第2次会议在县文化活动中心四楼会议室召开。会议要求成立相应临床诊断、疫情应急处置小组,加强疫情监测和预检分诊,对出现的疑似病症及时诊断、科学救治;按照"谁分管、谁负责"原则,加强对学校、医院、车站、商场、卡点、看守所等人员密集场所的通风消毒;畅通指挥体系,落实24小时值班制度,保持消息畅通、高效指挥。组织县人民医院临床医生、疾控中心专业人员对各级医疗单位新型冠状病毒感染的肺炎防控进行业务培训,切实让医务人员掌握临床特征和预防措施,进一步提高医务人员业务水平和防控能力;加强组织领导,保持高度警惕,认真落实疫情防控工作方案,明确工作职责,压实工作职责,形成工作合力。

【新型冠状病毒感染的肺炎疫情防控工作领导小组第3次会议】 2020年1月23日,巩留县召开疫情防控工作领导小组第3次会议。会议要求整合干部力量,实行领导分片区包联责任制,组织12人成立5个业务指导组,规范发热门诊患者收治流程,对新型冠状病毒感染的肺炎疫情防控工作开展情况进行督导和评估。严格管控车站、商场、超市等人员密集场所,做好通风措施,减少交叉感染概率;由卫健委负责,县人民医院、中医医院、各乡镇卫生院设置发热门诊,对发热病人及时开展监测、排查和对症治疗,严格落实日报告制度;做好全县急救、药品、耗材、器械、防护用品等应急物资清点储备和资金保障工作,及时补充疫情处置相关设备和其他必需品;由县融媒体中心和文旅局负责,做好宣传工作。

【新型冠状病毒感染的肺炎疫情防控工作领导小组第4次会议】 2020年1月24日，在县维稳指挥部召开乡镇视频调度会议，强化排查。

【新型冠状病毒感染的肺炎疫情防控工作领导小组第5次会议】 2020年1月25日，在县委五楼小会议室召开巩留县新型冠状病毒感染的肺炎疫情防控工作领导小组第5次会议，由卓力得拜牵头，詹大军、宋庆云负责，按照上级要求，建立健全疫情防控指挥体系，完善指挥部值班、应急处理等机制，做好7个专项小组和各乡镇（片区）、各单位（部门）的组织协调工作。做好疫情防控所需的药品、防护用品、消毒物品、设备设施等物资的储备工作，保障市场供应，优先保障一线医务人员等。

【新型冠状病毒感染的肺炎疫情防控工作领导小组第6次会议】 2020年1月27日，在指挥部召开疫情防控工作领导小组第6次会议，主要内容有职责任务再细化、数据再精确等。

【新型冠状病毒感染的肺炎疫情防控工作领导小组第7次会议】 2020年1月28日，在县委行政楼五楼小会议室召开巩留县新型冠状病毒感染的肺炎疫情防控工作领导小组第7次会议。认真学习贯彻习近平总书记重要讲话、重要指示批示精神，对当前工作开展"回头看"，对表对标上级党委决策部署，查漏补缺，及时补短板、强弱项，确保疫情防控工作不出现盲区、空白点。明确工作任务，形成全县整体疫情防控工作机制。由7个工作组负责，细化工作方案、工作措施，确保既符合上级要求又管用有效。由17个督导组负责，加强业务培训，提高督促指导水平。做好疫情相关数据汇总、报送工作，确保及时准确。加强村（社区）、小区、企业、机关单位等封闭场所消毒通风、进出人员管理、宣传服务、物资保障等工作，严厉打击抬高物价等违法行为。组织好生产工作，保障医用物资、粮食加工、肉制品、奶制品等企业生产正常运转。

【新型冠状病毒感染的肺炎疫情防控工作领导小组第8次会议】 2020年1月28日，疫情防控工作第8次会议在县文化活动中心四楼会议室召开。主要内容为确定医疗救治组组长宋庆云负责统筹全县村医、校医分批次到11个发热门诊帮助工作；17个督导组组长负责，将每日督导中存在的问题书面报送疫情防控指挥部综合协调组，综合协调组汇总后报总指挥；县长卓力得拜牵头负责，对伊犁州疫情防控督导组反馈的12个问题进行整改落实；保障组负责进一步规范市场监管、落实物资储备措施；监督检查组负责各乡镇（片区）、各部门、各单位疫情防控措施的实施情况。

【新型冠状病毒感染的肺炎疫情防控工作领导小组第9次会议】 2020年1月29日，巩留县新型冠状病毒感染的肺炎疫情防控工作领导小组第9次会议在县委行政楼五楼小会议室召开。主要内容为综合组负责优化人员调配，加强源头数据统计管理，实现数据归口管理。规范文件收发流程，并严格按照流程流转、起草文件。医疗保障组负责乡镇卫生院发热门诊要按照规范标准设置建设，统筹村医、校医分批次到发热门诊通过以干带训帮助工作，提升工作能力和水平。疫情防控组、保障组负责制定人员密集场所、重点单位、卡点等九大领域防控操作规程，分类做好防范工作，规范流程，对全县物资储备情况进行全面盘查，保障物资合理调配。

【新型冠状病毒感染的肺炎疫情防控工作领导小组第10次会议】 2020年1月31日，巩留县新型冠状病毒感染的肺炎疫情防控工作领导小组第10次会议在县委行政楼五楼小会议室召开。会议要求保障物资供应。

【新型冠状病毒感染的肺炎疫情防控工作领导小组第11次会议】 2020年2月1日，巩留县新型冠状病毒感染的肺炎疫情防控工作领导小组第11次会议在县维稳指挥部召开。会议要求认真贯彻落实中央、自治区、伊犁州党委关于疫情防控工作的各项部署,保障物资合理调配、供应。

【巩留县委文件(部分)目录】

《关于印发〈巩留县实施乡村振兴战略推进工作方案〉的通知》(巩党发〔2020〕1号)

《关于召开中共巩留县十一届五次全委(扩大)会议的请示》(巩党发〔2020〕2号)

《关于巩留县2019年地方政府隐性债务情况的报告》(巩党发〔2020〕3号)

《关于成立中共巩留县新冠肺炎疫情防控工作指挥部临时委员会的通知》(巩党发〔2020〕9号)

《关于成立巩留县疫情防控组集中医学观察点临时党委的批复》(巩党发〔2020〕10号)

《印发巩留县委贯彻落实〈中共中央关于加强党的政治建设的意见〉的措施的通知》(巩党发〔2020〕19号)

《转发〈中共新疆维吾尔自治区委员会关于开展向加思来提·麻合苏提同志学习活动的决定〉的通知》(巩党发〔2020〕20号)

《关于调整巩留县委常委领导班子、政府领导班子个别成员工作分工的通知》(巩党发〔2020〕26号)

《关于成立巩留县脱贫攻坚专项巡视“回头看”反馈问题整改专题民主生活会领导小组的通知》(巩党发〔2020〕27号)

《关于召开巩留县委常委班子2020年度脱贫攻坚专项巡视“回头看”反馈问题整改专题民主生活会的请示》(巩党发〔2020〕29号)

《对县纪委〈关于撤销中共巩留县纪律检查委员会监察委员会机关支部委员会〉的批复》(巩党发〔2020〕30号)

《关于调整巩留县国防动员委员会暨人民武装委员会成员的通知》(巩党发〔2020〕31号)

《巩留县委常委班子脱贫攻坚专项巡视“回头看”反馈问题整改专题民主生活会情况通报》(巩党发〔2020〕32号)

《中共巩留县委员会 巩留县人民政府关于表彰巩留县民族团结进步模范集体和模范个人的决定》(巩党发〔2020〕47号)

《关于2019年度考核定等优秀公务员奖励的决定》(巩党发〔2020〕48号)

《中共巩留县委员会 巩留县人民政府关于表彰2019—2020学年巩留县“四有”老师和“优秀教育工作者”的决定》(巩党发〔2020〕49号)

《关于〈中共巩留县委员会关于落实自治区党委第三巡视组反馈意见的整改落实方案〉的报告》(巩党发〔2020〕54号)

《中共巩留县委员会 关于贯彻落实自治州党委〈关于新时代加强和改进人民政协工作的实施意见〉的责任分解方案的通知》(巩党发〔2020〕56号)

《关于召开巩留县委常委班子巡视整改专题民主生活会的请示》(巩党发〔2020〕64号)

《巩留县2012年—2020年脱贫攻坚总结报告》(巩党发〔2020〕65号)

《关于自治区党委第三巡视组巡视巩留县反馈意见整改进展情况的报告》(巩党发〔2020〕66号)

《关于拟不公开有关整改事项的报告》(巩党发〔2020〕67号)

《巩留县2020年度政治生态分析报告》(巩党发〔2020〕68号)

《巩留县委2020年度履行全面从严治党主体责任情况报告》(巩党发〔2020〕69号)

《对县委组织部〈关于调整部分党组(党委)设置及职数的请示〉的批复》(巩党发〔2020〕70号)

《巩留县委常委班子巡视整改专题民主生活会情况报告》(巩党发〔2020〕71号)

《巩留县委常委班子巡视整改专题民主生活会情况通报》(巩党发〔2020〕72号)

《对县委组织部〈关于改设应急管理局党委的请示〉的批复》(巩党发〔2020〕73号)

《对县委组织部〈关于撤销中共巩留县道路运输管理局党组的请示〉的批复》(巩党发〔2020〕76号)

【巩留县委办公室印发文件(部分)目录】

《关于印发〈贯彻落实自治州党委工作会议、巩留县委十一届五次全委(扩大)会议精神责任分解方案〉的通知》(巩党办发〔2020〕1号)

《关于调整巩留县平安建设领导小组成员的通知》(巩党办发〔2020〕2号)

《关于2019年度绩效考核结果的通报》(巩党办发〔2020〕3号)

《关于印发〈巩留县作风整治专项行动实施方案〉的通知》(巩党办发〔2020〕4号)

《〈关于进一步推进国有企业落实"三重一大"决策制度的意见(试行)〉的通知》(巩党办发〔2020〕5号)

《关于印发优化调整巩留县扶贫开发领导小组的通知》(巩党办发〔2020〕6号)

《关于调整巩留县农业农村工作领导小组的通知》(巩党办发〔2020〕7号)

《〈巩留县国有企业退休人员社会化管理工作方案〉的通知》(巩党办发〔2020〕8号)

《关于成立巩留县"乱占耕地建房"问题专项清理整治行动协调小组的通知》(巩党办发〔2020〕9号)

《印发〈巩留县关于贯彻落实自治州创建全国民族团结进步示范州暨创建自治区民族团结进步模范州的实施方案〉的通知》(巩党办发〔2020〕10号)

《印发〈巩留县2020年招商引资工作推进方案〉的通知》(巩党办发〔2020〕11号)

《印发〈关于积极化解新冠肺炎疫情影响促进旅游业加快发展的实施方案〉的通知》(巩党办发〔2020〕12号)

《关于调整巩留县文化旅游产业发展领导小组的通知》(巩党办发〔2020〕13号)

《关于印发〈巩留县贯彻落实自治区党委宣传部2020年宣传思想工作要点任务分解方案〉的通知》(巩党办发〔2020〕14号)

《印发〈贯彻落实《自治区〈关于防范化解和妥善处置群体性事件的意见〉的措施》的责任分工方案〉的通知》(巩党办发〔2020〕15号)

《印发〈贯彻落实《自治州关于做好秋冬季疫情防控工作的意见》责任分解方案〉的通知》(巩党办发〔2020〕16号)

《印发〈巩留县关于持续解决困扰基层的形式主义问题为决胜全面建成小康社会提供坚强作风保证具体措施〉的通知》(巩党办发〔2020〕17号)

《印发〈中共巩留县委员会关于落实自治区党委第三巡视组反馈意见的整改落实方案〉的通知》(巩党办发〔2020〕19号)

《关于印发〈2020年巩留县党政领导接访和包案化解信访积案的工作方案〉的通知》(巩党办发〔2020〕20号)

《关于印发〈2020年巩留县贯彻落实全面从严治党主体责任分工方案〉的通知》(巩党办发〔2020〕29号)

《关于印发〈2020年巩留县贯彻落实全面从严治党主体责任清单〉的通知》(巩党办发〔2020〕30号)

《印发〈关于全面推进市域社会治理现代化建设平安巩留的实施方案〉的通知》(巩党办发〔2020〕31号)

《关于印发〈巩留县学习贯彻第三次中央新疆工作座谈会精神宣讲活动实施方案〉的通知》(巩党办发〔2020〕32号)

《关于印发〈中共巩留县委贯彻党委(党组)意识形态工作责任制实施办法〉责任分解方案的通知》(巩党办发〔2020〕33号)

《关于成立巩留县大物业领导小组的通知》(巩党办发〔2020〕34号)

《关于印发〈中共巩留县委理论学习中心组学习制度〉的通知》(巩党办发〔2020〕35号)

《关于调整巩留县审读工作领导小组的通知》(巩党办发〔2020〕36号)

《关于印发〈巩留县学习贯彻党的十九届五中全会精神宣讲活动实施方案〉的通知》(巩党办发〔2020〕37号)

《关于自治区党委第三巡视组巡视巩留县反馈意见整改进展情况的通报》(巩党办发〔2020〕38号)

《关于调整巩留县委党的建设工作领导小组组成人员的通知》(巩党办发〔2020〕39号)

《关于成立巩留县"十四五"规划编制工作领导小组的通知》(巩党办发〔2020〕40号)

《巩留县贯彻落实〈自治州贯彻落实《自治区贯彻〈2019—2023年全国党政领导班子建设规划纲要〉的具体落实措施》责任分工方案〉的方案》的通知》(巩党办发〔2020〕41号)

《印发〈巩留县委党的建设工作领导小组关于加强党的建设的实施方案〉的通知》(巩党办发〔2020〕42号)

《关于印发〈巩留县委管理的领导班子和领导干部2020年度(绩效)考评工作方案〉的通知》(巩党办发〔2020〕43号)

《巩留县库尔德宁镇党政机构及事业单位设置方案》(巩党办发〔2020〕44号)

《巩留县吉尔格朗乡党政机构及事业单位设置方案》(巩党办发〔2020〕45号)

《巩留县阿尕尔森镇党政机构及事业单位设置方案》(巩党办发〔2020〕46号)

《巩留县东买里镇党政机构及事业单位设置方案》(巩党办发〔2020〕47号)

《巩留县塔斯托别乡党政机构及事业单位设置方案》(巩党办发〔2020〕48号)

《巩留县提克阿热克镇党政机构及事业单位设置方案》(巩党办发〔2020〕49号)

《巩留县阿克吐别克镇党政机构及事业单位设置方案》(巩党办发〔2020〕50号)

《巩留县城镇党政机构及事业单位设置方案》(巩党办发〔2020〕51号)

《关于印发〈巩留县中小学教师减负清单〉的通知》巩党办发〔2020〕53号

《关于调整巩留县委巡察工作领导小组的通知》(巩党办发〔2020〕54号)

《关于印发〈巩留县学习贯彻落实第三中央新疆工作会议精神及近期重点工作责任分解方案〉的通知》(巩党办发〔2020〕55号)

《关于成立县委国家安全人民防线建设小组的通知》(巩党办发〔2020〕56号)

【县委办公室会议纪要发文(部分)目录】

《巩留县新型冠状病毒感染的肺炎疫情防控工作领导小组第1次会议纪要》(巩党办纪〔2020〕1号)

《巩留县新型冠状病毒感染的肺炎疫情防控工作领导小组第2次会议纪要》(巩党办纪〔2020〕2号)

《巩留县新型冠状病毒感染的肺炎疫情防控工作领导小组第3次会议纪要》(巩党办纪〔2020〕3号)

《巩留县新型冠状病毒感染的肺炎疫情防控工作领导小组第4次会议纪要》(巩党办纪〔2020〕4号)

《巩留县新型冠状病毒感染的肺炎疫情防控工作领导小组第5次会议纪要》(巩党办纪〔2020〕5号)

《巩留县新型冠状病毒感染的肺炎疫情防控工作领导小组第6次会议纪要》(巩党办纪〔2020〕6号)

《巩留县新型冠状病毒感染的肺炎疫情防控工作领导小组第7次会议纪要》(巩党办纪〔2020〕7号)

《巩留县新型冠状病毒感染的肺炎疫情防控工作领导小组第8次会议纪要》(巩党办纪〔2020〕8号)

《巩留县新型冠状病毒感染的肺炎疫情防控

工作领导小组第9次会议纪要》(巩党办纪〔2020〕9号)

《巩留县新型冠状病毒感染的肺炎疫情防控工作领导小组第10次会议纪要》(巩党办纪〔2020〕10号)

《巩留县众康医用材料有限公司现场办公会议纪要》(巩党办纪〔2020〕11号)

《巩留县新型冠状病毒感染肺炎疫情防控工作领导小组第11次会议纪要》(巩党办纪〔2020〕13号)

《巩留县委财经领导小组第一次会议纪要》(巩党办纪〔2020〕14号)

《巩留县委第七轮巡察专题会议纪要》(巩党办纪〔2020〕15号)

《巩留县支持虎爆公司发展部署会议纪要》(巩党办纪〔2020〕16号)

《巩留县委财经领导小组第二次会议纪要》(巩党办纪〔2020〕17号)

《巩留县委财经领导小组第三次会议纪要》(巩党办纪〔2020〕18号)

《巩留县委常委会2020年第6次会议纪要》(巩党办纪〔2020〕19号)

《巩留县委2020年第7次常委会会议纪要》(巩党办纪〔2020〕20号)

《巩留县干部作风整治推进会纪要(巩党办纪》〔2020〕21号)

《巩留县委常委2020年第12次常委(扩大)会议暨理论中心第四次集体学习纪要》(巩党办纪〔2020〕22号)

《巩留县委2020年第16次常委(扩大)会议暨理论中心组第6次集体学习纪要》(巩党办纪〔2020〕23号)

《巩留县委2020年第18次常委(扩大)会议暨理论中心组第7次集体学习纪要》(巩党办纪〔2020〕24号)

《巩留县委2020年第21次常委(扩大)会议纪要》(巩党办纪〔2020〕25号)

《巩留县委第八轮巡察专题会议纪要》(巩党办纪〔2020〕26号)

《巩留县疫情防控指挥部调度会会议纪要》(巩党办纪〔2020〕27号)

《巩留县委理论中心组2020年第9次集体学习会议纪要》(巩党办纪〔2020〕28号)

《巩留县关于第三巡视组巡视反馈意见整改推进会报会议纪要》(巩党办纪〔2020〕29号)

《巩留县委常委会2020年第39次会议纪要》(巩党办纪〔2020〕30号)

《巩留县委第九轮巡察专题会议纪要》(巩党办纪〔2020〕31号)

《巩留县委常委会2020年第42次会议纪要》(巩党办纪〔2020〕32号)

综合党务工作

【县委办机构概况】 2020年,巩留县委全面深化改革委员会、县委财经委员会、县委国家安全协调委员会3个委员会办公室设在县委办。不再保留县委机要局、县委保密委员会办公室、信息督查室,对外加挂县委机要保密局(县国家保密局、县密码管理局)、县档案局牌子。保留县档案馆,作为县委办所属事业单位,县委党史研究室(地方志办公室)改为县委直属事业单位。巩留县委员会办公室(以下简称巩留县委办公室)内设有综合科、秘书科、信息科、督查科、机要保密科、档案监督科6个机构。设有机要保密技术服务中心、专用通信局、信息化管理办公室、机关后勤服务中心、档案馆、接待处6个事业单位。

【办文办会】 2020年,巩留县委办公室不断规范工作程序,提升办文办会质量。把好文稿政治关、政策关,做好国家有关部委检查、自治区省级领导驻点督导、伊犁州领导督导调研、大型观摩会材料准备工作,全年准备各类文稿200多份,下发党委发文件76份、党办发文件56份、内部明电53份。在办会方面,坚持统筹兼顾、通力合作,对重要会议和活动提前介入、周密安排、做好预案,高质量完成民主生活会、政法、组织、纪检、宣传思想、脱贫攻坚等会议,以及中共巩留县第十一届五次全委(扩大)会议等大型会务活动。（陈雪超）

【信息督查】 2020年,巩留县委办公室向各单位下发《督查通知》74期,及时督查工作落实情况、存在问题,向伊犁州党委报送《督查专报》18期、向县委主要领导呈报《督查情况》101期。加大信息编报力度,全年上报《信息快报》434期。为上级党委和县委决策部署提供第一手信息督查服务。（王蕾）

【机要保密】 2020年,巩留县委机要保密局加强《中华人民共和国保守国家秘密法》《中华人民共和国密码法》宣传工作,下发各类宣传资料400多份、开展专题培训3场次、对全县6000多名干部分期分批开展保密法、密码法知识学习和考试、每月向全县各级干部发送保密工作提醒短信,对全县各级单位保密工作开展3轮次的全覆盖检查指导,杜绝泄密事件发生;对电子政务内网使用单位开展2轮50多次指导检查,确保电子政务内网安全、保密、畅通。11月,全县电子政务内网24家涉密域单位通过分级保护测评工作。12月,县委机要保密局获评2020年度自治区党政机要密码部门业务考核优秀达标单位。（陆建明）

【信息化管理和专用通信】 2020年,巩留县委信息化管理办公室以提高全县各部门信息化建设与共享为目标,完成人社局、科协、统计局、市场监督管理局、医疗保障局、纪委、机关工委、工信局、工业园区管委会、疫情指挥部、编办、库尔德宁景区管委会13家单位开展网络搬迁工作;投入资金98万元,完成安全可替代工程项目,替代和适配55台安全可靠计算机及配套的软硬件设备;投入资金8万元。（王瑞）

【保密技术服务】 2020年,巩留县保密技术服务中心组织保密工作培训3次,对县直单位、各乡镇、片区党工委保密工作检查3轮,杜绝泄密事件发生。对接伊犁州销毁中心销毁涉密文件、载体1次,开展保密宣传4次,发放宣传册400多份,保障涉密会议32场。（常硕）

【档案工作】 2020年,巩留县综合档案馆馆藏案卷12650卷,26819件;馆藏照片档案2448张,资料7441册。库房面积592.5平方米,新建馆库全部安装新风系统(双向流)。新建综合档案馆密集架及办公设备安装调试完毕,包括移动密集架817.3立方米,恒温恒湿一体机3台、消毒柜1台、防磁柜2台、书车3台、书梯3台等。全年,督促指导完成县扶贫办、11个乡(镇)场、64个村(队)制订全县精准扶贫档案管理工作计划、档案管理制度等,开展5次督查,指导完成县级350卷、6062件,乡级400卷、7801件,村级3805卷、15558件。全年接待县直部门和社会各界人士查阅利用档案共160人次,9778卷(件)次。（何媛媛）

组织工作

【访惠聚驻村】 2020年,巩留县精选下派访惠聚工作队81个493人(其中区派3个队17人、伊犁州派11个队76人、县派767个队400人)、选派第一书记81人。各驻村工作队以总目标为统领,以提升基层组织能力为重点,推进县委重点工作部署,为全县稳定发展大局作出贡献。

【干部队伍建设】 2020年,巩留县委组织部严格按照《党政领导干部选拔任用工作条例》规定,突出政治标准,提拔和进一步使用干部47人,其中40

名具有访惠聚、脱贫攻坚、基层一线等工作经历，占85.1%。注重干部培养锻炼，完成715名30岁以下干部摸排登记及30岁以下优秀干部推荐，组织召开年轻干部座谈会，选派63名30岁以下干部一线实践锻炼，18名新提拔使用干部及优秀年轻干部参与巡察、挂职锻炼，5名科级干部、7名县级医院优秀干部赴城镇社区、乡镇卫生院任党支部书记实践锻炼，21名干部赴南疆挂职锻炼，7名经济口优秀年轻干部赴江苏挂职锻炼。开展乡镇领导班子和领导干部日常调研，面对面谈话科级干部86人，完成全县8个乡镇党委、政府班子结构分析，并结合上届换届政策及最新精神，开展换届评估工作。

【干部教育培训】 2020年，巩留县委组织部围绕全县重点工作，针对干部需求和岗位特点，科学编制《巩留县2020年干部教育培训计划》《巩留县2020—2022年干部人才培训培养项目计划》和2020年干部人才援疆项目培训计划，选派41名干部赴自治区、伊犁州党校、伊犁州直单位培训。举办巩留县领导干部学习贯彻党的十九届四中全会精神和系列白皮书精神培训班3期，培训905人；中青班1期，培训29人；巩留县领导干部学习贯彻习近平总书记关于扶贫工作重要论述专题培训班2期，培训1374人；举办巩留县学习贯彻党的十九届五中全会和第三次中央新疆工作座谈会精神培训班3期，全县610名科级以上领导干部参训；举办其他各类培训班50期，培训干部人才5520人次。组织全县副县级以上领导，县直部门主要负责人，各乡镇、片区党工委班子成员318人收听第一期江苏·伊犁大讲堂。

【干部监督】 2020年，巩留县委组织部对工作落实不力、违纪干部8人免职停职，表现优秀的6名干部负责（主持）工作，树立有为有位的导向。对9名外出报批报备、个人重大事项应报即报执行不严格的科级干部提醒谈话，对6名疫情防控期间履职尽责不力的科级干部给予诫勉谈话、15名常态化疫情防控重点场所包联干部及单位负责人进行约谈。

【人才工作】 2020年，巩留县委组织部引进高层次紧缺人才6人，全县高层次紧缺人才队伍总量66人。研究制定《进一步激发优秀专家人才干事创业若干措施》《巩留县县级领导联系服务专家和优秀人才工作制度》等重要文件，健全青年人才发现、培养、评价、激励、保障等制度，全年召开人才工作座谈会3场次。

【基层组织建设】 2020年，巩留县委组织部实施头雁培养工程，16名机关干部、24名本土人才、18名返乡大学生担任村党支部书记，32个村实现两委正职一肩挑。调优配强62名第一书记、35名村（社区）两委正职；加大基层骨干队伍培养，公开补录62名大学生村干部、社区工作者，44名大学生村干部进入村两委班子（5人担任正职）。选派130名第一书记、党支部书记、大学生村干部参加伊犁州直基层党建培训班和赴张家港等地学习观摩。争取2430万元援疆资金，推进喀拉苏、再开西等6个村（社区）阵地和功能布局标准化规范化建设。巩固8个常规整顿和4个集中整治软弱涣散村整顿成果，确保年底摘帽；7个后进村（社区）、1个软弱涣散党组织如期销号，打造社区党群服务中心10个、党群服务站（点）15个，实现党建、民情、综治、疫情“四网共治”。推进张家港·巩留县9个社区结对共建。

【党员队伍管理】 2020年，巩留县委组织部注重在致富带头人、返乡大学生、产业工人以及疫情防控期间表现优秀的村（社区）干部中发展党员，储备申请人2505名、入党积极分子1220名，发展党员584名，其中疫情防控期间一线发展党员4人。加强流动党员教育管理，党支部定期联系，掌握思想动态。

【各领域党建】 2020年,巩留县委组织部召开县直机关党支部标准化建设现场会,选树标杆支部1个、先进支部3个,为机关党建工作定方向、定标准;机关党员深入包联村(社区)开展主题党日活动400场次,为民办实事好事1700多件。组织首届"教育援疆·蝶湖论道"论文比赛、思政课教学比武,深化交叉上党课,47个党支部全覆盖交叉互学,实施5个教育集团和13个党建捆绑联盟体相融合。组织召开全县两新组织党建工作观摩会,选派党建指导员125人,组织党务骨干赴其他省市学习培训。加快推进党的组织覆盖和工作覆盖,全县"三有"非公有制企业党组织覆盖率达85%以上。投入5.89万元,打造商圈市场党群服务站2个、非公企业党建示范点1个,组织两新组织党组织开展扶贫济困、就业扶贫、疫情防控等救助帮扶活动,捐款捐物80多万元,产业投入101万元,安置稳定就业108人、短期务工300多人。

【绩效考核管理】 2020年,巩留县委组织部完成2019年度绩效考核评定,乡镇(片区)优秀5个,占比41.67%;部门优秀19个,占比36.54%;一般6个,占比11.54%。完成9个一级部门所属106个事业单位考核定等,优秀29个,占比27.36%;一般14个,占比13.21%。根据县级财力统筹,差别化发放2017年度下半年绩效奖励。新冠肺炎疫情防控中,两次差额兑现2018—2019年度绩效奖励,一年发放三次近1.66亿元绩效奖励,惠及全县各级党员干部。妥善处置208名辞职、解聘人员绩效奖励信访问题,补发81名符合政策人员2017年度下半年、2019年度绩效奖励55.91万元。

【党员教育】 2020年,巩留县党员教育中心加强党员教育培训,举办党员集中培训班15期,培训3248人。抓好党员(远程)教育培训,实现面对面业务指导,自治区推选优秀党员教育之星2人,全县党员(远程)站点累计组织培训3427场次,累计时长105538分钟,受教育党员干部56939人次。(姜琦)

宣传工作

【理论教育】 2020年,巩留县委宣传部抓好各级党委(党组)理论中心组学习。县委中心组学习13次、研讨4次、测试6次,其他党委(党组)中心组学习503次、交流研讨114次、测试69次。"学习强国"学习平台党员参与率全年保持在80%以上。开展主题示范宣讲43场、受教育群众4238人次,其他宣讲3896场次、受教育群众108546人次。举办宣讲员培训班1期,131名基层宣讲员受训。

【网络安全管理】 2020年,巩留县委宣传部结合全国两会、"人权法案"、第三次中央新疆工作座谈会、党的十九届五中全会等热点话题,收集社会热点900多条,分析形成热点周报43期、专报22期,其中县委书记批示4期并转有关部门整改办理。

【精神文明建设】 2020年,巩留县委宣传部示范打造巩留镇库尔旦社区新时代文明实践站和阿尕尔森镇新时代文明实践所。结合防疫知识普及等,开展"志愿服务+"活动23783场次,捐款116.13万元,捐赠米、面、油、菜及防护服、口罩等物资折合资金952.55万元,将新时代文明实践工作推向深入。开展"文明健康 有你有我"公益广告宣传行动,倡导文明新风和新生活理念,印发宣传海报100张,倡议使用公筷公勺。指导创建全国文明村2个,自治区文明单位25个、村镇18个、学校3所;动态管理伊犁州级文明单位(村镇、校园)70个。

【文化建设】 2020年,巩留县委宣传部开展"我们的中国梦——文化进万家"下基层文艺演出51场次、新春送祝福书画活动3场次,举办"蝶城印象·我眼中的脱贫攻坚"文艺作品征集活动、那拉乳业杯"金秋十月·大美巩留"摄影大赛和主题摄影采风活动,围绕"众志成城抗击疫情"开展文艺作品创作,5幅美术作品被伊犁州文联推送参加北京疫情书画展。投资120万元建造80平方米石榴籽书屋，24小时自助服务；投资46万元用于县图书馆数字化建设，推进以县图书馆为总馆，乡镇图书室为分馆，村（社区）综合性文化服务中心为服务点的图书馆总分馆制。开展“我为巩留代言”阅读推广活动和“把图书馆带回家”数字阅读推广活动，参与群众约10万人次；疫情防控期间，开展“战疫不孤读”线上阅读服务系列活动，群众扫码进入“新疆图书馆数字阅读平台”可免费阅读书籍、杂志，还可免费听书，丰富阅读文化生活。

【疫情防控】 2020年，县委宣传部利用宣传巡逻车对重点防护区、村（社区）等地开展宣传，组织流动宣传车辆8994车次，重点播放300条疫情防控知识音频和自制的46秒快板、60秒阿肯弹唱等；以联户家庭为单位，入户开展宣传宣讲2235场次，覆盖5万户家庭。督促电信、移动、联通3家通信运营商，推送疫情防控宣传短信494万条次；协调在全县移动、电信、广电IPTV开机页面发布疫情短视频，涉及用户5.8万户。组建县级心理咨询志愿者服务队，统筹州县76名心理咨询老师为各族群众答疑解惑，缓解焦虑、压抑等不良情绪。

【媒体宣传】 2020年，巩留县委宣传部结合疫情防控、脱贫攻坚宣传，发放各类宣传资料34.48万份，清理更换宣传标语454面，制作更换各类宣传牌145面，增设公交站台宣传栏74个。县电台广播、《巩留新闻》播稿5387条、公告等15289条，电视采稿居伊犁州前三；拍摄制作短视频68部，12期“同奔小康·幸福伊犁”脱贫攻坚新媒体视频展播采用巩留县视频7条，全州第一；巩留县融媒体中心发布抖音短视频2278个（原创作品742条），其中阅读量100+以上作品43条。启动“蝶城公益”系列活动，《巩留好地方》App正式上线。积极向新华网、人民网、“学习强国”学习平台、《新疆日报》、伊犁电视台等各级主流媒体投稿，累计采稿2856篇，其中中央级800条、自治区级962条、伊犁州级1094条；接洽各级媒体采访组18批次，拍摄《新疆是个好地方》《小城故事之新疆巩留》等宣传片。

【审读工作】 2020年，巩留县委宣传部调整巩留县审读工作领导小组成员，分八类补充更新审读专家库人员，坚持先审后发，县域内的文艺作品、讲座、论坛、宣传资料等未经审批不得开展。结合自治区巡视工作，开展两轮图书及文化产品审读“回头看”工作，全面回头看各乡镇（片区）、部门（单位）、农家书屋、基层文化站，以及县图书馆、文化馆、石榴籽书屋等场所的图书。

【扫黄打非】 2020年，巩留县委宣传部联合扫黄打非成员单位开展知识产权宣传和版权联合执法检查4次，查办“扫黄打非”案件3起，向县教育局、新华书店和零售书店发放宣传海报300多张，绿书签2000多张，开展绿书签进校园活动3场次。开展2020年度出版物核验工作，完成13家零售书店的审核核验。

（闵祥菊）

统战工作

【民族团结】 2020年，巩留县4041名干部职工与8684户各族群众结为亲戚，结亲干部与结对亲戚共同制订生产计划、脱贫致富措施。组织12个乡镇（片区）民族团结工作分管领导及专干33人组成互观互学互检组，深入10个乡镇（片区）14个示范点，通过观展板、听讲解、座谈交流等方式互观互检。6月，第九次民族团结进步模范集体和模范个人表彰大会召开，对多年来为全县民族团结进步事业作出突出贡献并取得显著成绩的25个模范集体和40名模范个人进行表彰。申报第一批伊犁州级民族团结进步示范区示范单位7个，评选县级民族团结进步示范单位71个，评选民族团结进步示范户18692户、好巷道439个、民族团结一条街204个、好小区16个、好楼栋104个、好单元193个、好科室255个、民族团结文化大院241个,创建民族团结示范点72个,乡(镇场)6个、村(社区)52个、机关4个、学校6所、军营1个、企业1家、宗教场所2个。同时,将巩留县东买里镇申报为自治区民族团结进步示范区,选树推荐伊犁州级民族团结进步模范集体9个、伊犁州级民族团结进步个人24人。全年开展结亲住户走访宣传教育2.53万户次,受教育群众6.4万人,各类捐款4.4万元、捐物1266件,帮助收割小麦491户,帮助解决就业312人,赠送防疫用品2641件。

【项目工作】 2020年,巩留县少数民族发展资金项目资金下达216万元,最终确定实施项目1个,为东买里镇大营盘村特色小商品农贸市场建设项目。通过该项目的实施,为村集体增收6万元以上,带动增加贫困人口全年总收入2万元以上。重点解决大营盘村10户41人建档立卡贫困户和富余劳动力20户30人就业岗位(保安、环卫、勤杂工),对无法参与就业的本村贫困户,从集体收益中为每户分红2000~3000元进行帮扶。同时解决本村及周边农户农副产品销售畜类肉食产品200吨、奶蛋禽类食品500多吨、蔬菜瓜果类2000多吨,实现农户稳定增收。

【宗教事务管理】 2020年,巩留县做好宗教活动场所管理,建立健全宗教活动场所安全责任制,制定宗教活动场所应急处突预案,落实宗教活动场所常态化值班备勤制度;落实国旗、宪法法律法规、社会主义核心价值观、中华优秀传统文化“四进”宗教活动场所要求,做到“四进”全覆盖,宗教活动依法规范开展。指导宗教教职人员学好用好《新疆伊斯兰教教务活动手册》,统一教务活动,服务好信教群众,讲经解经规范有序。

【驻村管寺】 2020年,巩留县委统战部成立驻村管寺工作专班,加强对驻村管寺干部的日常管理和教育培训,驻村管寺管委会坚持每周学习例会制度,统战部严格落实“两月一考”制度,每两月组织全县统战干事、驻村管寺干部开展党的宗教政策法律法规知识、习近平总书记关于宗教工作的系列重要讲话等内容的培训测试。开展驻村管寺干部业务能力提升集中培训6次,开展政策法律法规知识测试7次。专项指导组不定期对全县14个驻村管寺管委会工作开展情况指导,并将整改情况纳入干部季度绩效考核。对工作责任心不强、不能胜任工作的干部及时进行调整。全县14个驻村管寺管委会有75名驻村管寺干部。

【宗教人士培训】 2020年,巩留县有1人完成自治区经学院2年制大专班学习,1人在自治区经学院昌吉分院参加两年制大专班学习,1人在自治区经学院伊犁分院参加一年制中专班学习,6人完成自治区经学院3个月集中培训。5人在自治区经学院伊犁分院参加3个月集中培训。6人完成自治区经学院伊犁分院3个月集中培训。统战部组织4名教职人员到江苏参观学习,每月组织宗教人士开展为期1天的政治理论学习,开展3次国家通用语言测试。驻村管寺管委会利用周一、周四学习例会组织宗教人士和民管组成员对宗教政策法律法规、国家通用语言文字、疫情防控知识、消防安全知识等进行学习。 (王娜)

网络安全和信息化

【互联网党建】 2020年,巩留县网信办对全县11家网站备案详情、主体责任人、党组织建设、注册证件等信息开展登记,创新“一档一册”分类管理模式。统一印制《巩留县网站、微信公众平台管理工作记录簿》下发到互联网党组织、党建指导员,做到互联网党组织、互联网领域党建工作全覆盖。

【网络扶贫】 2020年,巩留县网信办与商务工信局、巩留县盛创电子商务有限公司、巩留县未蓝科技发展有限公司联合举办电子商务进农村培训班，对贫困家庭适龄青年开展免费互联网技能培训，指导开设淘宝网店，通过销售当地特色农副产品增收致富，培训300多人。

【网课平台专项整治】 2020年，巩留县网信办针对网课网站问题高发环节，实施分类管理、精准整治，监督指导各中小学网课平台，强化主体责任，确保网课内容导向正确。通过钉钉家校群宣传未成年人安全用网、防范网络游戏沉迷、保障购物安全、预防网络诈骗、辨别网络虚假信息及谣言等常识。

【网站宣传】 2020年，巩留县网信办开展各类主题宣传，对属地所有新媒体平台主题宣传稿件统计，其中“疫情防控政策及知识科普”稿件56篇、“疫情典型人物”宣传58篇、“脱贫攻坚”稿件30篇、旅游宣传7篇、复产复工20篇、“普法宣传”46篇。通过属地主流网站、新媒体平台、抖音短视频等推送各类优秀正能量稿件385篇，阅读量15万多人次，点赞量5000多人次。

【帮扶工作】 2020年，巩留县网信办、扶贫办、疫情指挥部联合开展慰问贫困家庭，捐献疫情防控物资，关心关爱贫困学生公益活动，筹集资金2.12万元为67户家庭帮助解决生活、学习困难。

（刁秀波）

机构编制

【机构改革】 2020年，巩留县编委办深化综合行政执法改革，完成文化、农业、市场监管、交通运输4支综合行政执法队伍组建；优化设置乡镇党政机构和事业单位，整合市场监管、文化市场、农业、安全生产等领域在乡镇现有站所行政执法力量和资源，组建乡镇综合行政执法队，以乡镇的名义开展执法工作；与县政务服务中心对接，共同梳理出县、乡镇综合行政执法事项清单，乡镇权责清单，县级部门下放至乡镇的权力事项清单，县乡镇“属地管理”事项主体责任和配合责任清单，依法界定和合理划分县直部门及乡镇的行政执法职责权限，理顺职责关系，完善执法体系和执法程序。经营类事业单位改革，明确责任单位，稳妥有序开展改革方案制定、清产核资和人员安置工作；审核印发3家涉改单位改革方案的批复，按规定程序撤销3家事业单位建制，收回自收自支事业编制并核销在职人员编制实名制信息；监督涉改单位全面完成国有资产处置、人员安置、企业登记注册和改革总结等工作；县委编办、职能部门及涉改单位主管部门按照“一单位一档案”的要求，建立经营类事业单位改革档案，实现改革工作有据可依，有档可查。

【机构编制管理】 2020年，巩留县编委办研究设立机构3个，撤销事业单位3个，办理人员调动520人。通过对全县各单位工资审核及绩效奖励金的审核，防止“吃空饷”和违规领取财政资金等现象发生；开展机构编制年审；核准机关和事业单位计划招录（招聘）168人；完成全县所有机关事业单位实名制库信息维护工作。会同组织、人社、教育等部门，对全县机关事业单位超空编情况进行摸底，梳理超编人员176人。

【事业单位登记管理】 2020年，巩留县编委办完成全县设立登记219个事业单位的事业单位年度报告公示工作；开展事业单位“双随机、一公开”工作，按照6%的比例随机抽取12个事业单位开展信息核查。

【帮扶工作】 2020年，巩留县编委办开展访惠聚及驻村管寺干部谈心谈话和走访慰问5次，送去慰问品及物资，价值2200多元；走访慰问8户建档立卡户贫困户，每月至少2次下沉阿克塔木村开展脱贫攻坚工作,为贫困户种植树木、蔬菜,完善明白墙,开展“算清两笔账、感恩共产党”工作。全年送去大米、面粉等慰问品,价值1200元;开展住户走访工作,做好“五个讲清楚”、宣传“三本白皮书”。全年干部为团结关爱户捐款3400元。(魏洁)

县直机关党建

【支部改选换届】 2020年,巩留县机关工委做好支部调整改选、换届选举工作,新成立党总支1个、党支部5个、临时党支部2个、撤销党总支1个、党支部1个、调整改选(补选)党支部10个、更名党组1个,加强支部实体化建设。完成71个党组织、1565名党员信息及党组织信息采集、审核、录入工作。转接党员组织关系451人次。

【发展党员】 2020年,巩留县机关工委举办入党积极分子培训班1期,县直机关及各单位171名入党积极分子参加培训;发展对象培训班1期,126人参加培训。审核重点发展对象33名,吸收预备党员33名,按期转正33名。

【述职评议】 2020年,巩留县机关工委采取向上述职与向下述职、上门评议与集中评议、单独点评与集中点评相结合方式,对所属11个党总支、21个独立支部、71名党组织书记开展2020年抓机关党建工作述职评议。开展机关党支部书记实体化建设,单位班子成员兼任党支部书记达到100%;抓好7家国有企业党建工作,发挥国企党支部战斗堡垒作用和党员先锋模范作用,促进企业业务工作开展。

【基层党组织建设】 2020年,巩留县直机关71个党支部组织1387名党员干部,成立党员突击队,深入村(社区)协助开展值勤、消毒、送面送菜等疫情防控工作。组织县直机关广大党员自愿捐款21.29万元,支持疫情防控工作。机关工委指导督促县直机关各级党组织书记按照要求为党员讲党课,不断提高党课规范化水平,6月底举办县直机关微党课比赛。指导机关党组织结合“主题党日活动”,带领党员干部进村(社区),推进团结关爱和脱贫攻坚工作,开展民族团结一家亲“同吃一顿饭、同游一座城、同算两笔账”活动,不断提升团结关爱家庭和贫困户的思想认识,教育引导他们坚定不移地听党话、跟党走。为县直机关各级党组织发放《简明新疆地方史》136本、《习近平谈治国理政》130本。各机关党组织对行动不便、年龄较大的党员开展上门送学活动,组织县直机关党支部标准化建设现场会,县直机关各基层党组织现场观摩税务局标准化建设工作,3个基层党组织现场交流发言,介绍工作经验和做法。

【慰问活动】 2020年,巩留县机关工委贯彻落实《中国共产党党内关怀帮扶办法》,开展走访慰问活动,慰问老党员、困难党员64人,发放慰问金3.2万元。

【支部建设提升措施】 2020年,巩留县机关工委采取以奖代补形式,实施奖补资金5万元,帮助6个支部提升标准化建设质量,加快县直机关党支部标准化建设进度。(马瑞)

老干部工作

【老干部政治待遇】 2020年,巩留县老干局组织老干部参加元旦活动、国庆升旗仪式、新年晚会等活动,参加县委十一届五次全委(扩大)会议和自治区党委巡视伊犁州七县动员大会。组织专题培训2次,143人参加培训,培训采用视频教学、现场教学的方式,增设故事分享、学员交流、分组讨论、红歌大赛等专题活动,丰富教学形式和内容。通过老干部学习群进行微党课学习和日常学习,分享全民国家安全教育、典型先进事迹、脱贫攻坚、全国两会、民法典等相关内容,引导老干部通过网络学习的方式,增强老干部自主学习意识。对行动不便不能参加集中学习的老干部,采用送学上门的方式,将学习资料送到老干部手中,使老干部及时了解时事政治、政策法规、重要讲话。全年为9个社区离退休老干部征订《老年康乐报》45份,为老年活动中心的老干部征订《老年康乐报》13份,《人民日报》《新疆日报》《今日新疆》《知识与力量》《伊犁日报》《曙光》《老人世界》等报刊10种,为各乡镇老干部党支部征订《老干部党支部参考》,为本支部老党员征订《简明新疆地方史》13本。

【老干部生活待遇】 2020年,巩留县老干局走访慰问老干部98人,向老干部发放慰问金5.88万元;各乡镇、各单位也根据实际情况,对本部门退休干部积极开展节日慰问活动,让各级老干部充分感受党的关心、组织的关爱。疫情防控期间,全局干部通过电话、微信、短信的方式,对老干部及服务对象开展访问工作,访问老干部157人,其中电话访问21人、微信访问109人、短信访问27人,引导干部保持健康的心理状态。以各类活动为契机,提高老干部参与文体活动的积极性。举办巩留县首届老年春节联欢会。根据疫情防控要求,鼓励老干部参加各种网络视频活动,老年太极队在各类视频比赛中取得了较好成绩,3名老干部的作品分别获书画类一、二等奖。

【老干部党支部建设】 2020年,巩留县老干局通过对基层老干部工作的指导,加强老干部党组织建设。召开老干部党支部工作座谈会,通报巩留县老干部党支部工作考核结果,差别化发放老干部党支部书记补贴2.1万元。针对老干部两项待遇、老干部党支部建设、老干部发挥作用、关心下一代工作、关心关爱老干部等情况,规范基层老干部工作,增强对老干部工作的重视。注重基层优秀典型事例的挖掘,积极向上级部门推荐各乡镇、各单位表现突出、发挥作用积极的老干部工作集体及个人。

【离退休老干部情况】 2020年,巩留县老干局管理的全县离退休干部2228人,其中离休干部11人、机关离休干部7人、事业离休干部2人、其他2人、副县级以上待遇8人,其他待遇3人。退休干部2217人。机关退休干部1263人,事业单位退休干部928人,企业退休干部26人。其中,正县级4人,副县级21人,正科301人,副科85人,其他1806人。

【关心下一代工作】 2020年,巩留县老干局"爱心妈妈团"通过开展各种爱心活动,帮助有困难的个人和群体。深入库尔德宁镇、阿尕尔森镇、牛场片区、巩留镇、塔斯托别乡等部分村队开展献爱心送温暖活动,走访慰问困难家庭、残疾人、孤儿、三老人员,为困难群体送去价值1.13万元的米、面、油,生活用品和衣物等物资。 (何卫萍)

党史地方志工作

【年鉴编纂】 2020年,巩留县党研室完成《巩留年鉴(2019)》县直相关部门、县审读领导小组、伊犁州党研室审核,报自治区兵团出版社出版。《巩留年鉴(2020)》完成县直相关部门、县审读领导小组、伊犁州党研室审核,报方志出版社出版。

【年鉴资料编纂上报】 2020年,巩留县党研室完成《伊犁年鉴(2020)》文字资料和图片的收集、编纂和上报,收集图片15张,文字1万字。完成《新疆年鉴(2020)》文字资料和图片的收集、编纂和上报。收集图片15张,文字6000字。

【党史大事记编纂】 2020年,巩留县党研室完成《中国共产党巩留县历史大事记(2019年1月~12

月)》编纂工作。

【疫情防控工作】 2020年,巩留县党研室配合县委办,派出4人在云岭商务酒店、阳光假日酒店、大城时代小区、园丁苑小区、哈雷社区开展为期6个月的疫情防控工作。 (褚彦平)

党校工作

【学习培训】 2020年,巩留县党校举办秋季中青班主体班,参训30人,非主体班108人;举办南疆来巩务工人员岗前培训班,培训190人;举办县直机关入党积极分子培训班,培训126人;举办发展对象培训班,培训56人;举办治保主任培训班,培训82人;举办大学生志愿服务西部计划专项培训班,培训20人;举办老干部党员示范培训班,培训85人;举办县团干部培训班,培训85人;举办招商引资专题培训班,培训22人;举办巩留县妇女党员骨干示范培训班,培训83人;举办巩留县去极端化工作骨干培训班,培训36人;举办巩留县村(社区)"两委"副职专题培训班,培训89人;举办学习贯彻党的十九届五中全会和第三次中央新疆工作座谈会精神教育培训班,培训188人(第一期);举办学习贯彻党的十九届五中全会和第三次中央新疆工作座谈会精神教育培训班,培训207人(第二期);举办学习贯彻党的十九届五中全会和第三次中央新疆工作座谈会精神教育培训班,培训211人(第三期)。全年举办各类培训班18个,培训1795人。深入县直部门、乡镇基层及农牧民培训学校讲授县委工作会议、三本白皮书、党的十九届四中全会精神35场次70节,受教育党员干部群众3500多人次。

【教研工作】 2020年,党校教师和中青班学员一起深入基层调研,撰写调研报告5篇,其中4篇在《新丝路》杂志公开发表;撰写伊犁州党校校级课题3个,其中优秀结项课题1个、良好结项课题1个、合格结项课题1个;撰写博州伊犁州学习贯彻党的十九届四中全会精神理论研讨会论文2篇,其中1篇论文获得二等奖、1篇论文入选;撰写自治区党校"70年校庆"专刊约稿2篇;打磨精品课1个并获伊犁州直党校系统三等奖。

【教师队伍建设】 2020年,党校选派1名教师到自治区党校参加全疆党校系统教学创新专题培训班学习,3名教师到伊犁州党校学习。 (田玉忠)

巩留县人民代表大会

【巩留县第十七届人民代表大会常务委员会领导】
主任：萨尔山·斯马义（哈萨克族，11月离任）、艾力木拉提·卡依力别克（哈萨克族，11月任职）
副主任：田刚、多力坤·艾比布拉（维吾尔族）、沈金豹
县人大常委会党组成员：塔依尔江·伊斯拉依（维吾尔族）

【概况】 2020年，巩留县人大常委会下设办公室、法制工作委员会、教育科技文化卫生工作委员会、财政经济工作委员会、代表人事工作委员会。有自治区人大代表3人，伊犁州人大代表16人，县人大代表152人。县人大常委会组成人员25人，其中主任1人、副主任4人，委员20人。县人大常委会核定行政编制22人，实有19人，离退休27人。有党员40人（在职党员13人，离退休党员27人）。

【巩留县第十七届人民代表大会第五次会议】 2020年1月11—14日，巩留县第十七届人民代表大会第五次会议在县文化活动中心召开。会议听取和审议巩留县人民政府工作报告；审查和批准巩留县2019年国民经济和社会发展计划执行情况及2020年国民经济和社会发展计划（草案）的报告；审查和批准巩留县2019年财政预算执行情况和2020年财政预算（草案）的报告；听取和审议巩留县人大常委会工作报告；听取和审议巩留县人民法院工作报告；听取和审议巩留县人民检察院工作报告；选举巩留县人大常委会副主任、监察委员会主任，补选巩留县第十七届人大常委会委员。

【第十九次人大常委会会议】 2020年1月7日，巩留县第十七届人民代表大会常务委员会第十九次会议召开。作出关于召开巩留县第十七届人民代表大会第五次会议的决定；审议通过巩留县人大常委会工作报告（草案）；审议通过巩留县第十七届人民代表大会第五次会议代表资格审查报告；审议通过巩留县第十七届人民代表大会第五次会议议程（草案）；审议通过巩留县第十七届人民代表大会第五次会议日程（草案）；审议通过巩留县第十七届人民代表大会第五次会议主席团和秘书长名单（草案）；审议通过巩留县第十七届人民代表大会第五次会议关于设立大会议案审查委员会、计划预算审查委员会的决定（草案）；审议通过巩留县第十七届人民代表大会第五次会议议案审查委员会、计划预算审查委员会名单（草案）；审议决定巩留县第十七届人民代表大会第五次会议列席人员名单（草案）；审议通过巩留县第十七届人民代表大会第五次会议关于代表提出议案及其审议程序的决定（草案）；听取和审议巩留县人民政府办理十七届人大四次会议代表建议情况的报告；通过人事任免事项。

【第二十次人大常委会会议】 2020年6月9日，巩留县第十七届人民代表大会常务委员会第二十次会议召开。会议通过人事任免事项、补选自治州十四届人大代表。

【第二十一次人大常委会会议】 2020年11月5日，巩留县第十七届人民代表大会常务委员会第二十一次会议召开。听取和审议县人民政府关于《中华人民共和国食品安全法》《中华人民共和国预算法》执行情况的报告；听取和审议县人民政府关于巩留县2019年财政总决算的报告；听取和审

议县人民政府关于2020年巩留县政府债务预算调整方案(草案)的报告;听取和审议县人民政府关于伊犁疆宁生物技术有限公司绿色循环产业园项目选址和巩留县总体规划局部修改有关事宜的报告;听取和审议县人民政府关于调整巩留县2020年预算方案的报告;听取和审议县人民政府关于县十七届人大五次会议代表建议办理情况的报告;听取和审议县监察委员会关于《中华人民共和国监察法》执行情况的报告;评议县发改委工作;评议县文旅局工作。

【第十九次人大常委会主任会议】 2020年11月4日,巩留县人大常委会召开第十七届人大常委会第十九次主任会议。听取和审议县人民政府关于乡村医疗卫生工作、动物防疫工作、城市供热情况的报告;听取和审议县人民检察院关于公益诉讼检察工作情况的报告。

【监督工作】 2020年,巩留县人大常委会召开4次常委会会议和5次主任会议,听取审议"一府一委两院"工作报告15项,对3部法律法规执行情况进行检查,对4项工作进行专题调研,对县人民政府2个组成部门工作进行评议,推动"一府一委两院"依法行政、公正司法。检查《中华人民共和国食品安全法》执行情况,调研城市供热情况,全力保障和改善民生。调研乡村医疗卫生工作情况,督促相关部门加大乡村医疗卫生人员的培养力度、强化基本公共卫生服务、加强食品安全监管。结合巩留县实际,调研动物防疫工作,促进畜牧业发展,增加农牧民收入。检查《中华人民共和国监察法》执行情况。

【代表工作】 2020年,巩留县人大常委会常委会着力提升代表履职能力,不断提高代表工作水平。先后组织1100人次各级人大代表学习党的十九届五中全会、第三次中央新疆工作座谈会、习近平总书记关于全面依法治国重要论述,以及人大业务知识,提高代表的履职能力。协助承办伊犁州人大常委会举办的人大代表履职培训班,选派2名自治区人大代表、6名伊犁州人大代表参加州人大常委会举办的人大代表视察培训。印发《关于加强"人大代表工作室""人大代表联络站"建设 密切同人民群众联系的实施意见》,科学规划、合理布局。在县人大常委会建立1个人大代表工作室,各乡镇村(社区)建立人大代表联络站。完善人大常委会组成人员联系代表制度,常委会主任、副主任各联系5名代表,委员各联系3名代表,密切常委会组成人员与人大代表的联系,各级人大代表依托人大代表联络站,通过定期不定期走访、微信联系等开展联系选民活动,发挥代表作用。各级人大代表争当民族团结的示范员、矛盾纠纷的调解员、政策法规的宣讲员,讲解政策、倾听民意、解决民忧、扶贫帮困,展现代表良好的精神面貌和责任担当。

【乡镇人大工作】 2020年,巩留县人大常委会建立党组班子成员定点联系乡镇人大工作制度,5名班子成员联系8个乡镇人大工作,督促乡镇党委配齐乡镇人大秘书,充实乡镇人大力量,成立片区人大工作委员会,从县人大工作经费中拨出专项资金补助基层代表联络站,力促乡镇人大工作再上新台阶。坚持乡镇人大主席列席常委会会议,参加视察、检查、调研活动,组织乡镇人大主席、部分人大代表赴周边县市观摩学习,检查指导乡镇人大工作,提升乡镇人大工作整体水平。

【任免工作】 2020年,巩留县人大常委会依法任命国家机关工作人员7名、免职19名,并通过颁发任命书、向宪法宣誓等方式,增强新任命干部的法律意识和责任意识。

【议案处理】 2020年,巩留县人大常委会及时交办代表建议,坚持日常督促和专题检查相结合,代表建议办理的落实率、满意度进一步提升。十七届人大五次会议代表74件建议全部办理完毕,解决了一批群众关心的热点难点问题。

【视察调研】 2020年6月13日，伊犁州人大常委会分管领导带队对巩留县贯彻实施《全国人民代表大会常务会关于全面禁止野生动物非法交易、革除滥食野生动物陋习、切实保障人民群众生命健康安全的决定》和《中华人民共和国野生动物保护法》的情况进行检查。6月21日，伊犁州人大常委会副主任一行开展伊犁环保行执行检查，对巩留县贯彻实施《中华人民共和国土壤污染防治法》进行检查。7月8日，伊犁州人大常委会相关领导对巩留县实施《新疆维吾尔自治区农村扶贫开发条例》情况进行执法检查。10月19日，伊犁州人大常委会相关领导对巩留县开展安全生产活动实地调研。10月20日，自治区人大代表、部分州人大代表、各县市人大常委会分管领导、代表联系工作人员等到巩留县视察。11月5日，伊犁州人大常委会副主任相关领导对巩留县贯彻伊犁州国有资产管理监督情况实地调研。 （马敬喆）

巩留县人民政府

【巩留县人民政府领导】
县长:卓力得拜·吉尔哈力拜(哈萨克族)
副县长:乔雪刚(常务副县长,11月离任)、王岸先(11月任职)、詹大军、黄晓伟(援疆干部、1月任职)、努尔兰·阿西木(哈萨克族)、张海江、宋庆云(5月离任)
党组成员:吐尔干·乌拉力别克(哈萨克族)

重要会议、文件

【巩留县人民政府常务会议】 2020年,巩留县召开政府常务会议7次。县长卓力得拜·吉尔哈力拜主持会议,常务副县长乔雪刚、常务副县长王岸先、副县长詹大军、黄晓伟、努尔兰·阿西木、张海江、宋庆云,政府党组成员吐尔干·乌拉力别克及政府办公室、监委、司法局、审计局领导参加会议,会议分别就稳定、经济发展、安全生产、安居富民、道路交通、城市建设、动物防疫、环境整治、教育、医疗、水利、防灾减灾等工作进行安排。

【巩留县人民政府党组会议】 2020年,巩留县人民政府召开党组会议9次,时间分别是1月12日、3月23日、4月19日、5月1日、5月19日、6月24日、9月4日、10月31日、12月22日。主要议题是集体学习、研究关于人事任免、分管领导汇报工作等。

【巩留县人民政府文件(部分)】

《关于巩留县城区及全县各乡镇、片区污水处理项目建设用地的请示》(巩政发〔2020〕2号)

《关于申请变更伊犁哈萨克自治州2017年(第四合同段)项目发包人的请示》(巩政发〔2020〕3号)

《关于巩留县晶维克金属硅三期建设项目建设用地的请示》(巩政发〔2020〕5号)

《关于巩留县2017年易地扶贫搬迁项目建设用地的请示》(巩政发〔2020〕6号)

《关于巩留县库尔德宁镇农村饮水安全工程管理站建设项目建设用地的请示》(巩政发〔2020〕7号)

《关于巩留县开展地方政府隐性债务变动统计结果核实工作情况的报告》(巩政发〔2020〕8号)

《关于申请举办第六届全国大众冰雪季——伊犁河谷高山滑雪大赛的批复》(巩政发〔2020〕9号)

《关于同意命名那拉乳业等三家企业为"县级农业产业化龙头企业"的批复》(巩政发〔2020〕10号)

《关于巩留县城市停车场建设项目用地的批复》(巩政发〔2020〕11号)

《关于同意调整〈巩留县总体规划(2012—2030)〉(2017修改版)局部用地性质的批复》(巩政发〔2020〕14号)

《关于巩留工业园区(城北园区)征收巩留镇和良繁片区用地的批复》(巩政发〔2020〕16号)

《关于申报巩留县2020年地方政府专项债券的报告》(巩政发〔2020〕17号)

《关于申请转文上报解决伊犁州巩留县现代畜牧业示范园区建设项目建设资金的请示》(巩政发〔2020〕21号)

《关于申请转文上报解决伊犁州巩留县养殖粪污无害化处理整县推进项目建设资金的请示》(巩政发〔2020〕22号)

《关于巩留县城西九年一贯制学校项目规划用地的批复》(巩政发〔2020〕25号)

《关于巩留县冰雪运动培训中心项目建设用地的请示》(巩政发〔2020〕26号)

《关于巩留县喀拉苏社区项目规划用地的批复》(巩政发〔2020〕27号)

《关于巩留县生态保护红线评估划定初步成果的报告》(巩政发〔2020〕28号)

《关于阶段性免征巩留县城市市政公用基础设施配套费的批复》(巩政发〔2020〕29号)

《关于巩留县实施城镇规划2020年度第一批次建设用地的请示》(巩政发〔2020〕30号)

《关于巩留县实施城镇规划2020年度第二批次建设用地的请示》(巩政发〔2020〕31号)

《关于巩留县旅游基础设施及公共服务设施项目建设用地的请示》(巩政发〔2020〕32号)

《关于上报巩留县2020年自治区财政支持农村人居环境整治"千村示范"项目的请示》(巩政发〔2020〕34号)

《关于免征巩留县城市停车场、鑫牛社区等六个城市市政公用基础设施建设项目配套费的批复》(巩政发〔2020〕35号)

《关于对巩留县垃圾中转站、车辆集中停放点项目用地的批复》(巩政发〔2020〕37号)

《关于对巩留县大村(社区)拆分项目建设用地的批复》(巩政发〔2020〕38号)

《关于"国家地震烈度速报与预警工程—新疆分项"巩留县阿克吐别克镇01基准站建设项目的请示》(巩政发〔2020〕39号)

《关于对新疆那拉本源牧业有限公司等三个设施农用地项目备案的批复》(巩政发〔2020〕42号)

《关于同意巩留县塔里木管护站、新疆巩留野核桃自然保护区内违建别墅建筑通过验收的批复》(巩政发〔2020〕44号)

《关于印发〈巩留县2020年国民经济和社会发展主要指标分解方案〉的通知》(巩政发〔2020〕46号)

《巩留县2019年保障农民工工资支付工作考核自查报告》(巩政发〔2020〕50号)

《关于巩留县改善农村人居环境库尔德宁镇、塔斯托别乡垃圾填埋场项目用地的批复》(巩政发〔2020〕51号)

《关于申报巩留县2020年棚户区改造项目地方政府专项债券的报告》(巩政发〔2020〕52号)

《关于上报〈巩留县加快电子商务进农村工作推进方案〉的请示》(巩政发〔2020〕56号)

《关于国有资产无偿划转相关事宜的批复》(巩政发〔2020〕59号)

《关于文化旅游投资发展有限公司收购农贸交易市场等10处资产相关事宜的批复》(巩政发〔2020〕60号)

《巩留县人民政府关于关闭退出提克阿热克煤矿的决定》(巩政发〔2020〕62号)

《关于申请将巩留县东入口路桥及附属工程和城西城市道路纳入G578线连接线的请示》(巩政发〔2020〕63号)

《关于实施巩留县城乡一体化建设项目的决定》(巩政发〔2020〕66号)

《关于申报巩留县2020年度抗疫特别国债项目的报告》(巩政发〔2020〕67号)

《关于巩留县文化旅游投资发展有限公司增加股东和增加注册资本金相关事宜的批复》(巩政发〔2020〕69号)

《关于将S242线起点由S316线调整至G578线K20十075处的请示》(巩政发〔2020〕71号)

《关于库尔德宁AAAAA级景区请示》(巩政发〔2020〕74号)

《关于巩留县2020-05等4宗国有建设用地使用权出让的批复》(巩政发〔2020〕76号)

《关于调整G578线龙口—旱田公路工程收费站的请示》(巩政发〔2020〕81号)

《关于协调完成G578线K31+200至K56+622.729段建设完工通车的请示》(巩政发〔2020〕82号)

《关于中国巩留县与哈萨克斯坦塔勒哈尔县

缔结友好县(市)的批复》(巩政发〔2020〕83号)

《关于对〈伊犁州巩留县县城应急备用饮用水水源保护区调整技术报告及方案〉进行审查的请示》(巩政发〔2020〕84号)

《关于申报巩留县抗疫特别国债项目的报告》(巩政发〔2020〕85号)

《关于巩留县抗疫特别国债项目支付情况的报告》(巩政发〔2020〕91号)

《新疆维吾尔自治区伊犁哈萨克自治州巩留县"十三五"易地扶贫搬迁评估核查自评报告》(巩政发〔2020〕92号)

《关于对巩留县第三次全国国土调查农用地调查为未利用地的批复》(巩政发〔2020〕94号)

《关于〈调整巩留县农村供水水价申请报告〉的批复》(巩政发〔2020〕95号)

《关于新疆伊犁—库车750千伏输变电项目等3个项目用地的批复》(巩政发〔2020〕100号)

《关于确定巩留县2020年棚户区改造范围的批复》(巩政发〔2020〕101号)

《关于提请审议巩留县2019年财政总决算的报告》(巩政发〔2020〕103号)

《关于提请审议2020年巩留县政府债务预算调整方案(草案)的报告》(巩政发〔2020〕104号)

《关于巩留县易地扶贫搬迁项目用地的批复》(巩政发〔2020〕111号)

《关于支付2020年棚户区改造项目被征收人房屋征收安置补偿费的批复》(巩政发〔2020〕113号)

《关于调整〈巩留县总体规划(2012—2030)〉的请示》(巩政发〔2020〕115号)

《关于巩留县实施城镇规划2020年度第三批次建设用地的请示》(巩政发〔2020〕116号)

《关于上报〈巩留县2019年"十三五"期间耕地保护责任目标自查报告〉的报告》(巩政发〔2020〕117号)

《关于伊犁疆宁生物技术有限公司绿色循环产业园项目选址和巩留县总体规划局部修改有关事宜的请示》(巩政发〔2020〕122号)

《巩留县2019年耕地保护责任目标履行情况自查报告》(巩政发〔2020〕125号)

《关于巩留县实施城镇规划2020年度第四批次建设用地的请示》(巩政发〔2020〕126号)

《关于审核巩留县永久基本农田整改补划方案(自然保护地)的请示》(巩政发〔2020〕127号)

《关于调整G578线K26+200平交路口设计图的请示》(巩政发〔2020〕128号)

《关于委托巩留县大库尔德宁景区特许经营权的批复》(巩政发〔2020〕129号)

《关于巩留县牛场国有耕地经营权委托文旅投公司经营的批复》(巩政发〔2020〕130号)

《关于调整水价的报告》(巩政发〔2020〕131号)

《关于巩留县2020年国家重点生态功能区转移支付资金使用计划的批复》(巩政发〔2020〕132号)

《关于G578线龙口至旱田段公路项目建设用地的请示》(巩政发〔2020〕134号)

《关于第四师S316线—73团—S242线公路工程建设用地的请示》(巩政发〔2020〕136号)

《关于巩留县东城区道路及道路绿化用地的批复》(巩政发〔2020〕139号)

《关于新疆伊犁河流域开发建设管理局恰甫其海水利枢纽二期工程、山口水库等4宗项目用地的批复》(巩政发〔2020〕141号)

《关于调整巩留县2020年预算方案的请示》(巩政发〔2020〕143号)

《关于巩留县耕地储备区提质改造项目实施计划的报告》(巩政发〔2020〕146号)

《关于将库尔乌泽克水电站产值、税收纳入巩留县统计范围的请示》(巩政发〔2020〕148号)

《关于对〈巩留县大吉尔格朗河、小吉尔格朗河岸线保护与利用规划〉的批复》(巩政发〔2020〕151号)

《关于G578取消收费事宜的请示》(巩政发〔2020〕154号)

《关于巩留县实施城镇规划2020年度第五批

次建设用地的请示》(巩政发〔2020〕157号)

《关于巩留县塔斯托别乡巴哈拜村扶贫项目用地的批复》(巩政发〔2020〕161号)

《关于巩留县森林消防大队新建综合楼项目用地的批复》(巩政发〔2020〕162号)

《关于巩留县阿克吐别克镇新建馕产业园项目用地的批复》(巩政发〔2020〕163号)

《关于巩留县吉尔格朗乡扶贫项目用地的批复》(巩政发〔2020〕165号)

《关于巩留县东买里镇红光村扶贫项目用地的批复》(巩政发〔2020〕166号)

《关于巩留县永亨养殖合作社设施农用地备案的批复》(巩政发〔2020〕168号)

《关于巩留县九溪康亿农业有限公司果蔬保鲜粮食仓储项目设施农用地备案的批复》(巩政发〔2020〕170号)

《关于将S242线K0+000-G578线K11+600段纳入省道242线的请示》(巩政发〔2020〕172号)

《关于巩留县东买里镇易地扶贫搬迁项目用地的批复》(巩政发〔2020〕173号)

《关于变更巩留县市场开发建设服务中心监管单位的批复》(巩政发〔2020〕177号)

《关于延期办理巩留县塔里木管护站建设项目审批手续的请示》(巩政发〔2020〕178号)

《关于发布巩留县2020年旧城区改建项目(七个片区)征收决定的批复》(巩政发〔2020〕181号)

【巩留县人民政府办公室文件(部分)】

《关于印发〈巩留县建档立卡贫困劳动力有组织转移就业奖励资金管理暂行办法〉的通知》(巩政办〔2020〕4号)

《关于印发〈巩留县2020年转移就业专项行动实施方案〉的通知》(巩政办〔2020〕5号)

《巩留县2020年农村安居工程建设实施方案》(巩政办〔2020〕6号)

《关于印发〈巩留县加快推进社会信用体系建设构建以信用为基础的新型监管机制的实施方案〉的通知》(巩政办〔2020〕8号)

《关于成立巩留县文物保护管理工作领导小组的通知》(巩政办〔2020〕9号)

《关于印发〈巩留县电子商务产业发展扶持政策(试行)〉的通知》(巩政办〔2020〕13号)

《关于印发〈巩留县2020年深化“放管服”改革暨推进“最多跑一次”改革工作要点〉的通知》(巩政办〔2020〕14号)

《关于印发〈巩留县贯彻落实《优化营商环境条例》工作方案〉的通知》(巩政办〔2020〕15号)

《关于印发〈巩留县2020年草原鼠虫害防治工作应急预案〉的通知》(巩政办〔2020〕17号)

《关于印发〈巩留县夏粮收购监督检查工作方案〉的通知》(巩政办〔2020〕18号)

《关于印发〈巩留县加快推进农村不动产权确权登记发证工作实施方案〉的通知》(巩政办〔2020〕21号)

《关于印发〈巩留县鼠疫防控工作方案〉的通知》(巩政办〔2020〕22号)

《关于印发〈巩留县2020年旧城区改建(城乡一体化)项目国有土地上房屋征收安置补偿方案〉的通知》(巩政办〔2020〕24号)

《关于印发〈巩留县2020年旧城区改建(城乡一体化)项目实施方案〉的通知》(巩政办〔2020〕25号)

《关于印发〈巩留县招商引资优惠政策(试行)〉的通知》(巩政办〔2020〕26号)

《关于印发〈巩留县进一步加快推进落实尘肺病防治攻坚行动实施方案〉的通知》(巩政办〔2020〕27号)

《关于印发〈巩留县2020年—2021年职业技能提升培训工作实施方案〉的通知》(巩政办〔2020〕30号)

《关于印发〈巩留县自然资源统一确权登记工作实施方案〉的通知》(巩政办〔2020〕31号)

《关于印发〈巩留县实体外贸出口企业奖励暂行办法〉的通知》(巩政办〔2020〕33号)

《关于调整巩留县安全生产委员会、减灾委员会、森林草原防灭火指挥部成员的通知》(巩政办

〔2020〕35号)

《关于印发〈巩留县推进5G网络建设发展实施方案〉的通知》(巩政办〔2020〕38号)

《关于印发〈巩留县建筑领域技术工种培训就业行动方案〉的通知》(巩政办〔2020〕39号)

《巩留县第一次全国自然灾害综合风险普查工作方案》(巩政办〔2020〕40号)

《关于印发〈巩留县房地产市场"一城一策"工作方案〉的通知》(巩政办〔2020〕41号)

《关于印发〈巩留县申报创建"中国气候宜居城市(县)"实施方案〉的通知》(巩政办〔2020〕42号)

政务服务

【行政审批服务】 2020年,巩留县政务服务中心搬迁至人社局大楼,有窗口40个,进驻服务中心部门25家,政务服务事项490项。统计局、应急管理局、商务工信局、财政局、烟草局为综合窗口进驻,中介公司2家进驻。全年政务服务大厅为企业和群众办事30589件,其中为企业办事13338件,为群众办事17251件,涉及金额8682.6万元。

【政府采购】 2020年,采购办完成政府集中采购项目17批次,采购金额2740.5万元,较财政预算资金2841.17万元,节约财政资金100.67万元,其中竞争性谈判采购项目15批次,财政预算价2572.25万元,中标价2497.5万元,节约财政资金74.75万元。邀请招标采购项目1批次,财政预算价149万元,中标价145万元,节约财政资金4万元。政采云平台累计注册供应商224家。累计审核政采云平台商品上架1万多个。

【电子政务】 2020年,巩留县门户网站主动公开各类信息617条,其中概况类信息更新29条、政务动态信息更新152条、目录信息更新436条。设置县长信箱,收到留言信息41条。

综合服务

【文秘工作】 2020年,巩留县人民政府办公室围绕县委、县政府的发展思路和中心工作,起草各类公文478份(巩政发154份、巩政办46份、领导讲话稿40份),参与编写各类汇报材料100多份,向领导和上级部门反映巩留县各项事业发展情况,参与巩留县两会和各类调研、政府会议90多次。向伊犁州人民政府网投稿211篇,采用105篇,上报政务信息43篇。做好人大代表建议、议案和政协委员提案的办理工作,办理人大代表提出的建议74件,政协委员提案90件,办结率100%。规范收发文登记、传阅、归档、立卷工作。全年筹备政府常务会议12次、党组会议15次、政府全体会议1次、各类专题会议20次。

【信息督查】 2020年,巩留县人民政府办公室收集、整理和反馈信息,综合分析全县各方面重要情况,上报政务信息392期,伊犁州采用59期。对中央、自治区、伊犁州和县委的决定、决议、重要工作部署贯彻落实情况开展督促检查及领导批示件、交办件的催办落实,下发《关于上报〈巩留县政府工作报告〉中100项重点工作推进情况的督查通知》。重点对城乡居民基本养老保险、城乡居民基本医疗保险、贫困人员参加城乡居民基本养老保险征缴情况及ETC办理工作开展专项督查,并通报督查情况,形成督查反馈3期。

【外事工作】 2020年,巩留县人民政府办公室加强到巩留的外国人依法依规管理。开展集中下乡宣传活动10次,大厅宣传讲解5次,发放宣传手册200份、宣传单1500份,张贴海报15份,利用出入境自助受理终端办理照相10人,通过互联网预约、预受办事平台为3人办理业务,为4名外国人员办理出入境证件,运用微信支付811人,开通延时服务受理100多人。

【扶贫工作】 2020年，巩留县建档立卡贫困人口3805户13674人脱贫，10个自治区级贫困村全部退出，中央、自治区、县级共投入资金28163万元，贫困人口人均年收入稳定超过国家标准，不愁吃、不愁穿，教育、医疗、住房得到有效保障。完成中央巡视反馈、国家督查巡查、脱贫攻坚成效考核。大力发展哈萨克羊、拉克绒山羊、新疆褐牛等特色养殖业，发展马琳、富芎、黑加仑等特色种植业和庭院经济，带动4239名贫困户实现稳定增收。累计转移就业贫困人口6044人次；发放一次性创业补助137.44万元，鼓励支持109名贫困人口自主创业就业；完成易地扶贫搬迁159户597人；累计发放草原禁牧、草畜平衡奖补资金317.44万元，512户牧民受益；优先选聘48名贫困人口为生态护林员，年人均收入2.28万元；对符合条件的4250名贫困人口提供兜底保障。

【信访工作】 2020年，巩留县群众上访反映的诉求主要集中在建筑领域、三农领域、劳动和社会保障、优抚救济、涉法涉诉问题等方面。强化沟通协调，落实《信访工作联席会议制度》《巩留县党政领导接访制度》，成功化解各类信访矛盾纠纷330件514人次，化解率96%；办理网上信访案件248件，办结率100%。

【公共机构节能】 2020年，巩留县贯彻落实《公共机构节能条例》，加强节能工作管理与考核，健全节能工作相关制度，将节能工作纳入日常工作的督查事项以及全县绩效考核。按照自治区机关事务管理局印发的《节约型机关创建标准》，创建自治区级节约型机关2家、伊犁州级节约型机关11家，伊犁州级公共机构节能示范单位1家。完成全县134家行政、事业单位公共机构能耗资源统计申报工作，人均综合能耗同比下降2.6%，单位建筑面积能耗同比下降2.4%，人均用水下降2.8%。在全县范围内开展公共机构节能宣传周活动，受教育群众2000多人。（刘光耀）

中国人民政治协商会议巩留县委员会

【巩留县政协第十五届委员会领导】
党组书记：艾力木拉提·卡依力别克(哈萨克族，11月离任)、萨尔山·斯马义(哈萨克族，11月任职)
主席：塔西买买提·艾拜(维吾尔族)
副主席：艾力木拉提·卡依力别克(哈萨克族)、秦晓伟(3月离任)
常委：艾尼瓦尔·巴哈尔丁(维吾尔族)、艾提木哈买提·苏勒坦(哈萨克族)、张培兢、孙仁国、崔杰、闫小林、王永军、托依西别克·苏来曼(哈萨克族)、燕国华(回族)、木拉提·伊沙克(哈萨克族)、阿不都克依木·阿不来提(维吾尔族)、丁成才(回族)、孔坚坚(锡伯族)、阿斯亚·巴哈夏尔(女、哈萨克族)、阿曼泰·孜那里别克(哈萨克族)、赛力克·吐尔斯拜(哈萨克族)、哈丽达·哈布德热合曼(女、塔塔尔族)

【概况】 2020年，政协巩留县十五届委员会设主席1人、副主席4人、常委17人，委员127人。常务委员会内设工作机构4个，分别为办公室、经济委员会、提案委员会、民族宗教文史资料委员会。

【政协巩留县第十五届委员会第五次会议】 2020年1月11—13日，中国人民政治协商会议巩留县第十五届委员会第五次会议在县文化活动中心召开。大会应出席委员120人，实到112人，符合规定人数。县政协主席塔西买买提·艾拜代表十五届县政协常委会向大会报告工作。县委副书记、县长卓力得拜·吉尔哈力拜、县人大常委会主任萨尔山·斯马义等县四套班子领导，法检两院的领导和县政协离退休老领导代表，驻巩留县自治区、伊犁州政协委员以及各乡镇场、县直机关、垂管单位的负责人应邀列席会议。会议选举刘辉、艾尼沙尔·塔西、阿迪力江·阿不力孜为政协巩留县第十五届委员会常务委员会委员。会议由县政协党组书记、副主席艾力木拉提·卡依力别克主持。

【巩留县政协常委会会议】 2020年1月8日，政协巩留县第十五届委员会召开第16次常委会。会议审议通过县政协十五届委员会常委会工作报告(草案)、县政协十五届委员会常委会提案工作情况报告(草案)、会议议程、秘书长、副秘书长、提案审查委员会主任、委员名单、日程和委员分组讨论名单(草案)。会议由县政协党组副书记、主席塔西买买提·艾拜主持会议。1月11日，政协巩留县第十五届委员会召开第17次常委会。听取县委关于政协巩留县第十五届委员会常务委员会补选常务委员的说明，审议政协巩留县第十五届委员会常务委员会补选委员候选人建议名单(草案)、选举办法(草案)。会议由县政协党组副书记、主席塔西买买提·艾拜主持会议。1月13日，政协巩留县第十五届委员会召开第18次常委会。会议审议通过政协巩留县第十五届委员会常务委员会委员候选人名单(草案)、政协巩留县第十五委员会第五次会议选举办法(草案)；通过政协巩留县第十五届委员会第五次会议总监票人、监票人名单(草案)、提案审查情况的报告(草案)、常务委员会工作报告的决议(草案)和政治决议(草案)。会议由县政协党组副书记、主席塔西买买提·艾拜主持会议。9月30日，政协巩留县第十五届委员会召开第19次常委会。传达学习伊犁州党委贯彻落实自治区党委《关于新时代加强和改进人民政协工作的实施意见》的通知和伊犁州政协十三届四次会议精神；协商讨论通过《巩留县旅游业发展情况调研报告》《巩留县脱贫攻坚调研报告》。会议由县政协党组书记、副主席艾力木拉提·卡依力别克主持。

【巩留县政协党组会议】 2020年4月7日，巩留县政协党组召开第3次（扩大）会议，会议审议通过《巩留县政协2020年工作要点》、县政协作风整治专项行动领导小组成员名单；审议人事任免事宜和干部退休事宜。县政协党组副书记、主席塔西买买提·艾拜、党组成员李可、努尔泰·斯马胡力、封居涛、秦晓伟参加会议。会议由县政协党组书记、副主席艾力木拉提·卡依力别克主持。5月1日，中共巩留县政协党组召开第5次会议，会议围绕“学讲话、找不足、转作风、抓落实”主题召开专题研讨交流会。县政协党组副书记、主席塔西买买提·艾拜、党组成员李可、努尔泰·斯马胡力、封居涛、秦晓伟围绕会议主题做发言。会议由县政协党组书记、副主席艾力木拉提·卡依力别克主持。5月22日，中共巩留县政协党组召开脱贫攻坚专项巡视“回头看”反馈问题整改专题民主生活会。县政协党组书记、副主席艾力木拉提·卡依力别克、县政协党组副书记、主席塔西买买提·艾拜、党组成员李可、努尔泰·斯马胡力、封居涛、秦晓伟围绕民主生活会主题做发言。会议由县政协党组书记、副主席艾力木拉提·卡依力别克主持。7月6日，中共巩留县政协党组召开第8次（扩大）会议。会议审议贯彻落实伊犁州党委《关于新时代加强和改进人民政协工作的实施意见》责任分解方案和县政协第19次常委会相关事宜。县政协党组副书记、主席塔西买买提·艾拜、党组成员努尔泰·斯马胡力、封居涛参加会议。会议由县政协党组书记、副主席艾力木拉提·卡依力别克主持。12月8日，中共巩留县政协党组召开第12次（扩大）会议，审议通过《中共巩留县政协党组工作规则》《巩留县政协党组2020年落实全面从严治党主体责任清单》《巩留县政协党组书记及党组成员抓机关党支部建设责任清单》；审议县委政协工作会议议程及相关事宜。

【提案办理】 2020年，巩留县政协收到委员提案115件，审查立案105件，合并梳理提交政府有关部门承办76件。其中，农牧林水类19件，占总数的25%，主要涉及促进林果业发展、加大专业技术人员培训、抓好水利基础设施建设、修建牧道等；交通住建电力类19件，占总数的25%，主要涉及加大乡村公路维修和监管、解决校车、改善小区环境等；科教文卫类22件，占总数的29%，主要涉及幼儿园建设、加强职高师资队伍、医疗体制改革等；劳动人事类2件，占总数的3%，主要涉及企业职工再就业、妇女创业等；发展改革财经类4件，占5%，主要涉及城乡基础设施建设、环境卫生整治管理纳入财政预算等；其他类10件，占总数的13%；主要涉及食品安全、国家通用语言培训、脱贫攻坚、生态环保等方面。从办理情况看，76件提案全部办理完毕，答复率100%。所提出的提案得到解决的37件，占49%；正在解决的17件，占总数的22%；列入计划将逐步解决的20件，占总数的26%；所提提案不能解决的2件，占总数的3%。

（王鸿强）

中共巩留县纪律检查委员会
巩留县监察委员会

【中共巩留县纪律检查委员会、巩留县监察委员会负责人】

书记:玛丽娜·巴合达提(女,哈萨克族)

副书记:刘中华、尚海龙(回族)

纪委常委:高英芝(女)、李昕、吐尔逊·阿力别克(哈萨克族)、梁进进

监委委员:高英芝(女)、马海利、玉米提·肖开来提(维吾尔族)

【派驻机构】 2020年,巩留县纪委监委设6个派驻机构和县直属机关纪检监察工委,其中第一纪检监察组(党群)主要负责综合监督县委办公室、县人民代表大会委员会、中国人民政治协商会议巩留县委员会、组织部等15个单位及其下属事业单位,共有监察对象243人。第二纪检监察组(行政综合)主要负责综合监督人民政府办公室、民政局、人力资源和社会保障局等7个单位及其下属事业单位,共有监察对象197人。第三纪检监察组(科教文卫)主要负责综合监督教育局、文化体育广播电视和旅游局、卫生健康委员会等8个单位及其事业单位,共有监察对象456人。第四纪检监察组(工交财贸)主要负责综合监督发展和改革委员会、商务和工业信息化局、统计局、交通运输局等11个单位及其下属事业单位,共有监察对象208人。第五纪检监察组(农林水牧)主要负责综合监督农业农村局、林业和草原局、水利局等5个单位及其下属事业单位,共有监察对象232人。第六纪检监察组(政法)主要负责综合监督政法委员会、公安局、人民检察院、人民法院、司法局等9个单位及其下属事业单位,共有监察对象2152人。县直属机关纪检监察工委,主要负责审理县一级党和国家机关各部门查办的科级以下党员干部违纪案件;按照干部管理权限,依照党章和有关党内法规履行监督、执纪、问责职责,依照监察法和有关法律规定履行监督、调查、处置职责;审理县纪委监委派驻纪检监察组审查的党组织和党员违反党纪的案件、调查公职人员职务违法案件。

【党风廉政建设】 2020年,巩留县纪委监委开展约谈提醒46人次,查处"一把手"6人,监督完成婚丧喜庆事宜党员领导干部报备7人;压实全面从严治党主体责任,督促各级党组织规范运用"第一种形态"643人次,提出纪律检查建议和监察建议9份。开展任前廉政谈话和廉政测试47人次,党风廉政意见把关5803人次。

【案件查办】 2020年,巩留县纪委监委立案审查218件,结案245件,给予党纪政务处分240人。运用监督执纪四种形态处理457人次,其中第一种形态216人,占47.3%;第二种形态212人,占46.4%;第三种形态8人,占1.8%;第四种形态21人,占4.5%。

【纠正"四风四气"】 2020年,巩留县纪委监委查处违反中央八项规定精神问题7个,处理7人;给予党纪政务处分4人,组织处理3人。向全社会公布12388监督举报方式,采取疫情督查与"四风"检查融合,强化重要节点督查,查处形式主义、官僚主义问题61件75人,其中给予党纪政务处分50人,组织处理25人。及时纠正和制止"小微权力"

清单运行公开工作不规范、不及时、不完整等问题。

【巡察工作】 2020年，巩留县纪委监委紧盯党委（党组）履职尽责情况和群众反映强烈的突出问题开展常规巡察。完成对36个单位党组织巡察监督，发现问题1250条，提交巡察专报4期，向纪检监察部门移交线索58件，立案审查调查14人。做好巡察工作，紧盯时间节点跟踪督办，联动派驻纪检组、乡镇纪委、巡察办对本届县委已完成巡察的124个党组织开展回访督查，对反馈的807条问题逐条检查，压实整改责任。

【警示教育】 2020年，巩留县纪委监委扎实开展第22个党风廉政教育月活动，召开党员领导干部警示教育大会73场次，受教育9200多人；充分运用新建的廉政教育基地组织开展廉政教育22场次，受教育党员干部700多人；开展讲家风故事大赛2场次、倡导撰写廉洁家书300多份、发放干部作风口袋书900多份，组织领导干部家属座谈会、老干部座谈会70多场次，制作警示教育片1部、廉政小视频6条。

【队伍建设】 2020年，纪委监委举办大练兵及大培训30场，纪检业务知识竞赛6场，案例教学演练3次。开展向张富清、加思来提·麻合苏提、李淼等先进典型学习活动，督促各级党委（党组）开展学习70多场次。组织开展竞赛练兵活动，全部为乡镇纪检干部，组织开展全员竞赛练兵测试256人次，选派干部到伊犁州跟班调训2人次，加强对干部队伍的优化整合，将7名优秀干部从派驻调整到机关。

（刘英）

群众团体

县总工会

【基层工会建设】 2020年,全县有基层工会179家,较2019年增加2%。从组织类型来看,单独基层工会168家,联合基层工会12家;从单位类别来看,行政单位40家、事业单位62家、国有企业6家、集体企业2家、其他有限责任公司7家、私营企业45家,个体经济组织7家、股份合作企业2家、其他股份有限公司2家、股份有限公司中的国有控股公司1家,国有独资5家;在全部基层工会中,拥有职工19126人,工会会员19093人。新组建基层工会6家(巩留县快递公司联合工会、伊犁云岫房地产开发有限公司工会、伊犁鑫运达农业发展有限公司工会、巩留县众康医用材料有限公司工会、巩留县物流产业工会、南疆转移务工人员工会),新增会员403人,其中农民工308人。

【文体活动】 2020年,巩留县总工会围绕“中国梦·劳动美·跟党走”主题,开展职工文化体育活动,举办“中国梦文化进万家”阿肯阿依特斯线上比赛活动。协助宣传部承办“蝶城印象·我眼中的脱贫攻坚”主题文艺作品征集活动。

【帮扶慰问】 2020年,巩留县总工会规范完善系统档案,规范注销、解困、脱困程序,年初全县在档困难职工28户,年末在档困难职工6户,注销22户困难职工。完成脱困、解困计划的80%。完成全国总工会、自治区总工会对巩留县城市困难职工解困、脱困第三方评估工作,评估达到A级。全年开展生活帮扶28户,帮扶金额258744元;金秋助学困难职工5户,助学资金21660元。全年筹集64.32万元资金慰问公安干警、医护人员、乡镇一线职工等。

【劳动者服务站建设】 2020年,巩留县总工会建设户外劳动者服务站4家(其中创建伊犁州级“户外劳动者服务站”2家)。为全县城管、环卫、园林绿化等广大户外劳动者提供就餐、饮水、休息的场所。县总工会为4家户外劳动者服务站发放补助金2400元。

【关心关爱女职工】 2020年,巩留县总工会创建伊犁州级女职工休息哺乳室2家(巩留县城南中学、巩留县第二幼儿园)。伊犁州总工会为2家女职工休息哺乳室下拨补助金2万元。

【维权活动】 2020年,巩留县总工会为全县建会生产的30家企业发出要约书30份,签订工资协议合同书30份,签订率100%,通过县劳动部门的审查,覆盖职工2128人。

【品牌创建活动】 2020年,巩留县总工会创建县级模范职工之家2个、创建伊犁州级模范职工之家1个;新建厂务公开民主管理示范企业1个、创建伊犁州级厂务公开民主管理示范企业1个;新建县级职工书屋2个、创建伊犁州级职工书屋2个;新建劳动关系和谐企业2个;创建伊犁州级工人先锋号1个。被评为县级工会创建品牌的每个品牌补助5000元。

【劳模关爱】 2020年,巩留县总工会为12名自治区级劳模发放“三金”1.9万元。全年获自治区级劳模1人、获伊犁州级劳模6人。

【表彰奖励】 2020年，巩留县总工会表彰先进基层工会组织8个、优秀工会工作者5人、工人先锋号2个、五一文明岗12个、生产标兵12人、三好职工10人、五一巾帼标兵14人、五一巾帼标兵岗5个、民族团结一家亲“最亲对子”干部19人。

（邢瑞婷）

共青团巩留县委员会

【基层组织】 2020年，巩留县有基层团组织311个，其中团委24个、团工委1个、团总支9个、团支部277个，各类共青团员5672人（其中学生团员2225人，占39.23%；农牧民团员2925人，占51.57%；机关事业单位团员469人，占8.27%；非公组织团员53人，占0.93%）。县团委下设县少工委，有学校少工委30个，少先队大队30个，中队644个，有少先队员26635人。

【换届选举】 2020年10月24日，巩留县召开中国共产主义青年团巩留县第十一次换届选举代表大会。选举产生常务委员7人、书记1人、副书记1人，田永春任共青团巩留县委员会书记，玛丽娜·道利空任共青团巩留县委员会副书记；县委组织部任命兼职副书记田彩霞、挂职副书记骆传彤。

【共青团建设】 2020年，县团委开展团干部“岗位大练兵”。组织各级团组织负责人开展团务知识测试、讲一堂团课、做一次调研报告，做到团务工作底数清、情况明。举办各级团组织负责人封闭式培训班1期，提升团干部的综合素质。全县推选自治区、伊犁州级和县级“两红两优”，树立先进典型榜样，为广大团员青年营造学先进、比先进、争先进的良好氛围。促进部门协作，成立教育团工委，表彰一批优秀少先队辅导员、优秀少先队员和民族团结好少年。全年有855名青年光荣入团，为团组织提供新鲜血液。组织全县29所小学少先队大队辅导员集中培训，提升专业知识技能、沟通、辅导能力，表彰表现优异的少先队辅导员。

【志愿者服务活动】 2020年，县团委组织各乡镇、片区青年志愿者服务队代表、爱心公益团队代表、优秀创业青年代表、西部计划大学生志愿者成立青年创业联盟、青年志愿者联盟，制定《巩留县青年志愿者联盟章程》《巩留县青年创业联盟章程》，组建助力脱贫攻坚青年突击队12支，深入包联村队组团式开展发展庭院经济、助力春耕秋收等志愿服务活动40场次。对接招募大学生志愿者25名优先安排在经济口、扶贫、三农等岗位帮助工作。启动2期“百人见习”活动，收集46个岗位需求，推荐30多名大学生到各单位实习锻炼，服务大学生成长需求，把返乡大学生凝聚在各级党组织周围。

【关爱儿童】 2020年，县团委组织开展共青团爱心生日会活动128场次，覆盖留守儿童520人，参与青少年1434人次。以过集体生日的方式，赠送蛋糕、温暖包价值44880万元，为156名儿童赠送壹基金温暖包价值5.5万元。融入爱国主义、民族团结和感恩意识教育，把党和政府的关怀送到孩子们身边。

【思想政治引领】 2020年，县团委组织动员全县团员参与青年大学习网上主题团课30期，5672名团员参与学习，参学率100%；开展“算清两笔账、感恩共产党”、“绽放疫战青春·坚定制度自信”，学习党的第十九届五中全会、第三次中央新疆工作座谈会精神等主题鲜明的专项教育活动，在中小学开展“2035建设祖国有我们”征文比赛、“童绘新疆，我眼中的2035”手抄报比赛，展现当代青少年的爱国情怀。

【开展疫情防控】 2020年，县团委疫情防控期间积极响应新疆青基会“抗击疫情，青年先行”公益募捐活动。为新疆维吾尔自治区青少年基金会捐款24997.2元,17个团组织578名团员参与捐款。新冠疫情期间,全县各级团组织动员团干部、团员青年投身疫情防控一线,启动青年志愿者协助党组织开展村队、社区人员筛查摸底、政策宣传、科学普及、疫情监测、排查预警、扶危济困等志愿服务工作。

【助力脱贫攻坚】 2020年,县团委召开巩留县第一次"青春助力脱贫攻坚"青年联席会议,全县12个乡镇(片区),21个成员单位团委负责人参会。与扶贫办对接,掌握未稳定就业青年186人,为乡镇村社区建立专门台账,了解就业意愿,推荐就业信息岗位,培训就业技能,建立微信服务群。全年除25名青年因家庭情况未外出就业,其他青年全部实现就业。县团委党员干部分别到包联帮扶村走访慰问5户扶贫户,送去价值3000元的慰问品。争取"国酒茅台·国之栋梁"等各类公益助学金2.5万元,帮助5名贫困学生圆梦大学;青春助力消费扶贫工作,全年线上出售苹果、南瓜、核桃等农副产品3000多元。 (加依娜·赛拉吾别克)

县妇女联合会

【妇联基层组织建设】 2020年,巩留县妇联大力推进基层妇联亮牌服务,亮妇联标识、亮组织架构、亮工作职责、亮执委身份、亮活动内容,使基层妇联组织和妇联工作在妇女群众身边常态化,推进机关、乡镇(场)、村队(社区)妇联组织建设。发挥妇女之家阵地作用,增强妇女之家服务功能,创建州级妇女之家3个、县级妇女之家35个。妇联召开党员大会推选阿依布·唐加热克为党支部副书记。

【妇女参政】 2020年,巩留县有妇女95250人。全县有县级女人大代表43人,占代表总数的27.39%;有县级女政协委员27人,占委员总数的21.26%;县四套班子中有2名副县级以上女干部,乡镇党委领导班子中配有女干部的班子比例由2010年的50%增至87.5%,乡镇政府领导班子配有女干部的班子比例为37.5%,乡(科)级担任正职的女干部比例为14.85%,县政府工作部门领导班子配有女干部的比例为29.16%。

【妇女培训】 2020年,巩留县妇联举办乡镇村(社区)妇联主席培训班,培训78人。举办脱贫攻坚巾帼大宣讲骨干培训班1期,培训建档立卡贫困妇女40人。

【最美家庭活动】 2020年,巩留县妇联举行纪念"5·15"国际家庭日暨表彰抗击疫情最美家庭活动,评选出县级抗击疫情最美家庭15户,推荐上报伊犁州级3户,2户被评为伊犁州级抗击疫情最美家庭。

【巾帼爱心温暖行动】 2020年,巩留县妇联联合中华联合财产保险公司为全县10个贫困村的1500名贫困妇女家庭购买三癌保险,投入资金5.4万元。开展妇女惠民政策新一轮农村贫困母亲两癌申报摸排工作,两癌救助贫困妇女34人,完成九九公益金募集3000元。在包联村、包村定点扶贫村开展"武警春蕾计划"项目摸排工作,有3名女童得到救助。开展"音乐种子"助学行动,有20名学生得到救助。开展"巾帼暖心圆梦大学"活动,为20名贫困大学生发放助学金4万元。为伊犁州妇联推荐5名建档立卡贫困女大学生。

【两纲工作】 2020年,巩留县召开妇女儿童工作会议暨"两纲"达标推进会议。为贯彻落实《新疆维吾尔自治区妇女发展纲要(2011—2020年)》《新疆维吾尔自治区儿童发展纲要(2011—2020年)》全面达标验收攻坚之年任务,各成员单位聚焦妇女儿童工作,围绕"两纲"目标任务和指标体系,抓好"两纲"达标落实。12月,自治区妇联举办1期全疆妇联系统县级以上干部暨基层妇联组织成员视频示范培训班，“两纲”成员单位37人参会，各乡镇妇联主席12人参会。全年申报18名贫困妇女。开展“爱心一元捐”资金募捐活动，募捐资金7.2万元。

【妇女儿童维权】 2020年，巩留县妇联依托巩留女声微信等平台，开展反家庭暴力法、美丽庭院建设等各类宣传256场次。县妇联、县法院联合举行巩留县“家事审判法庭”揭牌仪式，帮助妇女儿童维权12人。

【对口支援】 2020年，巩留县妇联接收张家港市妇联爱心礼包150箱，价值10万元。全县有1500名中小学生领到爱心礼包。

【创业项目】 2020年，巩留县妇联开展“三八”网上招聘妇女人才宣传，开展“互联网+”就业创业服务宣传，争取自治区“巾帼创业基地”项目1个创业资金5万元。实施“爱心一元捐”项目，为全县13名创业妇女每人发放1000元创业资金，共1.3万元。

【疫情防控】 2020年，县妇联干部按照县疫情指挥部要求积极下沉至村队、小区，组建党员突击队和志愿者服务队，协助社区、村队做好疫情防控知识宣传、物资配送、解决困难群众、弱势群体诉求和生活困难等工作。全县各级妇联干部、妇联执委、三八红旗手、最美家庭、巾帼志愿者、爱心妈妈等力量，开展爱心服务活动210场次，捐款捐物65838元，其中县妇联机关干部捐款5600元。各级妇联组织通过网上、线下对抗疫一线的医护工作人员和特殊的困难群体等给予思想关爱和物质帮扶，慰问医护人员物品，价值5000元。 （田莉）

科　协

【科技之冬活动】 2020年，巩留县科协举办各类实用技术培训班32期，培训1875人次；政策法规类培训班65期，培训3250人次。发放科技书刊3000多册，实用技术资料1500册，宣传资料1.2万份，宣传挂图1万多份。

【科技之夏活动】 县科协组织开展第21届科技之夏活动，组织下乡3场次，举办各类实用技术培训班32期，培训农牧民和基层党员干部6200人次。播放电教片21场次，发放科普宣传资料2000份。

【科普e站项目】 2020年，巩留县科协建设“科普中国·新疆”e站82个，其中乡村e站45个、学校e站32个、社区e站5个。通过线上线下相结合的方式为公众提供科普信息化服务，面向周围各单位、村队、学校、社区开展一系列活动。

【全国科普日活动】 2020年，巩留县科协通过举办科普讲座、电子滚动显示屏、设置咨询台解答居民疑问、在辖区内悬挂标语、设立科普宣传牌、发放宣传页、发放科普资料和科普志愿者在行动等多种形式，开展一系列科普日活动。

【科技周活动】 2020年5月，巩留县科协在全县范围内开展科技活动周系列活动。通过下乡进行集中宣传，举办校园科技节、专家讲座、现场科技实验技术培训、座谈会等形式多样的活动，弘扬科学精神、普及科学知识，提高全县人民的科技意识和科学素养。全县悬挂宣传标语20多幅，发放宣传品7000份。

【青少年科技活动】 2020年，巩留县科协与县教育局对接，举办中小学生青少年科技节活动，邀请伊犁州科协开展科普大篷车进校园活动。共举办校园科技节活动3场次，向3000多名师生现场展出多种科普仪器，涉及物理学、光学、数学、电磁技术等多门学科知识，组织学生观看3D安全知识讲座。

【科普资源共享】 2020年，巩留县科协向自治区科协申请免费挂图2万份，向伊犁州科协申报免费科普资料1万册。县科协订购农业种植、畜牧业养殖、特色种植、大棚蔬菜等科普资料及宣传品5万多册(份),全部向农牧民免费发放。

【科技助力扶贫】 2020年,巩留县科协带领科技人员到农牧区为贫困户进行种植、养殖技术指导3场(次),免费为贫困户提供种植、养殖科普资料1000多份,每名干部为扶贫户捐款600元。 (李圣铜)

工商业联合会

【概况】 巩留县有民营企业527户,“小个专”6826个;党员152名,其中私营企业87名、“小个专”65名;建立党组织11个,其中单独党组织8个、联合党组织3个。全县有社会组织363个,其中社会团体15个、城乡社区合作社348个。

【会员发展】 2020年,巩留县工商联吸收小微企业和个体工商户入会,发展高成长性、高新技术、战略性新兴产业企业会员,吸收行业协会、商会等社团作为团体会员加入工商联组织。全县有会员117人。

【扶贫帮困】 2020年,巩留县工商联发挥民营经济在防范化解重大风险、精准脱贫、污染防治三大攻坚战中的作用。继续开展“百企帮百村”精准扶贫,组织10多家非公企业参与14个村贫困户结对共建、精准扶贫,帮扶206户737人;产业帮扶8.47万元;就业帮扶120人56万元;公益帮扶456人60.3万元,受到社会好评。全县有4家企业录入全国工商联“万企帮万村”台账。 (刘丽娟)

残疾人联合会

【残疾人康复】 2020年,巩留县残联累计投入康复资金74.05万元,为786名残疾人提供康复服务。其中,投入项目资金8.82万元,对98名精神残疾人进行服药治疗;投入项目资金37.4万元,为48名0~6岁的脑瘫残疾儿童进行康复训练;投入项目资金9万元,使30名肢体残疾人在县中医医院康复科接受康复治疗及康复训练;投入项目资金8万元,为40名听力残疾人安装助听器;投入项目资金10.08万元,在县妇幼保健院为570名贫困残疾人提供基本康复服务;为518名残疾人发放辅助器具。完成精准康复系统录入工作,完成康复服务率95.1%,辅助器具服务率98.1%,全面完成上级安排的康复任务。

【教育就业培训】 2020年,巩留县有残疾儿童适龄人口286人,在校202人,未入学84人(失能儿童)、入学率70.6%。全年资助贫困残疾大学生15人次,发放资金49500元;新录取残疾大学生5人,儿童彩票公益基金补助2人6000元,3名残疾学生被省特教中专学校录取;全县安置残疾人75人,集中就业11人、个体就业58人、社区工作者10人、农村种植养殖就业70人、公益性岗位安置50人。全县应届毕业残疾大学生10人,就业9人,读研1人。征收残疾人就业保障金4348429.38元。举办农村实用技术培训班1期,培训残疾人80人,投入培训资金4万元。

【社会保障】 2020年,巩留县残联发放残疾人“二项补贴”资金5434480元,42148人次;将509名重度无业的残疾人按“单人户”纳入低保、做到应保尽保;疫情防控期间,临时救助1029人,帮扶资金542702.5元;投入资金11685元,为95名残疾人工作者发放“大礼包”,协调落实乡镇残联专干、专委配备和相关待遇。全县配备残联专干、专委82名。组织脱贫攻坚、惠残项目和系统录入业务培训班2场次,培训乡镇、片区党工委主管领导、残联干事及残疾人专职委员90多人次,投入资金1.2万元。为残疾人个体工商户发放扶持资金79.02万元,同时为73户残疾人工商户发放租房补贴3.65万元。

【残疾人维权】 2020年，巩留县残联规范办证流程，严格办证标准，为3967名残疾人办理第三代残疾人证，为171人办新证。新录入动态更新残疾人4848人，完成率100%；做好残疾人信访工作，全年受理来信来访211人次，按规定予以答复办理。

【爱心帮扶】 2020年，县残联争取张家港市援疆办资金10万元，慰问巩留县特困残疾人家庭100户；开展特殊困难残疾人家庭走访探视活动，走访特殊困难残疾人1420人次，救助款物价值121118元。解决结对子贫困残疾人冬季取暖问题，资助资金2000元。（申文强）

红十字会

【基层组织建设】 2018年1月1日，巩留县红十字会党支部成立。2020年，团体会员13个，基层会员单位57个，会员1597人，建会率56%。

【人道救助】 2020年，巩留县红十字会重大疾病救助59人，救助资金23.7万元，争取张家港重阳节关爱基金5万元，慰问全县75岁以上老人100人。开展博爱送万家活动，为全县20户困难家庭发放物资价值2430元。

【救灾备灾】 2020年，巩留县红十字会储备救灾帐篷46顶，疫情防控分配至各点位33顶、库存13顶，棉被100床、鞋10双、帽子100顶。伊犁州红十字会捐赠玻璃杯10箱。

【红十字会基金项目】 2020年，新疆心脑血管医院的专家在巩留县妇幼保健院开展先天性心脏病患儿筛查。筛查东五县0~16周岁患儿54人，符合手术8人。4人到乌鲁木齐新疆心脑血管医院医治，得到中国基金会爱佑基金项目7.05万元资助。为2名白血病患儿申请“小天使基金”项目救助，为2名唇腭裂患儿申报“嫣然天使基金”项目救助。

【应急救护培训】 2020年，巩留县举办1期应急救护知识培训，培训83人。

【献血与造血干细胞捐献】 2020年，巩留县红十字会开展造血干细胞培训宣传2场次；完成14名造血干细胞志愿者招募和血样采集工作，回访97名入库志愿者登记工作。

【博爱周活动】 2020年，巩留县红十字会举办“5·8”博爱周系列活动。组织全县红十字专兼职工作者、会员、志愿者等50多人参与防灾减灾培训。在微信群里要求机关党员参加网上竞答，组织30个党支部的300名党员参加红十字会网上竞答活动，订阅《中国红十字报》特刊200份。

【疫情防控捐赠】 2020年，巩留县红十字会依法依规接收社会各界爱心企业、爱心人士捐款捐物，其中捐款101笔，资金为127.21万元，接收爱心物资总价值212.39万元，捐赠的资金用于购买疫情防护用品，捐赠的物资及时发放到疫情防控一线，捐赠收支明细在县媒体平台公示，接受社会各界和媒体监督。（闫昐）

法 治

政法委

【严打攻坚】 2020年,巩留县委政法委按照网上网下相结合、科技人力相结合的工作措施,及时获取有价值情报信息。坚持县、乡、村周研判会商机制,召开周研判会44期,共搜集情报信息1325条,其中有价值信息220条。定期组织公、检、法召开案件联席会,对已掌握在手案件进行集体会商研究,确保依法打击、精准打击。

【社会面防控】 2020年,巩留县委政法委突出"两站+三警"联勤联动机制,实行县城"扁平化、可视化"二级指挥,加强重点单位、人员密集场所管控,检查党政机关、加油(气)站、学校、医院、供水、供电、通信、车站、大型商场、超市等重点要害部位"三防"设施、保安配备等情况593家次,下发整改通知书197份。强化行业场所管理,检查旅馆421家次、机动车修理企业162家次、物流寄递业236家次、歌舞厅及足疗按摩32家次、废旧收购站61家次,下发整改通知书103份。强化危爆物品的管理,明确各职能部门监管责任,完善各环节安全管理措施,全力堵塞管理漏洞,检查加油(气)站163家次,涉爆单位83家次;加强烟花爆竹安全管理,严厉打击非法经营、储存和运输烟花爆竹行为,开展烟花爆竹安全检查25次。加强流动人口管理,严格落实"369"限时工作法、流动人口登记管理制度,县、乡、村新成立三级流动人口管理办公室97个,调整充实流动人口管理办公室工作人员236人,做到流动人口底数清,情况明。

【扫黑除恶专项斗争】 2020年,巩留县委政法委建立完善县级扫黑除恶专项斗争长效常治工作机制17个,为扫黑除恶专项斗争工作提供制度保障。落实扫黑除恶专项斗争"四个一"工作机制,每月组织开展一次扫黑除恶相关内容集中学习,定期组织召开扫黑除恶专项斗争联席会议,每月组织开展一次宣传活动,持续提升扫黑除恶专项斗争知晓率,每月开展一次线索摸排和集中整治,梳理本辖区各行业、各领域线索情况。开展线索清仓行动,受理线索108条,全部办结。开展案件清结行动,打掉恶势力犯罪集团、恶势力犯罪团伙案件5起41人,已办结。开展伞网清除行动,打掉保护伞3人,追究主体责任和监管责任12人。开展黑财清底行动,罚金总额57.5万元,累计执行到位34.78万元。开展行业清源行动,定期开展十大重点行业乱象整治,查获非法营运车辆14辆,行政处罚12.4万元;查处工程建设领域安全问题34处,整改34处;查处市场经营类违法案件1起,罚没0.5万元;查处破坏文物案件1起,立案1起;查处未取得印刷经营许可证1家,罚没1万元;查处卫生监督领域违法行为5起,罚没9.97万元。

【禁毒、反邪教工作】 2020年,巩留县委政法委加强易制毒化学品管理工作,全县纳入易制毒化学品信息系统管理的企业有6家,通过易制毒化学品管理网上办证系统,审核发放各类易制毒化学品备案证明6份。对全县6家生产企业信息进行全面采集,并指导、督促涉易制毒化学品企业或单位建立健全信息员、联络员制度和内部管理机制。制定2020年青少年毒品预防教育规划达标考核标准,组织做好青少年毒品预防教育工作。加强社区戒毒、社区康复"8·31"工程工作,按照每30名在册吸毒人员配备1名专职工作人员的要求，组织康复站制作组织架构、网格图，落实对吸毒人员的查处管理措施，建立完善吸毒人员肇事肇祸应急处置机制，对通过社区戒毒难以戒除毒瘾的人员，依法作出强制隔离戒毒决定。

【平安建设】 2020年，巩留县委政法委实施平安建设巩固、提升、示范、引领四项工程，深化和巩固平安建设成果。2020年全县平安单位创建率100%，创建平安家庭46840户，创建率96%，平安村队（社区）、平安校园、平安医院、平安宗教活动创建率100%。优秀平安家庭11352个，创建率24%，优秀平安村（社区）63个，创建率77%，群众参与率100%，知晓率、满意率、公众安全感均达95%以上。按照逐级创建要求，2020年申报自治区级优秀平安乡镇（塔斯托别乡、阿尕尔森镇）2个，伊犁州级优秀平安镇（阿克吐别克镇）1个。民调队对申报自治区、伊犁州优秀平安乡镇开展民意调查，社会总满意度测评为96%。

【县域社会治理现代化工作】 2020年，巩留县委政法委建立健全县域社会治理现代化领导机构，制定下发《关于推进巩留县县域社会治理现代化的实施意见（试行）》《巩留县开展县域社会治理现代化试点工作任务》《印发〈关于全面推进县域社会治理现代化建设平安巩留的实施方案〉的通知》，明确责任分工，细化任务分解，指定专人负责。召开县域治理现代化重点项目推进会，初步筛选40个重点项目，经会议讨论和实地查看，选出10个重点项目进行重点打造，分别是3个治理体制现代化重点项目、3个工作布局现代化项目、4个治理方式现代化项目。成立5个片区包联组，赴乡镇（片区）点对点蹲点指导，坚持问题导向，及时督促推进落实，推动县域社会治理现代化上新台阶。

【综治工作】 2020年，巩留县委政法委围绕“六个常态化”工作要求，强化落实工作的能力和效率，细化完善工作机制，查找问题隐患和短板不足，找出症结、精准施策，确保规范有序运行，各项工作有序开展。未发生重大保障事故。做好视联系统调度保障工作，保障疫情指挥部会议856场次、县级调度会314场次。落实9+X系统平台应用，综治组织及综合业务、社会治安管理、校园及周边、平安建设、实有人口、平安E家等子系统新增信息录入425624条，推送平安E家各类线索22063条。做好视频监控巡查工作，对全县8个乡镇、76个村（社区）综治中心进行升级改造，将原有电视替换为显示屏。

【团结关爱群体帮教】 2020年，巩留县委政法委制定下发《团结关爱家庭困难诉求收集解决（答复）操作办法》，落实县、乡、村“三级研判、上下联动、分级负责、限时办结”工作要求，收集解决各类群众困难诉求1626条。全县下沉住户干部25600人次，投入帮扶资金71.7万元，办实事好事3768件，开展各类宣讲27120场次，受众67614人次。提供300个公益性岗位分派给各乡镇（片区）团结关爱家庭中不方便就业的赡老扶幼人员，实现困难家庭成员就地、就近、就业；全县建设6个涉及足球生产、馕产业等内容的微型工厂、民生坊，解决就地就近就业难问题；实施团结关爱家庭子女就学“暖心”工程，梳理汇总全县团结关爱家庭中在疆内外大中专院校就学子女111人，按照每人3000元的标准，累计发放就学补助32.3万元。为460户困难家庭解决燃煤920吨。组织政法委干部，每日开展电话“走访”，实时了解村级工作开展情况，收集解决困难诉求13条。成立5个驻乡指导组和3个片区督导组，紧盯问题抓整改，落实问题诉求回访制度，促进问题解决形成“闭环”，做好政策答复和“暖心安抚”工作。（王勇）

公 安

【打击违法犯罪】 2020年，巩留县公安局加大对现行刑事案件和涉黑涉恶问题的打击力度。全年破案率71.9%;抓获各类犯罪嫌疑人314人,提请逮捕91起案61人,依法移送起诉258起案232人。打击非法集资、网络传销等各类群体性、涉众型经济犯罪。核查经侦云端推送的各类涉众型案件63起,其中组织领导传销28起,非法集资35起,均按照相关要求核查取证并将相关材料邮寄办案单位。根据推送线索破获1起组织领导传销活动案。严厉打击吸毒贩毒违法犯罪,侦破团伙贩卖毒品案2件,抓获犯罪嫌疑人11人。

【治安管理】 2020年,巩留县公安局受理治安案件281起,查处281起,查处率100%,查处违法成员196人,其中罚款115人、拘留72人、拘留并处罚款14人、警告5人。累计出动警力735人次,检查加油(气)站、学校、医院、供电、车站、大型商超等重点要害部位"三防"设施、保安配备等情况593家次,下发整改通知书325份;强化行业场所管理,检查宾馆及酒店776家次、机动车修理企业198家次、物流寄递业320家次、歌舞厅等娱乐场所110家次、废旧收购站36家次,保安服务企业24家次,清退不具备从业资格的保安员3人,下发整改通知书386份,责令停业整顿116家次。

【电信防诈骗网络宣传】 2020年,巩留县公安局加强涉网单位场所管理,落实措施,现场检查48次,累计现场整改11家;加强对全县网站和重要信息系统安检管理,下达整改通知书5份;加强网络安全宣传,提高全民网络安全意识。在人民广场张贴2条宣传横幅,摆放展板2块,散发宣传单2000多份,接受群众咨询260多次,在人员流动、车流量比较密集的5个便民警务站电子显示屏滚动播放"网络安全为人民,网络安全靠人民"宣传标语。开展防电信诈骗宣传教育900多场次,印制《谨防电信诈骗》张贴类宣传单6万份,散发类宣传单3万份。全体民辅警通过微信、QQ群等开展网络安全防范宣传,转发相关信息4900多条。

【巡防检查】 2020年,巩留县公安局优化勤务模式,依托"两站+三警",设置27个高峰岗执勤点,对重点时间段出行人员、车辆及携带的可疑物品进行盘查、检查,防范打击街面盗窃、吸毒、聚集打架等违法犯罪活动。检查车辆93.91万辆、人员143.05万人次,查获酒后驾车案件12起、盗窃现行5起、交通违法行为592起,查获管制刀具17把、违规携带汽油4起。每月开展一次联合联动处突合练,提高应对突发案事件的能力和水平,开展演练9767次,开展测警689次;落实疫情防控工作,巩留县公安局巡逻防控大队做好公共场所人员监督管理工作,增加显性用警,对人员聚集行为进行纠正、对行人不戴口罩进行宣传教育,对单位场所落实疫情防控措施情况进行检查。

【道路交通安全管理】 2020年,巩留县公安局通过分控中心视频巡查3万多次,生成各类预警车辆信息11670条,发布路况小视频6197条,检查各类车辆315万辆次,人员380万人次,查处交通违法行为32343起,联合运管部门、安监、交通等部门开展联合检查64次,查处酒后驾驶机动车121起,排查道路安全隐患337处,开展主题宣传活动182场次,印制并发放宣传材料13.69万份,联系县电视台随警报道7次,在各LED显示屏播放宣传片或者宣传字样230条,播放交通安全警示教育片168场次,在微信公众号"蝶城公安"等发布警示提示152条;公安局交通警察大队车辆管理所全年接待群众37522人次,其中办理机动车业务24671笔、驾驶证业务12851笔,开展车管下乡活动5次,接待群众2600多人,深入驾校监督检查85次,开展科目一考试96场次,安全文明驾驶考试96场次,开展审验教育及满分教育368场次,清理重点车辆逾期未检验512辆、清理逾期未报废车辆124辆,清理重点驾驶人逾期未审验437人、清理逾期未换证240人,清理驾驶人超分15人,重点车辆审验率、报废率,重点驾驶人换证率、审验率均达到99.5%以上。

【出入境管理】 2020年，巩留县公安局将办事大厅现有功能延伸到手机App，优化用户使用体验，推广使用多功能一体机等自助终端，为在线服务平台数据录入和信息公开工作提供技术保障。确保互联网预约、预受理办事平台，微信支付、国家移民管理局小程序与出入境自助照相受理终端等工作有序开展。通过面对面的宣传、发放告知单和媒体宣传等方式，在出境入境国门前的第一道关口就能接受正面思想宣传教育，让各族群众了解中央治疆方略以及出入境便民利民措施等，最大限度地满足便利快捷的出国(境)需求。

【户籍管理】 2020年，巩留县公安局办理出生申报业务1364笔，主项变更业务218笔。清理应销未销户口991笔，其中死亡注销959笔、服现役注销户口32笔。办理二代居民身份证13855张，为流动人口办理异地身份证210张；办理临时身份证429张；各警务室民警为辖区居民送证上门5289张。通过“新疆公安App”预约办理户籍业务1464人，其中死亡注销业务135笔、主项变更业务23笔、出生申报(婚生新生儿)520笔、市内迁移业务786笔。办理二代居民身份证693张。

【警务保障】 2020年，巩留县完成城镇派出所建设，建筑面积1600平方米，总投资356万元。完成东买里派出所建设，建筑面积800平方米，总投资178万元。完成对龙口检查站及巩留北检查站网架安装，总投资200万元。疫情防控关键时期，党员民辅警坚持全员在岗，1345人写下请战书，捐款60926元；做好安全保卫工作；为保障奋战在一线的民辅警配发医用一次性口罩54574只、防护服2021套、一次性手套9390双、消毒液1641升、酒精536升、额温枪166支、护目镜565副、脚套5100双、头套5100个、洗手液230瓶。储备一次性口罩11014只、防护服207套、一次性手套6600双、消毒液215升、酒精155升、额温枪16支、护目镜215副、脚套7900双、头套8500个、洗手液127瓶、呼吸套装24套。对在疫情防控工作中表现突出的70个集体、266名个人进行通报表扬。

【警务督察】 2020年，巩留县公安局围绕局党委中心工作和新冠肺炎疫情防控重大警务部署，社会大局稳定、疫情防控、社会面管控及安全生产、队伍稳定等工作落实情况共开展现场督察287次，出动督察警力184人次，出动车辆81车(次)，督导检查基层科、所、队394个(次)，督导检查公安检查站、便民警务站216个(次)，督察重点要害部位、人员密集场所135个(次)，发现各类问题、隐患97个(处)，现场督促整改37个(处)，提出督察建议39条，编发督察通报132期，通报处理民辅警295人次。开展网上督察114次，巡查基层单位(点位)13794个(次)，编发网上督察通报49期，督促整改问题91个，网上督察通报处理民辅警86人次，编发督察工作简报21期，其中被公安厅督察总队采用3期，督察支队采用20期；上报督察工作专报25期。

【法治建设】 2020年，巩留县公安局法制大队核查各类警情1968起，核查案件761起，发现问题31处。其中，未如实受立案1起，受案不及时20起，处罚裁量不准确13起。

(王丽)

检 察

【严打专项行动】 2020年，巩留县人民检察院深入开展严打专项行动，梳理提炼工作中形成的经验做法，探索建立打击、整治、服务、建设的长效机制，为实现长效常治提供优质检察保障。对已结案件进行“回头看”，促进重点行业领域整治，向相关部门发出检察建议4份，从源头上防止黑恶势力滋生蔓延。依法惩治侵害群众人身权财产权的多发犯罪，注重从源头上深挖发案原因，共制发各类检察建议78份。持续开展“法制进校园”巡讲活动，与县高级中学联合开展“模拟法庭”活动，受教育师生1万多人次。服务保障改善民生，针对疫情防控期间违规涨价，贩卖超期、变质食品等现象，巩留县人民检察院与县市场监督管理局等部门联合执法，重点对屠宰企业、食品加工企业、农贸市场、超市、路边店、蔬菜店等场所开展调查，共发现食品药品领域案件线索7件，立案6件；办理司法救助案件9件9人，累计发放司法救助资金6.4万元。

【公益诉讼】 2020年，巩留县人民检察院发挥公共利益代表者作用，开展公益诉讼专项活动。共发现公益诉讼案件线索82条，立案81件，下发检察建议81件，其中“四个最严”案件4件，“守护伊犁河流域专项行动”案件35件，国有资产流失案件7件，文物古迹保护14件；巩留县人民检察院立案调查的5起伊犁河流域破坏国家级公益林案，涉及面积近万亩，向相关单位下发要求限期整改的检察建议，被破坏公益林在逐渐恢复。

【法律监督】 2020年，巩留县人民检察院优化重组刑事检察办案机构，严格落实《伊犁州直检察机关关于降低“案—件比”的内控措施》，“案—件比”降至1∶1.63。严格把握捕、诉标准，坚持宽严相济，共不批准逮捕13人，决定不起诉29人。不断完善监督手段，实行专人专案，使立案监督案件在诉讼过程中做到“立案快、侦结快、判决快”，共办理立案监督案件22件，办理刑事审判监督案件1件，向审判机关发检察建议1份，并收到回复。以“更高质量更好效果地适用”为目标，确保认罪认罚从宽可用尽用，受理移送审查起诉案件审结442人，适用认罪认罚从宽制度434人，适用率98.19%。

【检察监督】 2020年，巩留县人民检察院做好刑事执行检察工作，共办理刑事执行活动违法案件5件、重大案件侦查终结前讯问合法性核查11件16人；核查财产案件9件；书面提出纠正意见9份；纠正判处实刑犯罪未执行刑罚102人。民事检察对民事审判中程序错误、适用法律错误等问题进行监督，办理民事案件审判程序中的违法行为监督案件24件，民事执行监督案件19件，农民工讨要工资支持起诉案件112件。行政检察加大行政非诉执行监督力度，规范行政执法工作，办理行政非诉执行案件20件，劳动争议实质性化解案件3件。在办理劳动争议实质性化解案件时与信访局和劳动监察大队对接，为117名工人解决工资及疫情防控期间生活费问题。（陈潇）

法　院

【刑事审判】 2020年，巩留县人民法院把扫黑除恶与依法严打紧密结合起来，严惩盗窃、故意伤害、以危险方法驾驶等各类危害人民群众生命财产安全犯罪。依法惩治职务犯罪，推进反腐败斗争；加强人权司法保障，推进以审判为中心的刑事诉讼制度改革，继续贯彻宽严相济的刑事政策，对情节轻微、社会危害不大的被告人依法从宽处理，判处拘役、管制或者缓刑等刑罚。全年受理各类刑事案件303件，审结302件，审结率99.67%。

【民事审判】 2020年，巩留县人民法院关注受疫情影响较大的生产销售、餐饮旅游、房屋租赁、劳动用工等民生领域的矛盾纠纷，前移审理关口，做好矛盾化解工作。慎重审理各类群体性纠纷，针对劳动争议、土地承包经营权、婚姻家庭和人身损害赔偿等案件，加大调解力度，受理各类民事案件2960件，审结2922件，结案率98.72%，其中调解率61.64%。受理非诉审查和司法辅助案件108件，审结率100%。开设涉企案件绿色通道，对涉企案件快立快审快执；以“金融纠纷调解中心+双绿色通道”为平台，有效化解涉金融企业的纠纷；实施法官联系企业定期开展送法活动，帮助企业解决暂时困难；设立两个旅游巡回法庭，妥善审理旅游纠纷。面对疫情的影响，为困难案件当事人减免诉讼费15万元。

【执行工作】 2020年，巩留县人民法院对有履行能力而拒不履行法定义务的被执行人和已查明的被执行人可供执行的财产，依法运用查封、冻结、扣押、划拨、搜查、拍卖、变卖等强制措施予以执行，保护当事人的合法权益。全年受理执行案件737件，执结721件，执结率97.83%，执结标的7092.77万元。

【审判管理】 2020年，巩留县人民法院严格按照案件审判流程管理规程对审判流程进行管理，加强对案件信息录入和审批节点的监督，健全审判、执行质效评估体系，利用审判信息管理系统对案件审理、执行的全过程进行动态监控，督促干警提高办案质效。

【司法公开】 2020年，巩留县人民法院依托“新疆移动微法院”加大跨域立案，网上立案共计2253件，借助“人民法院调解平台”开展音视频调解680件，通过“电子送达”平台送达案件9858次。建设3个高清科技法庭，着力提升审判质效；开展网络司法拍卖试点工作；实行案件审判、执行信息公开常态化，公开生效裁判文书4035件，庭审直播案件272件，提升司法透明度。（黄新珠）

司法行政

【司法行政规范】 2020年，巩留县司法局开展规范性文件审查、备案、规范性文件清理，行政执法案卷评查等工作。审查把关各项决策及文件10多项，审查合同36件，清理出继续有效的规范性文件45件、废止或失效的规范性文件29件，组织开展全县行政执法案卷评查1次。落实《关于全面推行行政执法公示制度执法全过程记录制度重大执法决定法制审核制度的指导意见》、实施行政应诉案件行政领导出庭制度，全年县政府收到行政应诉案件2件。

【法治宣传教育】 2020年，巩留县司法局利用“4·15”国家安全日、宪法宣传月等专项法治宣传活动，通过乡村大喇叭、警务站、警务室LED显示屏、微信公众号、主题班（队）会等方式，开展相关法律法规宣传工作，受教育群众20多万人次。组织全县6300名公职人员参加无纸化网络学法用法考试21267次。推动国家工作人员旁听庭审活动常态化制度化，组织县人大法工委等单位开展旁听庭审活动，落实谁执法谁普法责任制，组织相关单位围绕每月重点宣传日和宣传节点集中联合开展与群众生产生活密切相关的法律法规宣传13场次，接受群众咨询210人次，受教育群众1.2万人次。

【社区矫正与安置帮教】 2020年，巩留县司法局推进社区服刑人员刑罚执行一体化工作，落实思想教育、帮扶困难人员及外出请销假制度，防止脱管、漏管现象发生。对法院、检察院、公安局等委托的拟适用社区矫正案件，通过走访调查、查阅档案等方式依法进行社会风险调查评估，全年收到委托评估46件。协调推进在监矫正对象及其亲属的地监合作和双向转化工作。全年视频会见点累计完成在监矫正对象视频会见3701人次、会见家属11202人次，涉及12个监所。做好在监矫正对象亲属诉求答复工作，全年解决各类诉求41件。做好危安类刑满释放人员和重点刑满释放人员必接必送工作，确保无缝衔接。

【人民调解】 2020年，巩留县司法局把握新时代“枫桥经验”精神内涵，强化组织领导，健全组织体系，持续开展矛盾纠纷排查调处工作。对矛盾纠纷隐患进行排摸梳理并及时化解，对热点、重点、难点、疑难复杂案件进行细致分析、研究和总结。全县有人民调解委员会94个，聘任调解员318人，排查矛盾纠纷292件，调解成功291件，涉及金额208.73万元，调解成功率99%；落实调解案件补助3.53万元，调解员生活补助3.3万元。

【公共法律服务】 2020年，巩留县司法局完善公共法律服务平台功能建设，全县乡镇、片区党工委、村队(社区)公共法律服务站点达到全覆盖，组织法律顾问考核2次，发放法律顾问补助8.3万元。强化律师队伍教育管理，推动律师行业党建全覆盖。同时通过自查、外围调查等方式开展律师队伍违规兼职等行为专项清理活动，未发现律师违规兼职等行为。依托公共法律服务工作站(室)、法律援助工作站(联系点)等平台，为建档立卡贫困户、低保人员等帮扶对象提供法律援助服务，助力复工复产、决战脱贫攻坚，增强群众获得感。全年受理援助案件65件，接待法律咨询207人次，解答涉法问题71起，发放宣传资料300多份。加强公证队伍建设和提升公证人员政治、业务素质，强化公证档案规范化建设工作。

【助力疫情防控】 2020年，巩留县司法局在疫情防控期间及时召开会议，组织开展专项法治宣传，加强重点人群教育管控，严格落实县委部署，对办公场所、包联小区做好“4+1”件事及各项防疫措施落实到位，同时协助做好疫情防控相关法律知识宣传工作，及时提供法律咨询、法律服务，做好舆情管控。 (胡婷)

军　事

人民武装

【思想政治建设】 2020年，巩留县人民武装部深入学习贯彻习近平新时代中国特色社会主义思想和习近平强军思想，结合党委会、中心组、理论学习、政治教育加强工作研究，将军委决策部署落实到部队建设的每一个环节。围绕新形势下强军目标要求，紧贴官(民)兵使命任务统筹政治工作，将政治教育、党团活动、理论学习、周末学法相结合，创新教育方式方法，围绕教育主题开展讨论辨析，提升官兵的思想政治觉悟。

【战备训练】 2020年，巩留县人民武装部把战备训练作为中心工作，落实军分区军事训练指示，周密筹划、科学施训，不断增强军事训练的计划性，建立完善各类训练台账，规范战备训练秩序。争取专项拨款用于民兵训练，不断加大战备训练投入力度，购置办公电脑和硬盘，投入13.98万元购置头盔、警棍、盾牌，发放至各基层武装部，战备训练条件得到有效改善。

【民兵预备役建设】 2020年，巩留县人民武装部每周集中半天时间，采取专题辅导、业务培训、讨论交流等形式，向基层专武干部逐个介绍展示民兵整组程序，为12个乡镇、片区民兵应急排配备防暴器材物资。协调县征兵领导小组成员单位，参加上级征兵工作业务电视电话会议，协调县人民政府下发《关于调整成立巩留县征兵工作领导小组的通知》。协调县委宣传部、教育局等部门利用多种形式进行征兵宣传，取得较好效果。

【基础建设】 2020年，巩留县人民武装部整治改建营区环境，投入经费新建一体式车库、车场，重新铺设营区地坪，铺设塑胶篮球场，粉刷办公楼内外墙，更新改造营区营门围墙，对干部宿舍楼进行保温改造，购置食堂及办公楼净水设备，规范作战值班室和视频会议系统；注重营区绿化、美化，组织人员定期对营区草坪进行维护和修剪，使营区环境得到进一步美化。注重从思想上更新饮食保障思维和理念，广泛征求饮食保障意见建议，协调签订副食品供应协议，及时调整修订食谱，努力提高伙食质量；利用营区荒地种植十多种蔬菜，丰富官兵餐桌，节约伙食经费。严格车辆管理，落实保养、审批等制度，投入经费2.6万元维修保养车辆装备，配齐雪地轮胎及维修工具，规范车库、车场管理秩序，提升车辆保障水平。

【疫情防控】 2020年，巩留县人民武装部建立新冠疫情军地联管联控协作机制，及时传达和落实新冠肺炎疫情防控期间上级指示要求，积极推动疫情防控措施落到实处，投入3.8万元自主采购口罩、消毒剂、酒精等防疫物资，落实“消杀灭”等疫情防控措施；教育全体人员准确了解疫情信息，做好家属和周边群众的工作，切实做到不信谣、不传谣。结合“第32个爱国卫生月活动”，完善传染病防治方案，储备一定数量的药品和防护器材，定期进行营区消毒和病虫害防治，有效预防和控制各类传染疾病的发生，实现疫情零感染目标。

【脱贫攻坚】 2020年，巩留县人民武装部作为地方党委的军事部和政府的兵役局，各项工作、各项任务、各项建设都与地方党委政府有着密切关联，军地互相尊重、互相理解、互相支持、互相配合的局面逐步形成,人武工作站位逐步提升。坚持把双拥共建作为维护社会稳定、促进民族团结的大事来抓,坚决贯彻落实扶贫共建要求,部党委机关干部与吉尔格朗乡贫困户结对认亲,与驻村工作队一起扶贫帮困,研究制定共建措施,前往帮扶对象家中探望,送去米、面、油等生活用品和慰问金,密切军政、军民关系,树立人民子弟兵为人民的良好形象。

(谭畚昊)

武警巩留中队

【概况】 中国人民武警伊犁支队执勤四大队巩留中队(以下简称巩留中队)前身是中国人民武装警察部队巩留县中队,隶属中国人民武装警察部队伊犁哈萨克自治州支队。2018年1月,部队领导体制改革,改编为中国人民武装警察部队伊犁支队执勤四大队巩留中队。

【拥军爱民】 2020年,巩留中队为东买里镇4户困难家庭送去慰问金4000多元,选派6名官兵参加提尔曼社区春节联谊活动,配合县委做好育新路周边植树绿化工作。“八一”期间,巩留县四套班子领导、企事业单位、个体户到中队慰问官兵,并送去慰问品。巩留中队与县中医院开展联谊活动。

(池大伟)

经济监督与管理

宏观经济管理

【规划编制】 2020年,巩留县发改委起草《巩留县2019年国民经济和社会发展计划执行情况及2020年工作计划》,并经巩留县人大会议审议通过;出台《巩留县建设对外开放先导区工作方案》;推进《巩留县国民经济和社会发展第十四个五年规划》的编制工作,调整《巩留县2020年经济社会发展预期指标》,编制上报推进经济高质量发展研究报告、巩留县体育公园发展情况调研报告、巩留县“放管服”优化营商环境情况报告、巩留县畜牧业高质量发展报告、巩留县物流园区现状调查与分析报告等。

【项目计划】 2020年,巩留县发改委动态更新储备“十四五”中央支持新疆经济社会发展规划项目558项,项目计划总投资220.7亿元,申请中央预算内资金182.8亿元;规划援疆项目53项,总投资11亿元,申请援疆资金7.08亿元。

【资金落实】 2020年,巩留县发改委落实各类项目资金20.68亿元。其中,落实专项资金1.84亿元、中央预算内资金1.34亿元、专项债券资金3.1亿元、一般债券资金3亿元、抗疫国债资金1.15亿元、融资贷款资金8.5亿元、扶贫资金1.13亿元、援疆资金0.62亿元。

【项目申报】 2020年,巩留县发改委组织项目单位申报项目73个,总投资26.7亿元,其中中央预算内投资21.14亿元;申报第三批国家专项债券并通过国家反馈项目27个,总投资83.5亿元,申请专项债券资金64.5亿元;申报第四批政府专项债券项目经伊犁州发改委、伊犁州财政局锁定项目33个,总投资137亿元,申请专项债券资金109.4亿元。

【项目审批】 2020年,巩留县发改委完成项目审批备案项目55个,总投资19.3亿元。其中,审批37个,总投资9.9亿元;备案18个,总投资9.4亿元。完成项目招投标核准37个。

【项目建设】 2020年,巩留县实施项目77个,完工68个,完工率88.3%,完成固定资产投资15.33亿元,同比增长119.8%。

【价格管理】 2020年,巩留县发改委贯彻落实价格政策,加强降费政策宣传,将《伊犁州扶持中小微企业、个体工商户复工复产优惠措施》在巩留零距离、巩留电视台、巩留广播电台播报;对价格公示公告,在营业窗口张贴通知、通告,公示优惠政策及降价文件;阶段性落实降低天然气价政策,巩留县新捷加气站于3—6月,执行气价的优惠政策,将气价由每立方米3.40元下调至每立方米3.15元,每立方米气价下调0.25元,用气优惠额度32.47万元;阶段性落实降低电价政策,执行电价优惠政策的供电主体有两家,分别是国家电网巩留分公司和伊河电力公司。3—10月,优惠9206户,优惠电价107.30万元。加强市场价格监测工作,上报价格监测报表8篇,市场调研报告2篇。

【粮食监管】 2020年,巩留县发改委从粮食流通和粮食收购两个方面监管粮食市场,开展各类粮食监督检查44次、出动检查人员106人次、对17家粮食经营企业开展安全生产大检查,全县完成粮食收购1.6万吨,全县粮食收购企业腾仓并容6.1万吨。其中,国有粮食购销企业仓容4.1万吨,面粉加工企业仓容2万吨。宣传《粮食流通管理条例》,开展现场宣传、悬挂条幅12条、发放宣传册1500多份。

【煤炭监管】 2020年,巩留县发改委组织工作人员下煤矿检查28次,下井检查60多人次,下达整改指令书20份,帮助煤矿企业排查各类安全隐患160多处。完成2020年自治区去产能退出30万吨/年以下小煤矿1家,为巩留县提克阿热克煤矿(9万吨/年)。对关闭的煤矿主斜井、风井井口永久封闭,严禁擅自启封关闭井口开展违规生产活动。

【援疆项目】 2020年,张家港市对口支援巩留县项目计划21个,项目总投资31364.78万元,安排援助资金8638.08万元,其中固定资产投资类项目7个,开工7个项目;非固定资产类项目14个,开工14个项目;项目整体开工率为100%。到位援疆资金8326.13万元,其中拨付建设单位5194.379万元,4个项目完工。 (陈强)

市场监管

【市场监管】 2020年,巩留县市场监督管理局落实商事登记制度改革,优化服务。对全县837户企业、8962户个体工商户、290户农民专业合作社做好网上网下服务工作,全年受理外网全流程登记业务2134户,占登记业务的84.5%。通过直接核准制办理业务7558户。加强校园及周边食品安全监管,对全县87所学校(幼儿园)负责人、食品安全管理员、食堂从业人员开展两期食品安全培训,共出动执法人员120人次,检查学校(含幼儿园)220家次,检查学校周边食品经营户320家次,关停无证餐饮店18家,责令改正4家。加强食用农产品质量安全监管。检查各类食用农产品销售经营户104家次,提出整改意见建议15条。实施食品安全抽样检验,完成297批次食品抽检工作。开展药品、医疗器械、化妆品不良反应风险监测工作,累计上报药品不良反应报告195例、医疗器械不良事件92例、化妆品不良反应报告45例。换发药品经营许可证16家、医疗器械经营许可证4家、二类医疗器械备案24家。开展电梯安装隐患排查工作,对全县179台电梯开展安装隐患自查。开展危险化学品相关特种设备隐患大排查,共检查5家气瓶重装单位20台压力容器,下发监察指令书1份。开展旅游景区和游乐设施安全检查,检查观光车8台,发现一般隐患3条,整改3条。开展强制计量器具检定工作,对全县各个粮站、企业在用83台电子汽车衡进行全面检定,强制检定计量器具网上受理34家,公布检定结果96项,完成M1级40吨砝码、血压计智能检测装置、电子天平和精密压力表等到期计量器具的送检工作,取得四项计量标准考核证书和法定计量检定机构考核证书。完成15项119条双随机检查任务,公示率100%。全年立案19起,结案19起,罚没款入库38095元。

【消费者权益保护】 2020年,巩留县市场监督管理局积极做好消费者投诉、申诉、举报案件的受理工作,受理消费者投诉案件192起,处理192件,争议金额10.01万元,挽回经济损失6.05万元。受理举报案件33件,处理举报33件。

【扶贫帮困】 2020年,巩留县市场监督管理局扶持贫困户创业办理营业执照,鼓励其创业致富,为15户建档立卡贫困户办理营业执照。做好转移就业扶贫工作,动员新兴服务行业组织优先使用建档立卡贫困户,开发就业岗位11个37人,为9名贫困户解决就业问题。组织私个协会开展各类扶贫帮困活动,全年为建档立卡贫困户及困难家庭捐赠14.6万元。

【专项整治】 2020年,巩留县市场监督管理局开展各类食品生产经营环节专项整治工作。检查各类食品经营主体2480户次，责令整改51户次，行政立案查处7件，结案7件，罚没款19095元。开展药品、化妆品、医疗器械、疫苗专项整治，受理举报10起，共查处案件10起，罚款0.9万元，对6家药店未开具销售凭证、药械不良反应（不良事件）上报不及时等违反经营质量管理规范的行为责令现场整改。开展电梯及起重机械定期检验专项整治，累计清理超期特种设备32台，特种设备定检率98.32%。开展液化石油气瓶专项整治，检查液化石油气瓶重装单位1家，液化石油气瓶储气罐4只，抽查液化石油气瓶15只，发现一般安全隐患2条，整改2条。

【复工复产】 2020年，巩留县市场监督管理局全力做好复工复产各项优惠政策落实。开展市场主体房租减免、检验检测费减免、豁免登记、引导营利性中介机构为个体工商户提供业务办理等优惠政策的落实，协调为众康医用材料有限公司办理贷款贴息。落实好伊犁州复工复产租赁补助扶持政策，与各乡镇、村（社区）一起做好政策宣传，由乡镇、村（社区）对符合享受房屋租赁补助政策的中小微企业和个体工商户汇总登记审核，为3154户（中小微企业141户、个体工商户3013户）市场经营主体发放补助资金157.7万元。 （王振宇）

财　政

【财政收支】 2020年，巩留县一般公共预算收入完成21220万元，同比增收2248万元，增长11.85%。其中，税收收入15710万元，同比增收1084万元，增长7.41%，占一般公共财政预算收入的74%。非税收入5510万元，同比增收1164万元，增长26.78%，占一般公共财政预算收入的26%。一般公共预算支出完成258806万元，同比增支62316万元，增长31.73%，首次突破20亿元。

【上级资金补助】 2020年，巩留县收到上级补助资金192060万元，同比增加27277万元，增长16.55%。其中，一般性转移支付170880万元，专项转移支付17115万元，返还性收入4097万元。

【上划中央四税】 2020年，上划中央“四税”完成10895万元（增值税上划8233万元、国内消费税上划33万元、企业所得税上划1962万元、个人所得税上划667万元），同比减少1308万元，下降10.72%。

【财政收支平衡】 2020年，巩留县财政总收入277183万元，其中上年结余1万元，一般公共预算收入21220万元，上级转移收入192060万元，地方政府一般债务转贷收入44514万元（新增债券29945万元，再融资债券14569万元），政府性基金预算调入18298万元，抗疫特别国债调入1000万元，国有资本经营预算调入90万元。全年财政总支出277183万元，其中一般公共预算支出258806万元，专项上解支出1021万元，地方政府一般债券还本支出15484万元，安排预算稳定调节基金1868万元，年终滚存结余4万元，收支平衡。

【政府性基金】 2020年，巩留县总收入71258万元，其中上年结余8万元，政府性基金收入27799万元（土地出让金27111万元、城市基础设施配套费567万元、农业土地开发121万元），上级补助收入951万元，抗疫特别国债收入11500万元（巩留县供水改扩建项目工程10500万元，疫情相关支出1000万元），地方政府专项债务转贷收入31000万元（城北污水处理厂建设项目10000万元、园区基础设施建设项目6000万元、停车场建设项目1000万元）。全年总支出71258万元，其中政府性基金支出50644万元，债务还本支出1230万元，政府性基金收入调出18298万元用于蝶湖公司注册资本金，抗疫特别国债1000万元，年终滚存结余86万元。政府性基金收支平衡。

【国有资本经营】 2020年，巩留县有资本经营总收入475万元,其中国有资本经营收入300万元,上年结余收入175万元。全年总支出475万元,其中蝶湖公司注册资本金310万元,国有企业经营支出75万元,调入一般公共预算90万元。国有资本经营收支平衡。

【社保基金】 2020年,巩留县社保基金收入76042万元,同比减少40万元,下降0.05%。社保基金支出79552万元,同比增加5116万元,增长6.87%,收支平衡后年末滚存结余20749万元。

【防范化解风险】 2020年,巩留县做好防范债务和金融风险化解工作,将应偿还债务纳入年度预算,按照方案全部完成债务化解任务,落实债务限额管理,全县综合债务率82%,债务风险整体可控。开展非法集资宣传和金融领域扫黑除恶专项整治活动,加强金融监管,确保金融机构不发生系统性金融风险。

【地方政府债券项目资金】 2020年,巩留县到位地方政府新增债券项目资金6.1亿元,同比增长52.3%,其中专项债券3.1亿元、一般债券到位3亿元,全部形成实际支出。同时到位抗疫特别国债1.15亿元,其中巩留县供水改扩建项目工程1.05亿元、抗疫相关支出0.1亿元,支出100%。

【落实三保】 2020年,巩留县落实“三保”(保工资、保运转、保基本民生)措施,三保支出207304万元,占一般公共预算总支出的80.1%。保工资支出98063万元,其中在编人员支出81058万元,县财政聘用人员支出5107万元,协警人员支出9325万元,离退休及遗属补助支出2573万元;保运转支出18652万元,其中纪检、公检法司运转支出2351万元,党政机关事业单位运转支出15268万元,乡镇场运转支出1033万元;保基本民生支出90589万元,其中扶贫支出28272万元、教育支出19094万元、文化支出955万元、社会保障支出13102万元、卫生健康支出16758万元、村级支出12408万元。

【疫情防控资金保障】 2020年,巩留县保障疫情防控资金投入1.3亿元。其中,上级到位疫情防控专项资金0.46亿元,县级财政配套0.83亿元,红十字会、民政接受捐赠物资164万元。

【支持复工复产】 2020年,巩留县围绕疫情防控和经济社会发展统筹推进决策部署,疫情防控期间为巩留县众康医用公司向上争取到位企业扶持资金200万元,县财政提前预拨100万元口罩款,用于支持购买原材料增产。全年累计对1142户个体工商户发放期限6个月最高额8万元的50%贴息贷款7108.69万元,其中财政贴息48.1万元。节假日共发放消费券800万元支持个体工商户复工复产,其中“五一”劳动节发放350万元,“十一”国庆节发放450万元。县域各银行全年支持复工复产累计发放贷款26.48亿元,展期、续贷、延期贷款1789户1.44亿元,保险公司累计赔付0.66亿元。全县行政事业单位、国有企业国有资产对中小微企业及个体工商户减免房屋租金329户378万元,减免率100%。

【扶贫资金】 2020年,巩留县到位扶贫资金27738万元(政府债券资金16300万元,专项扶贫资金11438万元),支付率100%,县级配套扶贫资金520万元落实到位。

【预决算公开】 2020年,巩留县依据上级财政预决算信息公开管理办法,坚持公开为常态,不公开为例外原则,按法定时限对全县109个预决算单位(不含涉密单位)全部做好预决算100%公开,接受县人大及社会各界监督。

【预算绩效管理】 2020年,巩留县做好年初预算的66个部门绩效管理工作,对127个项目开展绩效目标设置、开展预算绩效监控,采取相应措施纠

偏。全年开展事前绩效评估项目7个,其中选取3个项目引入第三方机构开展重点项目绩效评价,保障预算绩效目标实现。（黄超）

税 收

【税费收入】 2020年,巩留县税务局组织各项收入31674万元。其中,完成税收收入30169万元,同比增长0.08%;完成非税收入1505万元,同比增长34.46%。收缴入库各项社保费2.64亿元,完成全县社保费征缴划转工作。

【减税降费】 2020年,巩留县税务局持续释放减税降费红利,助推县域复产复工经济发展。掌握县域税源底数,通过梳理税费优惠政策清单,建立台账,全面清理4600条数据,缩短退税办理时限,做好宣传辅导培训,有10285户次纳税人享受小微企业普惠性税收减免政策,减免2736.95万元;落实增值税增量留抵税额退还政策,退税1324.48万元;落实小规模纳税人增值税征收率由3%减免至1%政策,减免县域纳税人5340户450.14万元。疫情结束后从事公共交通运输服务、生活服务及为居民提供必需生活物资快递收派服务的176户纳税人可享受免征增值税3574.99万元。为巩留县众康医用材料有限公司扩大产能新购置的相关设备办理一次性税前扣除500.44万元,减免企业所得税75.07万元;落实疫情防控期间房产税、城镇土地使用税减免政策,减免78.78万元。

【依法治税】 2020年,巩留县税务局落实新版征管、纳服规范工作,执行双人进户执法审批制度,形成以视频音频为载体的全程记录链,保障征纳双方权益。运用督察内审平台,核实反馈推送数据187条,整改问题44个。

【税收风险防控】 2020年,巩留县税务局加强税收风险防控管理,用现代化征管手段筛选数据,确定风险点,及时开展风险防控工作。全年完成风险应对和税务审计153户次,其中风险任务146户次、税务审计9户,查补入库税款1145.16万元、滞纳金84.9万元,追缴增值税94.03万元、企业所得税46.78万元。

【纳税服务】 2020年,巩留县税务局持续深化税收领域"放管服"改革,对照17项复工复产税收优惠政策,将县域内7517户纳税人分为14个类别,梳理汇总1800条疫情优惠政策分类明细台账,与符合条件的纳税人一一对应,通过短信推送,微信推广等非接触式宣传累计宣传11154户次。了解企业复产复工困难,对辖区内5975户纳税人开展电话、问卷调查,解决6户纳税人原材料短缺问题,帮助签订购销合同资金200万元,通过银税互动项目帮助5户支持疫情防控企业解决资金短缺2300.7万元。落实"非接触式"办税,开展"便民办税春风行动",制定4个方面21项任务49项行动措施。全年启动重点项目管家服务27次,完工15户所涉及外埠纳税人税款1767.35万元。完成专项纳税服务工作,办税服务厅配备10台自助办税设备、9个前台办税窗口,优化电子税务多元化办税方式。

【信息工作】 2020年,巩留县税务局在新疆税务执法信息公示平台对外公示19项各类信息11779条,在信用中国(新疆)平台公示行政处罚和行政许可信息226条。

【个人所得税】 2020年,巩留县税务局制定《个人所得税汇算清缴准备工作实施方案》《分类分批分策分责引导实施方案》,为首个综合个人所得税汇算年度,对行政、事业单位、国有、民营企业等扣缴义务人开展入户辅导工作,按照扣缴义务人划分,将应汇算的自然人包联到税务干部,按日审核汇算退税任务,制作退税台账。全年汇算12294人,汇算补税81人,入库17.94万元,汇算退税2843人,退税119.39万元。（魏子杰）

统计服务

【统计业务】 2020年,巩留县统计局承担的统计业务有综合统计、核算、农业统计、工业统计、固定资产投资统计、建筑业统计、贸易旅游统计、劳动工资统计、城乡住户调查、交通统计、能源统计、统计分析、科技创新统计、房地产统计、统计法制、统计教育培训、名录库统计、服务业统计等专业数据统计职能。

【统计资料】 2020年,巩留县统计局围绕畜牧业、工业、投资、城镇居民收入等,针对经济进程中出现的新情况,深入基层调查研究,撰写统计分析报告。按月度编印《巩留县统计月报》,分产业、行业每月提供县委、县政府全县经济数据,为领导决策服务;按年度编纂印发《国民经济和社会发展统计公报》《领导干部手册》,收录本年度全县经济和社会发展方面大量数据,记载巩留县一年来经济、社会发展变化情况。

【人口普查】 2020年,巩留县统计局组织开展第七次全国人口普查工作。全县共选聘"两员"699人(含七十三团34人),其中普查指导员106人,普查员593人。全县划分普查区92个、普查小区591个,累计完成建筑物标绘46430座。

【统计执法】 2020年,巩留县统计局根据《中华人民共和国统计法》规定,负责全县统计数据核查工作。全年执法核查单位和企业53家。 (彭成原)

审计监督

【审计成果】 2020年,巩留县审计局完成审计项目56个,查处违纪违规使用资金21181.98万元、管理不规范使用资金76223.07万元,收缴罚没28.26万元。完成政府投资工程结算审核2个,完成政府投资工程送审金额1532.69万元,审定金额1417.59万元,审减金额115.1万元,审减率7.51%。

【重大政策跟踪审计】 2020年,巩留县审计局对中央新增2万亿元财政资金的管理、使用情况跟踪审计,有效保障新增财政资金的使用效益,开展好新冠疫情捐赠资金跟踪审计,在全封闭期间,对全县各类捐赠资金的使用、管理情况开展审计,为疫情防控期间的物资保障发挥积极作用。

【财政预算执行审计】 2020年,巩留县审计局以促进财政做大增量、盘活存量、优化结构、提高绩效为目标,全年完成22个预算执行、财务收支审计项目。

【经济责任审计】 2020年,巩留县审计局完成巩留县水利局、环保局2个单位4名领导干部任期经济责任审计。

【民生资金项目审计】 2020年,巩留县审计局完成对特克斯2019年城镇保障性安居工程投资建设分配运营情况、对伊宁市2019年至2020年6月财政扶贫资金的审计。 (杨颖)

应急管理

巩留县应急管理局

【安全生产管理】 2020年,全县发生各类事故124起,5人死亡,7人受伤,直接经济损失197.07万元。与上年同期相比,事故减少60起,死亡人数减少1人,受伤人数增加4人,经济损失增加57.65万元。发生火灾事故117起,无人员伤亡,直接经济损失62.17万元;与上年相比,火灾减少60起、下降33.9%,受伤、死亡人数与去年持平,直接经济损失减少75.9万元,下降54.97%;发生交通事故6起,4人死亡,7人受伤,直接经济损失0.9万元;与上年同期相比,交通事故减少1起,死亡人数减少2人,受伤人数增加4人,直接经济损失减少0.46万元;发生煤矿事故1起,死亡1人,受伤0人,直接经济损失134万元,与上年相比,事故增加1起,死亡人数增加1人,受伤人数持平,直接经济损失增加134万元;建筑施工、工矿企业、危险化学品、烟花爆竹、民爆物品、特种设备、水利、旅游安全等行业和领域安全生产形势平稳,未发生事故。

【安全生产宣传教育】 2020年,巩留县应急管理局开展防灾减灾宣传周、安全生产月、安康杯、119消防宣传月等安全生产宣传教育活动,累计发放各类宣传册8000份。组织新媒体记者,走进嘉格森新能源股份有限公司、县人民医院建筑工地,参观生产过程、工艺流程、装置设备、施工现场等,由企业负责人介绍安全生产工作举措,搭建企业与社会公众沟通的桥梁。组织新疆嘉格森新能源材料股份有限公司、安康热力公司等103家企业、经营场所安全生产负责人,通过网络在线方式开展合格证专题培训。

【安全生产执法检查】 2020年,巩留县应急管理局开展安全生产专项整治行动。成立安全生产专项整治行动领导小组,制定《巩留县安全生产专项整治行动实施方案》,各行业主管部门对照本行业领域薄弱环节制定实施方案,在15个行业领域开展安全生产专项整治行动,发现一般问题945处、警示约谈5家存在安全隐患的行业部门、罚款7.45万元;印发《关于立即开展安全生产大检查的通知》,在全县范围内组织开展安全生产隐患大排查、大整治活动,成立8个专项检查小组对重点行业领域大检查,检查各经营场所、企业1034家次,发现问题968处,均整改完毕;聘请第三方开展隐患排查,检查单位21家、发现问题236条;治理消防通道占用、堵塞等群众反映强烈的难点问题,清理占用消防车通道杂物18处,对占用、堵塞消防车通道的私家车处罚12起,全县73家重点单位、9个高层公共建筑、4个高层住宅小区完成消防车通道划线工作。

【应急救援演练】 2020年,巩留县应急管理局组织各部门、乡镇修订完善应急预案35个。组织开展应急演练活动4次,分别在库尔德宁镇阿热勒村、吉尔格朗乡喀拉吐木苏克村开展突发性地质灾害应急演练活动;在巩留县中石油北环加油站开展危险化学品专项应急演练活动;在恰西景区开展森林草原防火应急演练活动。

【救援队伍建设】 2020年,巩留县应急管理局加强应急救援队伍建设,在库尔德宁镇、东买里镇、塔斯托别乡、提克阿热克镇与当地10～15名摩托车骑手、马匹(骆驼)骑手签订应急租用协议,并与县消防救援站选拔的2名指战员共同建立"轻骑兵"处突小队,有"轻骑兵"69人。各村队选用责任心强的干部担任灾害信息员,全县有灾害信息员107人。(蒲梅)

巩留县消防救援大队

【车辆装备】 2020年,巩留县消防救援大队有各类消防车6辆,其中泡沫及水罐消防车4辆、登高平台消防车1辆、抢险救援消防车1辆,消防宣传车1辆。

【灭火救援】 2020年,巩留县消防救援大队接警244起,出动消防车287辆(次)、消防人员1913人(次),抢救被困人员13人,疏散人员47人,抢救财产价值688.2万元。火灾形势总体平稳,未发生重特大火灾事故和群死群伤恶性火灾事故。

【火灾防控】 2020年,巩留县消防救援大队严抓火灾防控工作。结合疫情防控、复工复产和阶段性消防工作,对34家行业部门的112个不放心场所开展排查,向9个重点行业部门函告,督促落实监管责任。向县委政府上报不放心场所隐患情况报告6次,大队邀请县人大代表和政协委员对老旧小区火灾隐患整改工作进行调研,组织多部门对宏福市场违规搭建彩钢棚隐患进行联合执法。县政府专题召开2次常务会议,听取消防安全专项整治行动和农村消防安全工作汇报,研究消防队站建设、车辆器材装备短板问题,投入60多万元采购小型消防车4辆,加强农村消防基础工作。大队提请县政府将年度消火栓、消防水鹤建设任务纳入城区管网改造项目进行同设计、同施工,会同住建局、自然资源局、供排水公司并对市政消防水源进行维护。

【监督执法】 2020年,巩留县消防救援大队检查单位785家,发现火灾隐患384处,整改隐患359处;全县73家消防安全重点单位100%纳入户籍化管理当中,开展自查评估;73家消防安全重点单位建筑消防设施"三化"达标率100%;新建市政消火栓20个、消防水鹤1个、辖区累计建设微型消防站119个,配备专职、兼职人员305人,灭火器材9962件、个人防护装备4319套。

【宣传培训】 2020年,巩留县消防救援大队部署"5·12"全国防灾减灾日和安全生产月消防宣传活动,组建消防宣传队,在人员密集场所、易燃易爆危险品场所、高层建筑、旅游景点全面开展消防安全"三提示"宣传。在辖区范围内集中开展"119"宣传月、"大风天"系列专项消防宣传活动,大队在电视台、广播电台开设消防专栏2个,组织开展各类宣传活动50多次,印制学生消防宣传教育读本500多本,发放消防宣资料5000多份,发送消防提示短信2000多条,安装"三禁"警示牌230块,电台、电视台播出消防提示和公益广告内容2000多条,受众6万多人,营造浓厚的消防安全氛围。大队与党校对接,将消防知识纳入培训内容,不断提高领导干部的消防安全意识和领导消防工作的能力水平;组织公安派出所专(兼)职消防民警、消防队员开展消防监督业务知识培训,不断提高基层派出所民警消防业务素质。加大对人员密集场所、易燃易爆危险品场所、劳动密集型场所等重点单位消防安全责任人、管理人,消防控制室值班操作人员,重点工种、重点岗位人员的培训,培养消防安全"明白人",不断提升自我管理水平。(张旭)

巩留县森林消防大队

【概况】 2018年9月,部队转制到中华人民共和国应急管理部国家综合性消防救援队伍,由原中国人民武装警察部队新疆维吾尔自治区新疆森林总队伊犁支队巩留大队变更为巩留县森林消防大队，主要由部队现役转制人员和地方招录人员组成。2019年12月，消防大队正式挂牌成立。

【装备器材】 2020年，巩留县森林消防大队现有水罐消防车2辆、全地形山猫车2辆等，7类128种救援器材。

【遂行任务】 2020年，巩留县森林消防大队为扎实做好春防和秋冬防战备工作，出动25人在尼勒克县靠前驻防，固定执勤350次、防火勤务25次，累计出动1000人次；在野核桃沟、恰西开展防火宣传8次，出动240人次，开展应急救援演练任务2次；在特克斯、新源县开展半专业化灭火队伍培训2次；开展国庆节防火专项行动，出动70人分别在那拉提、库尔德宁景区开展执勤防火宣传，固定执勤259次、防火宣传24次，摩托车化巡护100次、累计出动2100人次，发放各类宣传资料3000多份，受教育群众1万多人。7月，接伊犁州应急管理局通报，霍城县果赛高速桦木沟隧道附近发生火灾。支队立即启动四级应急响应，大队接到增援命令后，出动60人、11台车从大队营区出发赶赴火灾现场，经过1天1夜的连续奋战，明火全部被扑灭。大队每周结合当前任务形势开展2次综合应急救援演练。（唐靖）

农 业

综 述

【概况】 2020年,巩留县有耕地4.84万公顷,主要产小麦、玉米、水稻、贝母、油葵、甜菜、大豆等,适宜苹果、核桃、树上干杏、葡萄、杏、梨、黑加仑、马林等多种林果生长。

【农业重大项目建设】 2020年,巩留县农业农村局落实农业投资项目29项,总投资7291.29万元,实施项目15项,完工14项,拨付到位资金4127.97万元,专项资金支付率56.62%。惠农政策落实情况:全县农牧民补助奖励政策资金总计5220.56万元,累计发放奖补资金6132.24万元,完成率100%。其中,草原生态奖补政策补贴总资金2367.5万元,全部发放,完成率100%。农机购置补贴总资金850万元,全部发放,完成率100%。耕地地力保护补贴发放面积3.27万公顷,发放资金2814.74万元。农机深松补贴总资金100万元,全部发放。

种植业

【农作物种植】 2020年,巩留县总播种面积5.83万公顷,其中冬小麦1.67万公顷,单产6631.5公斤/公顷,总产7.87万吨;春播面积4.65万公顷,完成春播面积的100%,其中春小麦4800公顷,单产5443.5公斤/公顷,总产2.613万吨;常规玉米3.25万公顷(不含饲草料地);大豆106.67公顷;油葵1506.67公顷;甜菜886.67公顷;苜蓿1720公顷;其他9148公顷。全县特色高级作物种植8913公顷。其中,特色玉米1853.33公顷(制种玉米1493.33公顷、爆裂玉米273.33公顷、糯玉米86.67公顷),中药材种植1293.33公顷,蔬菜326.67公顷,瓜类40公顷,特色油料2086.67公顷,其他2426.67公顷。全县有温室800座,占地面积225.87公顷,生产面积37.33公顷。其中,设施林果202座(车厘子23座,油桃132座)。其他645座温室以种植各类蔬菜为主。有设施拱棚135座,生产面积5.4公顷。

【农业产业化】 2020年,巩留县农业产业化企业达到22家,其中伊犁州级以上农业产业化龙头企业达到10家(自治区级4家、伊犁州级6家),县级3家。全县农业产业化加工产值达到3.5964亿元。培育休闲农业经营主体63家,营业收入0.147亿元、接待7.6万人次。

【农村土地确权登记工作】 2020年,巩留县严格按照确权成果“真实、准确、完整”要求,对确权农户信息及面积进行摸排、研判、整改完善、充实数据库信息,做到能确尽确、应确尽确。全年完成38.97万亩土地外业测绘、权属调查和确权数据入库,完成率100%。8个乡镇48个村的17045户农户土地确权证书发放到户,发证率100%,群众满意率100%。全年巩留县被中央农办、农业农村部授予“全国农村承包地确权登记颁证工作典型县”称号,完成自治区农村承包地确权登记颁证数据库成果整县汇交任务。全县各乡镇村积极开展土地确权成果档案整理归档及数字化扫描工作,为确权成果移交县档案馆做准备。

【土地流转】　2020年，巩留县基本农田总面积4.25万公顷，其中集体耕地面积2.60万公顷。全年累计土地流转面积139.86万公顷。其中，流转入农户的面积7386.67公顷，流转入农民合作社的面积2220公顷，流转入家庭农场的面积73.33公顷，流转入种植大户的面积4226.67公顷。家庭承包地流转价格在400～600元，流转期限控制在1～10年，流转费用一年一付。家庭承包土地流转最高价格为每亩840元，由东买里镇公尚村家庭承包320公顷土地通过公开招标以最高价格流入合作社。

【农民合作社】　2020年，巩留县农民专业合作社在册293家（不含兵团）。从规范化建设来看，对全县合作社规范发展情况进行全面摸底排查，全县农民专业合作社中运营正常的有193家，有成员4000人；纳入异常名录、未发挥作用、准备注销的有100家。按行业来划分：种植业及相关的57家，林果业及相关的16家、畜牧业及相关的97家，渔业及相关的1家，服务业22家。全县有县级以上农民专业合作社示范社有38家，占运行正常合作社总数的20%。其中，国家级示范社3家、自治区级示范社9家、伊犁州级示范社16家、县级示范社10家。全县有注册商标的合作社26家（重点是“合作社+家庭农场”“企业+合作社”），有注册商标31个（其中种植业13个、养殖业11个、加工业5个，另外注册商标的店有2个）。

【庭院经济】　2020年，巩留县发挥庭院经济效益，促使农民增收。全县庭院经济发展形式多样，主要有庭院种植、养殖、加工、餐饮等经营形式。全年全县农牧民庭院经济纯收入总额5299万元，较上年增加557万元，庭院经济人均纯收入346元，较上年的309元增加37元，增长11.97%。

【家庭农场】　2020年，巩留县注册登记的家庭农场24家。根据自治区安排，完成全国家庭农场名录系统录入的家庭农场24家。农业规模经营户1312家，完成任务的100.8%，其中种植业720家、林业5家、畜牧业473家、渔业1家、种养结合112家、其他1家。根据自治区、伊犁州级文件要求，开展首批自治区级示范家庭农场申报认定工作。巩留县雪杉谷生态家庭农场获自治区首批示范家庭农场称号。

【农牧民人均纯收入】　2020年，巩留县农牧民人均纯收入16782元，人均增收1150元，比上年同期增长7.36%。

【农业保险】　2020年，巩留县人保财险、中华保险、太平洋保险、国寿财险4家保险公司全面完成种植业承保面积38306.67公顷，生成种植业保险保单783份，保单保费合计2230.49万元；完成能繁母牛承保73435头、生猪承保9510头，生产养殖业保险保单7486份，保费合计4212.99万元。

【农村改厕】　2020年，巩留县农村改厕总户数36984户（空心房户数5715座、征地拆迁户261户），计划改厕总户数31008户。全县改厕补助资金为599.1万元，改厕任务数为9985座，其中第一批改厕任务4620座、第二批改厕任务5065座、第三批改厕任务为300座。完成改厕9985座，卫生厕所普及率100%。

【特色产业带动脱贫攻坚行动专项】　2020年，巩留县以推进农业供给侧结构性改革为主线，“稳粮、兴特、优果、强畜”，实施特色产业带动11项重点工程，培优扶强龙头企业，培育发展新型经营主体，鼓励发展农业产业化联合体，充分发挥龙头企业和农民专业合作社带动贫困群众增收的基础作用，在一产发展上，以项目政策引路支持县级以上示范合作社主动吸纳贫困人口参与产业发展；在二产发展上，强化政策扶持，支持规模以上工业企业、农业产业化龙头企业，引导贫困户通过在企业务工增加工资性收入；在三产发展上，推进乡村旅游扶贫、电商扶贫，实现贫困户就业增收、创业致富;完善带贫减贫机制,在贫困人群中,扶持个人创业典范,以个体成功引领群体积极参与创业。

【农畜产品质量安全检测和监管】 2020年,巩留县检测中心开展蔬菜农药残留定量检测305批次。县直7个乡镇监管站监督抽查检测西红柿、辣椒、芹菜、小白菜、豆角等样品5306批次,巩留镇速测定性检测1600批次,速测定性、定量检测样品7211批次,样品合格率100%。加大畜产品质量安全检疫力度。严格屠宰环节、牲畜流通环节、养殖环节监管加强畜产品质量安全,完成产地检疫42.74万头,屠宰检疫16万头,家禽屠宰检疫26万羽。完成养殖环节瘦肉精抽检1.1万头,开展养殖场(小区)、屠宰场、养殖大户棚圈、兽药店、饲料经营店等场所消杀工作,确保畜产品质量安全。

【农作物复播】 2020年,巩留县计划复播面积7166.6公顷,实际复播7293公顷,其中大豆5887公顷、青贮玉米167公顷、油葵187公顷、苜蓿820公顷、蔬菜133公顷。

【农业综合执法情况】 2020年,巩留县执法大队出动车辆148次,执法人员453人次,检查辖区76家农资种子经销店。依法立案5起,办结5起,处罚款4.5万元。动物卫生执法出动执法人员18人次,整治全县36家兽药经营企业,未发现生产销售假劣过期变质兽药、饲料及添加剂的违法行为。加强动物运输车辆的备案工作。

养殖业

【畜牧业生产情况】 2020年,巩留县牲畜存栏达到59.58万头,能繁母畜40.46万头、增加68%,较2019年增长0.29万头、增加0.5%;肉、奶、蛋产量达到2.76万吨、5.25万吨、6045吨,增长率分别为5.6%、11.9%、7.02%;畜牧业生产值占农业总产值的47%,农牧民人均新增收入中畜牧业的贡献额为480元。开设固定和流动冷配站42座,完成冷配3.94万头,完成全年冷配任务的101%。年底,巩留县32家畜禽规模养殖场(小区)粪污资源化利用率75%、粪污处理设施设备配套率100%。

【渔业生产情况】 2020年,全县现有水产养殖单位11家,拥有养殖水域面积85.07公顷,各类水产存塘量580吨(经济鱼种340.2吨、鲟鱼239.8吨),1—9月,全县渔业产值349.547万元,水产品销售量148吨。新疆伊河鲟业牵头组建的科技攻关团队在2020年实现国家二级保护动物裸腹鲟人工繁育重大突破,项目于5月21日启动,经过科研攻关鱼卵受精成功率达50%,获得裸腹鲟鱼苗25200尾,苗种孵化率42%;裸腹鲟鱼苗经过50天精心培育,保存6000余尾,体长达6厘米以上,发育状态良好,实现成功繁育。5月24日,在恰甫其海库区开展伊犁河流域首次渔业资源增殖放流活动,全县累计开展增殖放流活动5次,放流鱼苗27.5万尾,其中经济鱼种(鲤、鲢、草、鳙鱼)16万尾,斑重唇鱼、裸重唇鱼11.5万尾。

【蜂业生产情况】 2020年,巩留县蜜蜂养殖户为137户。蜂箱为26321箱,其中产蜂蜜18200箱,箱均年产蜂蜜28千克。商品蜂蜜产量329吨。全年商品蜂蜜产量334吨,比上年增加产量50吨左右。每公斤价格70元,全年产值2338万元,价格比上年提高10元,蜂蜜增加收入334元,增加吨收入217.7元。

农牧机械

【农机安全监管】 2020年,巩留县检修农机具1.27万台架,农业机械检验0.36万台;机耕、机播,机收机械化程度分别达到95%、98%、86%,综合机械化水平达到93%。加强上路执法检查,查处违法违规行为12起,排查隐患18起,均已整改,遏制了农机事故的发生。

【农机执法】 2020年，巩留县农机执法出动执法车辆155车次、执法人员465人次，检查农机4413台，大型工程机械82台，同时例行检查全县大型工程机械集中停放点2个、农机合作社8家、农机配件店9家、农机经销商3家。发现违法违规行为为14起，排查隐患32起，整改32起。

【渔政执法】 2020年，巩留县渔政领域开展渔政执法活动10次，出动执法车辆14车次，出动执法人员56人次；11个经营单位，开展巡河执法106次，现场教育渔民及群众50人次。全面清理取缔涉渔"三无"船舶专项执法行动。对全县所有船舶进行排查检查，未发现"三无"船舶。

（古丽曼·阿海）

林业和草原

【森林资源】 2020年，巩留县森林资源由山区天然林、河谷次生林、平原人工林组成。森林资源总面积10.63万公顷，其中山区天然林地面积7.03万公顷。平原人工林面积1.92万公顷；河谷次生林（国家级公益林）面积1.68万公顷，全县森林覆盖率19.6%。平原人工林活立木总蓄积量20.69万立方米。全县有国家级自然保护区1个，面积为31217公顷；有自治区级自然保护区1个，面积1180公顷；有国家级森林公园1个，面积1300公顷。县域主要野生植物有64科、238属、429种，主要野生动物有20目、55科、162种。

【造林绿化】 2020年，巩留县完成灌木林造林200公顷，退化林分修复200公顷。完成森林抚育666.66公顷、封山育林666.66公顷。完成公路绿化26.65千米；全年参加义务植树1.5万人次，栽植各类树木28万株。落实公益林管护1.61万公顷，绿化美化乡村11个96.73公顷。全县有绿化合格单位5个，伊犁州级花园式单位5个，国家级绿化模范单位1个。完成对古树名木挂牌保护工作。

【特色林果业】 2020年，巩留县新增各类林果面积40公顷；全县特色林果总面积2886.66公顷，其中苹果860公顷、树上干杏1320公顷、核桃533.33公顷、其他153.33公顷。挂果面积2346.66公顷，林果产量3.15万吨。成立2支果树修剪服务队，修剪果树800公顷。举办各类培训班18场次，参与培训2040人次。

【林政管理】 2020年，巩留县执行林地征占用审批、林木采伐限额和木材凭证运输制度，依法发放林木采伐许可证，有效控制森林资源消耗。全年平原人工林采伐限额11837立方米，办理林木采伐许可证119份，采伐杨树71980株，采伐蓄积10218.72立方米；办理项目征占用林地2宗，征占用林地面积0.2196公顷，其中临时0.1724公顷、长期0.0472公顷；未出现违规使用林地、超限额采伐现象；开展常态化林地督查，及时变更林地一张图；常态化开展木材经营加工执法检查；落实林权制度改革，加强林权档案管理，全县平原区森林总面积36522.77公顷，纳入林改面积6886.67公顷，应确权面积0.6万公顷，实际确权0.53万公顷，确权率90%；确权宗地2696宗；发放林权证1571本，发证面积0.53万公顷。完善公益林管护站配套设施建设，完成国家级公益林监测，加强全县16886.66公顷重点公益林管护，实施公益林营造林抚育74.66公顷、病虫害防治39.2公顷、封育围栏6.4千米；对被破坏的林地草地恢复植被，恢复面积450.53公顷，恢复率87.3%。利用世界湿地日、世界森林日、爱鸟周及野生动物保护宣传月开展主题宣传活动，强化湿地、野生动物保护等法律法规的宣传，增强公众保护森林资源意识。

【林业有害生物防治与检疫】 2020年，巩留县林业有害生物1个国家级中心测报点和8个监测点定期监测，准确发布林业有害生物预测预报。全年发布森林病虫疫情预测预报3期，预计发生面积0.65万公顷，实际发生面积0.6486万公顷，累计防治面积0.6486万公顷，测报准确率99.79%；无公害防治面积0.6486万公顷,无公害防治率100%;完成光肩星天牛寄主树种调查3.8万株,伐除并处理疫木1267株,打孔注药防治83.33公顷,喷雾防治83.33公顷;完成白蜡窄吉丁虫寄主树种调查8.24万株,采取打孔注药、喷雾防治、树干药剂涂抹等措施完成综合防治200公顷;完成平原人工林苹果病害普查280万株,野果林普查591.13公顷,发放苹果病害防治药剂6150千克,物理清园363.77公顷;完成食叶害虫监测333.33公顷,综合治理133.33公顷;完成野果林蚧壳虫喷雾防治333.33公顷、人工修枝133.33公顷;完成苗木产地检疫220公顷,检疫各类苗木152.428万株,产地检疫率100%;调运检疫苗木73.22万株、木材8750吨、木片18.64万张;复检苗木23.68万株、电缆盘1个、包装箱97个、人造板包装箱115个、木材150立方米。全年组织召开苹果病害防控现场培训2场次111人次,发放防控技术手册111本,明白册111本。开展重大危险性林业有害生物专项调查,挂放松墨天牛诱捕器20个、苹果蠹蛾诱捕器105个、枣食蝇诱捕器80个、美国白蛾诱捕器20个、葡萄蛀果蛾诱捕器10个,组织技术人员定期监测调查。

【护林防火】 2020年,巩留县护林防火总面积19.83万公顷,林班126个。成立森林草原消防应急分队,组建人员7人;与乡镇、片区、驻县单位签订护林防火责任书,严格执行24小时防火值班制度。全县组织护林防火宣传6场次,印发宣传资料3000多份;编制《森林草原防火应急预案》;联合县应急管理局、森林消防大队、西天山自然保护区管理局等单位开展森林草原防火演练2次;持续对旅游点、木材加工企业开展防火联合检查,下达整改通知书20份;在重点林区、重点地段、公益林区、公路沿线、旅游景点等特殊地段,设置大型森林防火永久性宣传牌40个,提高全民防火意识。利用护林员巡护开展每日风险点隐患排查,严格执行火情值班和报告制度,确保火情发生早发现、早报告、早处置。全年无森林火灾发生。

【林业重点工程】 2020年,巩留县围绕林业重点工程建设,推进生态保护和生态修复。全年完成三北防护林、退化林分修复重点工程造林400公顷;落实常年管护,按规定兑现前一轮和新一轮退耕还林补助资金207.24万元;完成森林抚育333.33公顷;完成封山育林666.67公顷;落实国家级公益林管护16888.47公顷,35名护林员开展日常巡护、宣传等工作,发放宣传单5000多份,签订责任书490份;完成公益林营造林抚育74.66公顷、病虫害防治39.2公顷、封育围栏6.4千米;对林区内被破坏的植被恢复,恢复面积450.53公顷,恢复率87.3%。

【草原建设与保护】 2020年,巩留县通过层层落实毒害草防除任务、控制虫鼠害发生,各乡镇场建立连片高产优质饲草料示范田,每块示范田面积3.33公顷,完成人工种草1066.66公顷。按时完成草原资源监测、虫鼠害监测、退化草原调查工作;依托草原生态修复治理补助、退牧还草项目,完成虫害防治4866.66公顷、鼠害防治8000公顷,防治效果达90%以上;加强生物防治,新建鸟巢1座、维修鸟巢5座、建设鹰架158座;建设草种基地333.33公顷;完成退化草原补播改良4333.33公顷、围栏封育3333.33公顷;毒害草防除2000公顷,防除效果达90%以上;严格草原监管和执法,办理伊犁州巩留县果蔬保鲜粮食仓储建设项目占用提克阿热克镇阿克巴斯陶村草场2.41公顷,为永久占用;实施水涵养区禁牧2万公顷、一般性禁牧6666.66公顷、草畜平衡管理215333.33公顷,各类草场覆盖度有较大幅度提高。

【行政执法】 2020年,巩留县加强对重点区域林木和林地的巡查,依法相继组织开展打击乱砍滥伐、乱捕滥猎野生动物、非法占用林地、毁坏公益林、破坏湿地等违法犯罪专项行动。对拉运木材的车辆加强盘查,对无采伐手续的车辆依法处理;严格执行野生动物疫源疫病监测直报制度,加强宣传,引导公众自觉摒弃、抵制滥食野生动物等不良习俗，强化野生动物繁育场所封控隔离、监督检查，切断野生动物疫源疫病传播渠道，排查野生动物人工繁育场所2处；充分利用爱鸟周、世界湿地日、野生动物保护宣传月等活动开展野生动物和湿地保护宣传，强化公众野生动物保护意识，救护狐狸、鹰、野猪、野鸡等野生动物18头(只)。

（任亚琳）

水 利

【水利投资】 2020年，全县水利建设累计完成投资20922万元(中央及自治区项目专项资金8919万元，县乡自筹11458万元，水费返还545万元)，清淤干支斗农各级灌排水渠道1667.53千米，新修防渗渠129.05千米，新建及维修渠系建筑物1417座，改善灌溉面积1.6万公顷，新增高效节水面积1896.13公顷。铺设及维修供水管网574.49千米，维修主干管网及支管282处，新增自来水入户8191户，改善供水人口28381人。治理水土流失面积20平方千米，种植经济林114.53公顷，封禁草场18.85平方千米，新建沟道护岸830米。

【水利资源利用】 2020年，巩留县水资源丰富，境内有大小河流40条，地表水年径流量93.56亿立方米，地下水年补给量6.159亿立方米，理论水能储量142万千瓦。特克斯河上的喀普其海水电站和山口水电站以及南岸干渠雅玛渡水电站总装机59.3万千瓦。另外县属水电站4座，总装机5670千瓦，丰富的水电资源为巩留社会经济可持续发展提供能源保障。

【重点水利工程】 2020年，巩留县实施水利项目10个，完成总投资9436万元。其中，完成中央专项资金项目1159万元，中央专项扶贫资金项目683万元，债券资金(扶贫)项目4594万元，债券资金(抗疫国债)项目3000万元。

阿克加孜克沟小流域水土保持综合治理项目(续建)：总投资840万元，综合治理水土流失面积20平方千米，于4月10日开工建设，10月20日完工。

农村饮水维修养护项目：总投资300万元，主要采购水处理药剂及供水管材，对全县农村自来水管道应急维修，于9月30日完工。

2020年度山洪灾害防治项目：总投资19万元，完善巩留县群测群防体系，山洪预警平台维护，于4月1日开工建设，6月30日完工。

吉尔格朗乡农村饮水备用水源工程：总投资683万元，到位资金571万元，新建引泉池6座，输水管道12.918千米，于4月11日开工建设，6月30日完工。

巩留镇鑫牛社区城乡一体化供水工程：总投资999万元，新建配水管长67.903千米，集中水表井入户1884户，于3月18日开工建设，5月30日完工。

塔斯托别乡英塔木村管网提升改造工程：总投资334万元，新建输配水管长19.898千米，集中水表井入户170户，于3月18日开工建设，5月30日完工。

塔斯托别乡古丽巴格村管网延伸工程：总投资361万元，新建输配水管网35.22千米，入户293户(含水表)，于3月18日开工建设，5月30日完工。

城乡一体化供水管网改扩建工程：2020年投资700万元，主要解决13个行政村的饮水条件，于5月13日开工建设，6月30日完工。

农村供水管网提升改造工程：2020年投资2200万元，主要解决13个行政村的饮水条件，于5月13日开工建设，9月20日完工。

县城供水改扩建工程(一期——原水管道及水厂)：项目总投资6300万元，2020年计划完成投资3000万元，新建供水规模每日3.2万立方米水厂1座及配套附属设施，铺设供水管网33千米。工程于9月6日开工建设，2020年完成投资3000万元，计划2021年9月30日完工。

【防汛抗旱】 2020年，巩留县落实防洪专项资金

60万元,储备铁丝4.5吨,铅丝网片96吨,编织袋13万条。准备抢险机械44辆,组建500人的应急抢险队伍。为各乡镇发放12吨铁丝网片,3.8万条编织袋;全县自筹资金50万元对库尔德宁镇大吉尔格朗河乌鸦林段防洪堤水毁处铺筑铅丝石笼进行抢修。投入防洪资金25万元,对萨尔布群沟人饮主管及灌溉渠道水毁处、阿克加孜克沟防洪堤水毁处、提克阿热克镇泄洪沟进行除险加固,对萨尔布群泄洪沟清挖疏浚2.8千米,加固团结干渠提克阿热克镇段渠堤道路2.5千米,落实防汛防洪工作。

【水政资源管理】 2020年,巩留县严格落实水资源管理制度,为1家用水单位办理取水许可证,开展集中式饮用水源地保护项目督察和专项排查工作,对吉尔格朗水源地、库尔德宁水源地、提克阿热克镇夏尔湖水源地、东买里镇、塔斯托别乡蓄水池保护区安装防护围栏5420米,设置道路警示牌、水源地保护标识及警示标识16块。加大水土保持监管力度。监督检查农村公路、砂场、砖场、房地产开发等开发建设项目水土保持方案编制及落实情况,责令32家生产建设单位编制水土保持方案,2家停产。

【河湖长制事务保障】 2020年,巩留县持续推进河长制工作。印发2020年总河长1、2、3号令,72名河长、166名护河员结合河湖"清四乱"专项行动常态化开展巡河1918次,出动2571人次,处理问题408个,清理渠道142.7千米,清理各类垃圾263.8吨,河道环境进一步改善。规范自治区河长制信息平台运行管理,各级河长利用巡河通软件开展常态巡河。

【水利灌溉管理】 2020年,巩留县完成灌溉任务。按照灌区骨干供水设施维修新建计划,自筹水费返还资金310万元对团结总干渠、南支干渠、团结干渠险工险段进行除险加固,共维修新建病险水闸27座、新建农桥6座、泄洪涵洞2座、干渠除险加固5处5263米。按照该年灌区末级渠系维修计划投入末级渠系维护费211.4万元,出动14230人次,完成各级渠道清淤1982.5千米,维修渠道8.26千米,维修配套建筑物135座,清理搬运砂石459立方米,人工砍伐杂木46千米,处理渠道边坡损毁7处,投入大型机械设备5辆累计清淤21.6万立方米。投入98万元,建库尔德宁镇五一渠首办公楼1座。完成以2015年为基准年水利工程供水成本测算工作,成果报送县发改委,发改委出具监审报告。

【农村饮水安全管理】 2020年,巩留县保障农牧区群众饮水安全,供水站干部职工对水源地、蓄水池、供水管网进行拉网式巡查,实施农村饮水安全巩固提升项目6项,总投资5277万元,项目建成后,将改善54453人的饮水条件。储备5万多元供水抢修配件,做好各项应急处理准备。全年维修主干管网及支管282处,换阀门70套,上门服务300多次,征收水费318万元。

(买吾提哈尼·木沙汉)

工 业

综 述

【工业经济运行】 2020年,巩留县有规模以上工业企业11家,实现规模以上工业生产总值21.46亿元,实现规模以上工业增加值5.63亿元,完成目标任务的100.54%;完成工业固定资产投资3.33亿元,完成任务的104%。

【项目建设】 2020年,巩留县签订项目合同9个,总投资22.41亿元;包括总投资4亿元的天蕴三文鱼项目、总投资11亿元的疆宁生物产业园项目、总投资3.11亿元的那拉本源乳业鲜奶加工生产项目、总投资2亿元的云杉度假酒店项目等;跟踪洽谈项目6个,总投资23.26亿元。

【企业减负】 2020年,巩留县清欠民营企业、中小企业账款总额为477万元,拖欠主体单位3个,民营企业数量9个。全年巩留县清欠民营企业、中小企业账款477万元,清偿完毕。

园区建设

【工业园区概况】 巩留工业园区2014年2月被批准设立为自治区级工业园区,2017年8月升格为副县级单位,含5个内设机构,核定事业编制16个,2020年,核定编制9个,实有13人;有党员13人。园区分为城西工业园和城北工业园两处,总面积13.25平方千米。城西工业园位于巩留县境内南岸大渠以南,总面积8.25平方千米。园区分为两个部分,一部分是位于阿克吐别克镇以南的荒漠草场,面积577.49公顷;一部分是位于提克阿热克镇南部荒漠草场,面积421.25公顷。两区相距3千米,中部为兵团第四师七十三团工业园区(兵团级工业园区)。城西工业园定位为生物化学医药、新型建材、新能源、新材料和仓储物流等组成多功能的综合类工业园。城北工业园位于巩留县城以北,规划面积5平方千米,主要为食品饮料加工、粮油饲料加工、肉类产品加工、药材加工、农畜产品育种和仓储物流等综合性工业区。

【园区发展】 2020年,巩留工业园区共入驻企业36家,其中规模以上企业为9家;形成以新能源、新材料、农副产品加工、新型建材和生物化学医药为主导的产业集群。其中,新能源产业3家,为恰布其海、山口、雅玛渡水电站,年发电量23.8亿千瓦时;新材料产业3家,为嘉格森新能源、晶维克新能源、笃恒新材料,年产工业硅达6万吨。农副产品加工业有谷本禾、康龙、天福润、佳和乳业、那拉乳业、阿斯迈乳业等21家企业;医药产业3家,为欣嘉药业、众康医用材料、疆宁生物科技。全年园区工业总产值18.52亿元;工业增加值5亿元;完成税收1.52亿元;完成固定资产投资6500万元,招商引资到位资金4.55亿元;解决就业3474人。

【重点企业选介】

伊犁河流域开发建设管理中心:该中心辖巩留县、尼勒克县4座水电站、控股特克斯县、新源县2座水电站并管辖伊河电力公司,其中巩留县3座水电站,分别为喀普其海水电站、装机容量32万千瓦;山口水电站、装机容量14.1万千瓦;雅玛渡水电站、装机容量13.2万千瓦。中心生产能力,巩留县总装机容量59.3万千瓦,年设计发电能力23亿千瓦时。2020年,累计发电23.8亿千瓦时,实现工业产值5.3亿元,实现工业增加值3.92亿元。发电主要供给巩留县工业园区及伊宁县伊东工业园区。全年有员工135人,其中疆内员工132人、疆外员工3人。

新疆嘉格森新能源材料股份有限公司:2008年2月成立,企业性质为股份有限公司(自然人投资),占地面积33.3公顷(仅办理产权5.3公顷),注册资本5500万元,公司注册地址:巩留工业园区(提克阿热克镇)。该公司与新疆浙新国投物流有限公司合作,浙新公司占股60%。生产能力方面,公司主要生产金属硅产品,年产工业硅3.8万吨。2020年,生产工业硅1.77万吨,实现总产值9250万元,增加值951万元。公司产品主要销售到江苏、辽宁、山东、甘肃、内蒙古、浙江、上海及疆内等地。当年有职工301人,其中疆内人员279人、疆外人员22人。

新疆晶维克新能源发展有限公司:2009年12月成立,企业性质为有限公司(自然人投资),占地面积11.77公顷,注册资本1000万元,公司注册地址:巩留县阿尕尔森镇头道湾村。生产能力方面,公司主要生产金属硅产品,现有15000千伏安冶炼炉3台,12500千伏安冶炼炉2台,设计产能40000吨/年。2020年,生产金属硅2.5万吨,实现总产值2.76亿元,增加值2091万元。公司和其他省市的多家有机硅生产企业签订长期的购销合同,有浙江的中天集团、恒业城等。当年有职工241人,其中疆内人员230人、疆外人员11人。

新疆谷本禾农业科技有限责任公司:2014年9月成立,企业性质为有限责任公司(控股的法人独资),占地面积11.07公顷(其中商业用地4公顷),注册资本3000万元,公司注册地址:巩留县城北工业园。生产能力为年设计加工小麦12.5万吨,生产面粉9.4万吨。2020年,加工小麦3.5万吨,生产面粉2.6万吨,实现工业产值4492万元,实现工业增加值271万元。公司产品主要销往新疆伊犁州和博乐等地及青海、甘肃、四川、云南等省。全年有职工24人,均为疆内人员,有党员3人。

巩留县康龙粮油有限责任公司:2004年11月成立,企业性质为有限责任公司(自然人投资或控股),占地面积1.33公顷,注册资本5000万元。公司注册地址:巩留县城北工业园。主营粮食收购、销售;小麦、饲料、食用植物油的生产、加工、销售等,可实现日加工200吨面粉的生产能力。2020年,生产面粉1.38万吨,实现工业总产值3320万元,增加值240万元。公司产品主要销售到疆内和北京、上海、天津、河北、山东等地。全年有职工23人,其中疆内人员21人、疆外人员2人;有党员3人。

伊犁那拉乳业集团有限公司:2016年5月成立,企业性质为有限公司(自然人投资),占地面积1.05公顷,注册资本3500万元。公司注册地址:巩留县库尔德宁镇。生产能力为日处理鲜奶150吨,年设计产能10000吨;主要产品有驼乳粉、羊乳粉、牛乳粉、马乳粉、驴乳粉。2020年,生产乳粉640吨,实现工业产值1.9亿元,实现工业增加值1789万元。产品主要销售到疆内外。全年有员工117人,其中疆内人员85人、疆外人员32人。

巩留县众康医用材料有限公司:2018年11月成立巩留县众康医用材料有限公司,企业性质为有限责任公司(自然人投资),占地面积2.77公顷,注册资本600万元。公司注册地址:巩留县城北工业园。主营业务有医用无纺布、手术巾、口罩、帽子、防护服、医疗床、手术床等的生产、销售。2020年,实现工业产值3038万元,实现工业增加值252万元。公司产品主要销往伊犁州各县市。全年有员工92人,其中疆外4人、疆内88人;有党员5人。

巩留县安康热力有限公司:2008年5月成立,企业性质为有限责任公司(非自然人投资或控股的法人独资),占地面积4.77公顷,注册资本6120万元。公司注册地址:巩留县巩留镇文化路4号。2019—2020年度,供暖面积211.77万平方米。2020年,实现产值3526万元,实现工业增加值1385万元。全年有员工88人,均为疆内人员。

新疆阿斯迈乳业有限公司:2019年1月成立,企业性质为有限责任公司(自然人投资或法人控股的法人独资),占地面积11.51公顷。注册资本1500万元。公司注册地址:巩留县城北工业园。主营业务有乳制品、饮料、糖果、保健食品的加工销售,鲜奶收购,牲畜的养殖与销售,蜂产品的收购、加工与销售。全年实现工业产值200万元。公司产品主要销往中国东南部沿海地区。全年有员工62人,其中疆外4人、疆内58人。

新疆伊犁佳和乳业有限公司:2001年3月成立,企业性质为有限责任公司(自然人投资或控股),占地面积2公顷,注册资本1000万元。公司注册地址:巩留县城北工业园。主营乳制品、液态奶制造、销售;可加工1000吨鲜奶。2020年生产84吨,实现总产值347万元;公司产品主要销售到新疆各地。全年有员工44人,其中疆内人员40人、疆外人员4人;有党员22人。

伊犁和盛食品有限公司:2020年4月成立,企业性质为有限公司(自然人投资),占地面积2.67公顷,注册资本100万元。公司注册地址:巩留县城北工业园。生产能力为年产3000吨浓缩果汁。2020年,生产浓缩果汁1300吨,实现产值800万元。公司产品主要销往俄罗斯、哈萨克斯坦、美国等国家。全年有员工8人,均为疆内人员。

巩留县兴业食品有限公司:2018年1月成立,企业性质为有限公司(自然人投资),占地面积2公顷,注册资本1000万元。公司注册地址:巩留县城北工业园。主营蔬菜、肉类的加工及配送,可满足3万~4万人的餐食加工配送。2020年,加工及配送蔬菜、肉类1890吨,实现销售收入3141万元。产品主要配送到巩留县各学校。全年有81人,其中疆内人员80人、疆外人员1人;有党员4人。

新疆海王欣嘉医药有限公司:2016年8月成立,企业性质为有限公司(自然人投资),占地面积10.67公顷,注册资本3000万元。公司注册地址:巩留县城北工业园。主要从事中草药种植、收购、生产、销售及现代医药物流批发(中药饮片生产线未投产)。2020年,实现销售收入1.6亿元,上缴利税347万元。公司产品主要销往伊犁州八县两市以及塔城、阿勒泰、乌鲁木齐、喀什、博乐等地区。全年有员工41人,其中疆内人员35人、疆外人员6人;有党员6人。

巩留金鹰亚麻制品有限公司:2009年12月成立,企业性质为有限责任公司(自然人投资),占地面积13.33公顷,另租赁53.33公顷(产权35年),注册资本1000万元。公司注册地址:巩留县城北工业园。主要经营亚麻原料的种植和购销、亚麻纺织品的生产和销售。2020年,生产410吨,实现总产值450万元。公司产品主要销往江苏、浙江等省。全年有员工30人,其中疆内人员26人、疆外人员4人;有党员5人。

山东登海种业股份有限公司伊犁分公司:2003年成立,企业性质为股份有限公司分公司(非上市、自然人投资或控股),占地面积13.33公顷(老厂区3.33公顷,新厂区10公顷)。公司注册地址:巩留县城北工业园。主要从事玉米的良种繁育、加工、仓储,是伊犁境内一家现代化种子企业。2020年,制种玉米种植面积1333.33公顷。分公司没有销售权限,制种玉米脱粒精选后运往总公司进行加工销售。全年有当地职工35人,党员12人。

巩留天福润农牧业发展有限公司:2013年5月成立,企业性质为有限公司(自然人投资),占地面积3公顷,注册资本5410万元。公司注册地址:巩留县城北工业园。主要产品有排酸牛羊肉及牛羊部位肉精品包装,年屠宰加工羊30万只、牛1万头。2020年,生产肉类580吨,实现销售产值6700万元。公司产品主要覆盖疆内市场,同时销往北京、上海、广州等一线城市。全年有员工57人,其中疆内人员56人、疆外人员1人;有党员2人。

巩留县豪强塑业制品有限公司:2013年04月成立,企业性质为有限公司(自然人投资),占地面积0.8公顷,注册资本10万元。公司注册地址:巩留县城北工业园。年产扣板200万平方米。2020年,产扣板130万平方米,实现工业产值1300万元。公司产品主要销往巩留周边县城。全年有员工27人,其中疆内人员23人、疆外人员4人。

巩留县聚缘塑业有限公司:2019年9月成立,企业性质为有限公司(自然人投资),占地面积1.33公顷,注册资本50万元。公司注册地址:巩留县城北工业园。主营蛋托、打包绳、捆草绳的生产、销售。2020年,生产产品150吨,实现产值33万元。公司产品主要销往伊犁州各县市。全年有员工30人,均为疆内人员。 (李明伟)

电 力

【概况】 2020年,国网新疆电力有限公司巩留县供电公司下辖6个供电所(城区供电所、库尔德宁镇供电所、阿尕尔森镇供电所、东买里镇供电所、塔斯托别乡供电所、阿克吐别克镇供电所);担负着县域范围内乡镇、片区21.6万客户的供电任务,供电面积4528.2万平方千米。

【主要业务】 2020年,巩留县供电公司在县境区域内有变电站8座,其中220千伏变电站1座,有主变2台,容量为330000千伏安;110千伏变电站2座,有主变3台,总容量为90000千伏安;35千伏变电站5座,有主变9台,变电容量55750千伏安,变电总容量475750千伏安;有750千伏线路20千米,220千伏线路7条149.6千米,有110千伏线路7条125.2千米,有35千伏线路9条153.94千米,10千伏线路32条802.13千米,400伏线路1019.44千米。电网结构更加合理,形成覆盖县域6个镇2个乡1个片区的输电网络。

【经济技术指标】 2020年,巩留县供电公司完成国网伊犁供电公司下达售电量指标的88%,城市综合电压合格率99.88%,农网综合电压合格率99.81%,城市供电可靠率100%,农网供电可靠率99.81%。

【经营管理】 2020年,巩留县供电公司定期对重要保电场所开展隐患排查,督促整改。全年农网建设工程投资4484.46万元,其中贫困村配网建设工程投资1170.53万元,拉动巩留社会发展内需、解决无电群众376户用电难题。疫情防控期间,利用互联网+服务,引导客户通过“网上国网”App实现线上办电,方便客户用电。

【安全生产】 2020年,巩留县供电公司梳理全员安全责任清单,涉及52个岗位、266条。修订完成20项应急预案,全年组织开展安全检查42次,查出问题185项,全部整改。联合伊犁供电公司和特克斯县供电公司开展大面积停电演练1次,自行开展应急演练40次。

【配网管理】 2020年,巩留县供电公司排查影响安全输电线路和用户安全用电的设备缺陷隐患,开展治理10千伏线路7条,发现缺陷70处,消除缺陷70处,治理三项不平衡台区38个,其中低压台区18个、重过载台区6个。完成HPLC表计更换69236户,投资4484.46万元的电网技术改造项目,完成技改、节能项目等21台变压器投运工作,有效解决巩留镇、吉尔格朗乡、阿尕尔森镇、东买里镇、塔斯托别乡、阿克吐别克镇贫困村用电质量问题。

(包建材)

交通·邮政·通信

交　通

【公路概况】 2020年，巩留县境内农村公路总里程908千米，其中县道75千米、乡道576千米、村道167千米、专用公路90千米。有三级公路84千米、四级公路824千米。全县乡镇通畅率100%，建制村通畅率100%。村内巷道硬化率100%，村队通客车率100%，基本实现“户户通”柏油路，提升交通运输服务能力和水平，改善各族群众的出行环境和乘车条件。

【公路养护】 2020年，巩留县养路队承担全县农村公路建设、养护农村公路及市政道路1045千米应急救援任务。全县农村公路养护里程26621平方米，养护资金396万元，疏通边沟1680米，道路巡查标示牌修复疏通涵洞145处，修复标识标牌35个。全县农村公路列养率100%，其中优良路比例100%、中等路比例100%，实现有路必养。

【道路运输市场】 2020年，巩留县道路运输经营包括道路旅客运输经营和道路货物运输经营，道路运输相关业务包括站(场)经营、机动车维修经营、机动车驾驶员培训。全县拥有营运车辆1094辆，其中客运车辆300辆，座位数2500个；货车147辆(其中个体74辆)。县际班线9条，县内班线48条。全县乡镇通班车率100%，行政村通班车率100%，客运网络基本完善。辖区内有客运企业8户，机动车维修企业53户(其中二类维修业户4户)，驾校6户。

【城市客运】 2020年，全县有客运经营户5户，客运车辆548辆，其中班线客车312辆，出租汽车232辆，气电混合新能源公交客车4辆。全年客运流量38万人次，发车总次11.68万车次，座次率52%。2016年，巩留县城市客运管理办公室成立。

【客运站点】 2020年，巩留县有客运站点4家。其中，县级客运站(三级)1家，乡镇客运站3家，分别是阿克吐别克客运站、莫合乡客运站、吉尔格朗乡客运站。1985年12月，巩留县客运中心成立。2008年8月18日，巩留县客运中心搬迁至新华东路新址，更名为巩留县汽车站。建设面积1.4万平方米，停车场8000平方米。

【交通运输综合行政执法】 2020年9月，机构改革整合成立交通运输综合行政执法大队，全县乡镇、片区设立公路养护管理站，由1名乡镇主管副职领导兼任站长，并依托公路养护管理站，负责本乡镇农村公路的日常管理养护，各乡镇、片区有护路员22人。持续开展行政执法工作，维护客运市场秩序，累计检查工程工地300多次，客、货运企业150多次、出租企业120多次，稽查大队上路检查各类车辆3万多辆，依法查扣非法营运车辆69辆，处罚58辆；查办超限运输车辆15辆，串线经营车辆15辆，累计罚没收入279080元，同时对全县农村公路开展隐患排查。全年出动巡查车辆212台次，巡查人员484人次，巡查里程累计6000千米，告知公路养护部门修复21起，安全隐患告知56起，清除路边堆积物29起。清除路面障碍物40多处，清除路面堆积杂物1.5吨。累计排查运输企业58家，发现一般隐患66条，整改66条，整改率100%。

企业简介

【巩留县运输公司】 巩留县运输公司位于巩留县新华东路85号,兼营二级修理,有班线车辆16辆(县内客车13辆,县际客车3辆)。

【巩留县凡达汽车服务有限公司】 巩留县凡达汽车服务有限公司位于巩留县塔斯水泥厂对面,兼营二级修理,有班线车辆62辆(含哈拉布拉1辆)、出租车96辆。

【巩留县四通物流有限责任公司】 巩留县四通物流有限责任公司位于巩留县东买里镇大营盘村二组,有班线车辆122辆(含昭苏1辆、特克斯2辆、伊宁县1辆、哈拉布拉13辆)、出租车103辆。

【巩留县伊通城乡公交服务有限责任公司】 巩留县伊通城乡公交服务有限责任公司位于巩留县新华西路,有班线车辆67辆、出租车33辆。

【巩留县公共汽车服务有限责任公司】 巩留县公共汽车服务有限责任公司位于巩留县新华东路85号,有班线车辆35辆。

【巩留县主共源驾校】 位于巩留县公园路龙轩监测站院内,成立于2016年,有职工13人(管理人员2人,教练员8人),主要从事机动车驾驶培训业务,占地面积7400平方米,有教练车20辆。

【巩留县得胜源驾校有限公司】 位于巩留县工业园区北一路,成立于2014年6月,占地面积1.35万平方米,有职工29人。

【巩留县领航驾校】 位于巩留县环城北路二区,成立于2018年,有职工10人(管理人员3人,教练员7人),主要从事驾驶技能培训业务,占地面积1.1万平方米,有教练车20辆。

【巩留县北方驾校】 位于巩留县平安路85号,成立于2014年,有职工34人(管理人员4人,教练员30人),主要从事培训业务,占地面积76666平方米,有教练车28辆。

【巩留县技工远程驾校】 位于巩留县职业技术学校院内,成立于2015年,有职工21人(管理人员2人,教练员16人),主要从事机动车驾驶员培训业务,占地面积1.32万平方米,现有教练车19辆。

(吴冬梅)

邮　政

【概况】 2020年,巩留县邮政分公司服务网点有9处,分别为巩留县邮政局营业厅、巩留县邮政局投递物流班、莫合尔邮政支局、阿尕尔森镇邮政支局、生产建设兵团第四师七十三团场邮政支局、吉尔格朗乡代投点、阿克吐别克镇代投点、牛场代投点、羊场代投点。

【主营业务】 2020年,巩留县邮政分公司主要经营业务有邮政金融、EMS邮政速递、经济快递、信函、集邮、报刊订阅、机要通信、家乡包裹寄递、代开税务发票、订购机票、鲜花礼仪等业务。其中,包裹、速递、储蓄等业务发挥主渠道作用,机要通信继续安全运行。

【服务工作】 2020年,巩留县邮政分公司继续实施营业窗口服务的标准化和规范化,落实用户投诉、建议、来访处理工作责任制,妥善解决用户投诉和投递终端延误等服务热点、难点问题,提高邮政服务满意度;继续向上级主管部门申报空白网点建设,并与县委、县政府和相关部门积极组织协调,安装农村信报箱,覆盖全县大部分村队;农村服务人员23人,其中乡邮投递人员9人。全县设有自办邮路两条全长228千米,农村投递路线9条累计单程长度265千米;改善投递工具,提高投递的时限率。

(钱萌)

通　信

中国电信股份有限公司巩留分公司

【电信重点工程】 2020年,中国电信股份有限公司巩留分公司(简称巩留分公司)FTTH光网建设工作,做好用户摸底与光网设计相结合,采用三方分成方式完成阿克塔木村三组五组、塔依托汗村四组、羊场移民克孜勒其勒克社区、县城伊勒格代牧业小学居民区、阿克巴斯陶社区等一批偏远零散居民点的光纤入户建设,完成三方投资约200万元。完成蝶湖郡二期、云山水小区、栖湖湾二期FTTH光缆接入建设。

【经营业务】 2020年,巩留分公司网络运营维护完成巩留城西、牛场片区、塔依托汗村、吉尔格朗沙尕村、莫合林场等140千米光缆环路建设。按照伊犁州公司要求完成巩留4G/LTE传输网IPRAN环路调测。完成头道湾C网混合机房、牛场片区模块局的蓄电池更新、阿克吐别克镇整流电源更新。组织开展县城中心机房网络整治。无线网络建设及维护工作,完成阿克加孜村、七十二团二连、沙尔乌泽克村、英塔木村等11个普服基站的光缆建设、供电协调及基站调测开通工作。配合伊犁州公司完成县城分公司、原农机局、防暴大队、青少年中心等7个5G基站的勘察调测工作。经营收入完成预算的106.49%,同比收入增幅20.28%;移动份额37.96%,较上年年末提升2.68%。

【项目建设】 2020年,巩留分公司完成森警大队、社保局等一批电子政务外网STN电路的调测开通。云杉中学、中医医院、纪检委、疫情指挥部等一批单位的光纤云改的基础建设工作完成。东买里派出所、市场监督管理局、县行政服务大厅等一批政企单位搬迁调测完成。司法局、应急管理局、环保局外网缩口工作完成。 (秦玲)

中国移动通信集团新疆有限责任公司巩留县分公司

【经营业务】 2020年,中国移动通信集团新疆有限责任公司巩留县分公司(简称巩留县移动公司)主要负责巩留县境内移动通信网络发展规划、运营维护以及业务经营、客户服务等工作。按照集中化、标准化原则,加快信息化建设,完善各种管理体系,推进企业全业务运营建设。全年拥有通话用户8.7万户,完成业务收入3984万元。

【网络建设】 2020年,巩留县移动公司立足网络基础,强化运营管理,投资2800万元,累计交付60个点位,8500个端口,新增FDD4G基站75个,5G基站3个、4G小基站4个、3G基站2个,新增室分5处,投建项目涉及社会监控平台、综合治理平台、旅游平台、综治专网、教育乡村级网络覆盖、卫生医疗系统、电力专网等。 (闫辉玲)

中国联合网络通信有限公司巩留县分公司

【经营业务】 2020年,中国联合网络通信有限公司巩留县分公司(简称巩留县联通公司)为全县客户提供固定电话、移动通信、家庭宽带业务,数据业务,智慧旅游、智慧农业、智慧校园、智慧医疗及网络元出租,党建云,数字化工地,各类国际通信业务等。全年主营业务收入2584万元,完成率84%。

【网络建设】 2020年,巩留县联通公司有乡镇场、生产建设兵团第四师七十三团场联通业务代办点43个,其中联通智慧生活馆1家。建成物理基站161个,2G基站改为GL基站,3G、4G网络覆盖100%,实现巩留行政地域网络全覆盖。同年实现县城人口密集区域5G网络覆盖。 (苏娟)

金融业

银　行

中国工商银行股份有限公司巩留支行

【存款业务】 2020年,中国工商银行股份有限公司巩留支行(简称工行巩留支行)各项存款余额(不含同业)93105万元,增加11755万元。对公存款余额43411万元,增加3375万元,增幅1.73%。储蓄存款余额49694万元,增加8374万元,增幅1.02%。

【贷款业务】 2020年,工行巩留支行各项贷款余额15177万元,增加4110万元,增幅为1.37%。

(彭永清)

中国农业发展银行巩留县支行

【存款业务】 2020年,中国农业发展银行巩留县支行(简称农发行巩留支行)各项存款余额36163万元,较年初增加21097万元;日均存款余额22330万元,较年初10413万元增加11917万元。

【贷款业务】 2020年,农发行巩留支行各项贷款余额为48284万元,较上年同期增加32495万元,增幅205.81%。

【库存占贷情况】 2020年,农发行巩留支行贷款投放情况:累计投放各类贷款38805万元,同比多投32563万元。生态环境建设与保护中长期贷款投放4427万元,同比多投3404万元;健康扶贫贷款投放3375万元,同比多投3375万元;农村流通体系建设贷款(流贷)投放1000万元,同比多投1000万元;旅游扶贫中长期贷款投放530万元,同比少投3480万元;棚户区改造贷款投放25669万元,同比多投25669万元。贷款收回情况:累计收回各类贷款6310万元,同比多收回688万元。其中,收回粮油贷款4255万元,同比少收回267万元;收回农业小企业贷款15万元,同比多收15万元;收回农村流通体系建设贷款(流贷)1000万元,同比多收1000万元;收回水利建设贷款1040万元,同比少收60万元。

(周旋)

中国农业银行股份有限公司巩留县支行

【存款业务】 2020年,中国农业银行股份有限公司巩留县支行(简称农行巩留支行)各项存款117657万元,较年初增加5545万元。其中,对公存款33791万元,较年初减少3629万元;储蓄存款83866万元,较年初增加9174万元。

【贷款业务】 2020年,农行巩留支行各项贷款40224万元,较年初增加803万元。其中,对公贷款8201万元,较年初减少1248万元;个人贷款32023万元,较年初增加2051万元。

【中间业务】 2020年，农行巩留支行实现营业收入3896万元，较上年同期增加191万元；实现净利润1904万元，较上年同期增加255万元。 （吴林）

巩留县农村信用合作联社

【机构概况】 2020年，巩留县农村信用合作联社（简称巩留县农村信用社）下辖联社营业部、库尔德宁信用社、吉尔格朗信用社、阿尕尔森信用社、东买里信用社、塔斯托别信用社、提克阿热克信用社、阿克吐别克信用社、牛场信用社、七十三团信用社10个营业网点，实现巩留县各乡镇、团场金融服务全覆盖。

【存款业务】 2020年，巩留县农村信用社各项存款219884万元，比上年增加23765万元，增长12.11%。其中，对公存款29896万元，比上年减少5786万元，降幅16.22%；储蓄存款188525万元，比上年增加29337万元，增长18.43%。巩留县农村信用社存款总额占全县各家金融机构存款总额的43.30%，存款来源主要为居民个人存款。

【贷款业务】 2020年，巩留县农村信用社开办农户贷款业务、企事业法人贷款、个人住房按揭贷款、公职人员综合消费贷款、个体工商户贷款、创业担保贷款等业务。贷款余额157270万元，比上年增加21832万元，增幅16.12%，贷款余额占全县金融机构贷款总额的57.58%，存贷比71.52%。其中，涉农贷款余额113393万元，占各项贷款余额的72.10%，比上年增加7750万元，增幅7.34%。累计投放各项贷款213715万元，其中发放小额信用贷款20251笔88686万元，农户联保贷款456笔10668万元，农户抵押及其他贷款1489笔16625万元。

【企业贷款】 2020年，巩留县农村信用社发放企业贷款20笔12690万元。存量企业贷款12笔14393万元，占贷款的9.15%，其中中型企业6793万元，小微企业7600万元。按行业划分：农林牧渔业5200万元，制造业贷款4971万元，批发零售业贷款322万元，交通运输、仓储3900万元。

【特色农业贷款】 2020年，巩留县农村信用社向库尔德宁镇、吉尔格朗乡发放贝母种植贷款569万元，向各乡、镇发放玉米制种贷款34546万元，向巩留镇、东买里镇、县良繁场、第四师七十三团发放种植草莓、蔬菜及反季节大棚葡萄贷款804万元。

【“农贷通”贷款】 2020年，巩留县农村信用社累计发放“农贷通”贷款77264万元，占贷款投放总额的36.15%；“农贷通”贷款余额61017万元，占贷款总额的38.80%。

【“信e贷”贷款】 2020年，巩留县农村信用社累计发放“信e贷”贷款17924万元，占贷款投放总额的8.39%；“信e贷”贷款余额10919万元，比年初增加2184万元，占贷款总额的6.94%。

【扶持养殖业贷款】 2020年，巩留县各乡镇场现代化牛羊养殖基地陆续建成。受新冠疫情影响，牛羊肉价格上涨，养殖业发展需求扩大，巩留县农村信用社及时向13266户养殖户投放贷款62567万元，解决养殖户发展需求。

【金融精准扶贫】 2020年，巩留县农村信用社为提高巩留县贫困人口自我发展能力，发挥金融服务和信贷“输血”功能，加大对建档立卡贫困户产业贷款扶持力度。自2016年8月31日起发放扶贫贷款1418户，投放扶贫贷款7232万元，其中2020年累计投放1182户3478万元，年末扶贫贷款户数为1162户，贷款余额3330万元。

【信用评级】 2020年，巩留县农村信用社推进信用工程建设，把信用乡镇、信用村、信用户的创建任务分解到各营业网点。累计建档农户26925户，评定出AAA级农户3261户、AA级农户8258户、A级农户13815户，信用户合计25434户。

【银行卡业务】 2020年,巩留县农村信用社银行卡业务稳步提升,累计发行银行卡30.59万张,其中金融IC社保卡10.21万张、玉卡一卡通20.34万张、金卡452张。

【POS业务】 2020年,巩留县农村信用社存量商户460户,比上年增加7户,增幅为1.55%;终端619台,比上年减少6台,降幅0.9%。银行卡收单业务交易笔数21.14万笔,比上年减少1.73万笔,降幅7.56%;交易金额85007.4万元,比上年增加17 199.93万元,增幅25.37%。

【ATM业务】 2020年,巩留县农村信用社下辖10个营业网点对外开办自动柜员机业务,布放自动柜员机28台,其中存取款一体机22台、取款机6台。布放地点为城区信用社12台,兵团信用社2台,农区信用社14台,自动柜员机已覆盖巩留县全部乡镇、片区。交易笔数118.75万笔,交易金额222189.70万元。其中,取款47.77万笔、交易金额95454.26万元;存款10.3万笔、交易金额40622.93万元;转账1.05万笔、交易金额19391.96万元;贷款支用笔数1.22万笔、交易金额53854.6万元;贷款还款笔数0.43万笔、交易金额12865.95万元;查询57.89万笔;改密0.9万笔;每台日均交易量116.19笔。

【网银业务】 2020年,巩留县农村信用社存量企业网银客户368户,累计发生业务笔数6.87万笔,交易金额214360.42万元。其中,行内转账笔数3.96万笔、金额84810.31万元;跨行转账2.26万笔、金额127905.19万元;代发业务0.65万笔、金额1644.92万元。存量个人网银客户2.44万户,累计发生业务7018笔,交易金额36307.92万元。其中,行内转账3447笔、金额21306.99万元,跨行转账3571笔、金额15000.93万元。存量手机银行客户2.44万户,累计发生业务8.48万笔,交易金额250249.18万元。其中,行内转账4.41万笔、金额187777.49万元,跨行转账4.07笔、金额62471.69万元。

【公务卡业务】 2020年,巩留县农村信用社玉卡公务卡业务有序开展,年末累计推广营销公务卡847张,活卡率47.54%,总授信2786万元。2020年,公务卡消费总金额4735.06万元,比上年增加2401.85万元,增幅102.94%;消费7870笔,比上年增加707笔,增幅52.43%。公务卡收入63.86万元,比上年增加37万元,增幅137.75%;公务卡透支金额710.32万元,比年初增加266.33万元,增幅59.99%,不良贷款率0.62%。

【假币收缴管理】 2020年,巩留县农村信用社严格执行《中国人民银行假币收缴、鉴定管理办法》,制定假币收缴管理操作规程,并设立假币收缴登记簿。反假币工作由各营业网点委派会计兼职管理,从事反假币工作人员40人,办理现金业务发现假币时,由2名以上持有反假币上岗资格证的业务人员当面予以收缴,并出具假币收缴凭证。全年全信用社收缴假币84张,金额7791元。

【消费券兑付】 2020年,巩留县农村信用社根据县政府消费券发放有关工作部署,积极配合县财政、商信局做好辖内消费券兑付工作。两次兑付消费券期间,巩留县农村信用社安排专人专柜兑付消费券,共计兑换50元券143199张、100元券7 653张,合计150852份,金额792.525万元。

【现金服务点】 2020年,为加强农村地区现金服务,使全县各族人民不出乡就能办理现金业务,巩留县农村信用社在各乡镇建立10家现金服务点。累计投放50元及以上面额人民币145.92万元,20元及以下面额人民币94.33万元,累计收回各面额残损人民币35.90万元。

【职工培训】 2020年,巩留县农村信用社加大对在岗职工培训力度。全年安排职工参加区内外培训71期、3980人次,其中农村信用合作联社内部举办培训班66期,培训1956人次。

【信访工作】 2020年,巩留县农村信用社辖内10

家网点共聘任行风义务监督员30人,均在各网点进行公示,并发放行风义务监督员联系卡进行沟通联系;在79个村队张贴以党委书记、纪委书记为联系人的服务满意问题反馈的宣传海报。设立举报专栏和举报箱10处,举报专栏公示两级投诉举报地址和电话;由纪委委员负责扶贫领域及疫情防控等其他业务投诉工作的承办,投诉电话与手机相连24小时保持畅通。对接收到的2起信访事件限时处理。(邵玉馨)

中国邮政储蓄银行巩留支行

【业务概况】 2020年,中国邮政储蓄银行巩留支行(简称邮储银行巩留县支行)完成收入总额1168万元,较上年同期增长260.43万元,增幅为28.73%,实现利润377万元。业务收入1168万元,储蓄存款36957万元,贷款结余12149.54万元。

【存款业务】 2020年,邮储银行巩留县支行个人存款余额为30648万元,较上年增长6309万元,增幅20.5%。对公业务存款余额为4055万元。

【贷款业务】 2020年,邮储银行巩留县支行总计发放各项贷款余额12149.54万元,较上年净增长2035.84万元。(吴宁)

保　险

中国人民财产保险股份有限公司巩留支公司

【网点概况】 2020年,中国人民财产保险股份有限公司巩留支公司(简称人保财险巩留支公司)拥有独立职场1个、远程出单网点4个、营销服务站2个,公司业务发展遍及巩留县乡镇、片区和第四师七十三团场。

【保险业务】 2020年,人保财险巩留支公司销售的保险产品不断丰富。主要业务有机动车辆保险、交通意外保险、人身意外保险、旅游保险、家庭财产保险、国内货物运险、建筑工程质量保险、火灾责任保险、企业财产险、责任保险、农业保险等,涵盖不同职业、不同需求、不同阶段的风险保障需要。人保财险巩留支公司实现保费收入5826万元,理赔共赔付2742.96万元,其中政策性保险理赔给付1842.09万元,商业性保险理赔给付900.87万元。(向明)

中国人寿保险股份有限公司巩留县支公司

【网点概况】 2020年,中国人寿保险股份有限公司巩留县支公司(简称中国人寿巩留县支公司)有营销服务网点2个,业务覆盖巩留县乡镇、片区和第四师七十三团。

【保险业务】 2020年,中国人寿巩留县支公司主要业务有人寿保险、健康保险、意外伤害保险、养老保险、分红保险、企业年金、国寿鑫福年年金保险、国寿鑫福年养老年金保险等,实现保费收入5639.23万元,理赔给付561.51万元。(李晓雪)

中华联合财产保险股份有限公司巩留县支公司

【网点概况】 2020年,中华联合财产保险股份有限公司巩留县支公司(简称中华保险巩留县支公司),在巩留县乡镇、片区设立网点服务站。

【保险业务】 2020年,中华保险巩留县支公司主要业务有车辆保险、财产损失保险、责任保险、信用保险和保证保险、短期健康保险和意外伤害保险,实现保费收入3800万元,较上年同期增长20%,理赔给付3396万元,较上年增长23%。

(冯志威)

城乡建设

城乡规划与管理

【辖属单位】 2020年，巩留县住房和城乡建设局下设村镇规划站、房地产管理所、建筑勘测设计室、环卫大队、建筑工程质量安全监督站、城管大队、城市房屋拆迁管理办公室7个站(室)。其中，村镇规划站、建筑工程质量安全监督站、城市管理行政执法大队为副科级事业单位。下属企业有6家，分别为巩留县供排水公司、巩留县巩峰建筑有限责任公司、巩留县蝶湖城乡建设发展有限公司、巩留县供暖公司、巩留县思源物业服务有限公司、巩留县青青花卉种植有限责任公司。

【棚户区改造项目】 2020年，巩留县棚户区改造目标任务1050套，完成率100%，改造方式为货币补偿+产权置换，项目地址为新华路、健康路、巩尼路、文化路、再开西渠、同干买里、团结西路7个棚户区改造片区。同年中央、自治区财政下达县城镇保障性安居工程补助资金1436万元，其中棚户区改造补助资金697万元，老旧小区改造补助资金739万元。巩留县申请棚改专项债6.1亿元，2个项目被国家发改委锁定。

城乡一体化建设项目：2020年，巩留县城乡一体化建设项目系申请农发行贷款项目，项目总投资10.02亿元，于2020年9月发放36048万元贷款。

蝶湖苑小区建设项目：2020年，巩留县新建棚改安置房建设项目(巩留县蝶湖苑小区)，9月25日完成招投标、开工建设。规划用地面积38892.27平方米，总建筑面积34110平方米(住宅29710平方米、公建4400平方米)，小区内外配套基础设施等，中标价14318万元，完成30%工程量(地基开挖、换填等工程施工)。

2020年，县政府通过回购县域东华房地产、栖湖湾房地产、云山水房地产、九河源房地产、尚都一品房地产、中天世纪房地产、都市丽景房地产、鑫通园房地产8家开发商楼盘430套安置房，总建筑面积7万平方米。根据拆迁群众对房屋的选择与8家开发公司签订征收安置商品房订购合同。

【安居富民】 2020年，巩留县农村安居工程建设总任务810户，开工810户，竣工810户；低保户160户开工160户，竣工160户；一般户650户，开工650户，竣工650户。

【固定资产建设项目】 2020年，巩留县住建局实施固定资产投资项目14项，项目总投资45112.5万元，同年完成投资35038万元。其中，续建项目4项，总投资11445万元，完成投资6463万元；新建项目10项，总投资33667.5万元，完成投资28575万元。项目分别为巩留县城西污水处理厂建设项目、巩留县城市停车场建设项目、伊犁州巩留县城供水改扩建工程(二期)、巩留县棚户区改造安置点及棚户区片区内配套基础设施建设项目、巩留县2019年老旧小区改造配套基础设施建设项目、巩留县2020年老旧小区改造配套基础设施建设项目、巩留县城集中供热管网建设项目、伊犁州巩留县城市防涝、雨水分流建设项目(一期)。

集中供热第二热源建设项目：项目总投资8310万元，资金来源为银行贷款和企业自筹，其中贷款6200万元、自筹2110万元，还款期15年。已贷款5450万元、配套1715.98万元。第二热源项目于2019年9月建设,2020年11月竣工验收,已投入使用。

垃圾处理建设项目:库尔德宁镇垃圾填埋场于2020年10月初竣工验收,已投入使用;塔斯托别乡垃圾填埋场因疫情和电力设施迁移工程影响,完成60%的工程量,计划2021年5月完成建设。

县城供水改扩建工程(二期):建设地点县城内。项目投资暂定为4200万元(以最终下达的投资计划为准)。建设规模执行项目立项批复建设规模和内容,暂定为新建县城DN315-800配水管道18.05千米、县城良繁场DN25-200配水管道及入户85.92千米及配套附属设施;新建县城供水智慧水务系统一套。县城防涝、雨水分流建设项目(一期):资金来源为中央预算内资金及地方自筹,投资650万元。建设内容为新建雨水收集管网12千米,改扩建水渠10千米,新建泵站1个、蓄水池1座及配套附属设施工程。

集中供热改扩建项目:该项目由县住建局委托安康热力代建,总投资1670万元,其中中央预算内资金1000万元、地方配套670万元。项目工程于2020年10月完成建设并投入使用。

集中供热管网建设项目:该项目总投资3000万元,其中中央预算内资金1800万元、地方配套1200万元。工程部分施工,2021年8月31日前完工。拨付项目资金250万元。

【建筑市场管理】 2020年,巩留县住建局在日常抽查、巡查基础上优化检查验收方式,开展"双随机、一公开"检查两次,抽查建筑工地10家,下发整改通知书4份、执法建议书1份,对相关单位的负责人进行扣分处理。按照监督小组条块负责,日常监督责任到人。设立每周五的巡查日,抽取2个工地对各方面情况检查梳理。每周至少对辖区工地覆盖检查1次,累计下发质量安全整改通知书12份,有效规范建筑市场运作程序。

【房地产管理】 2020年,巩留县新建商品房销售总量较上年有所下降。全县商品房销售面积7.59万平方米,同比下降31.6%,其中商业销售面积1.51万平方米、住宅销售面积6.08万平方米。销售额2.67亿元,同比下降26.6%,其中商业销售额0.65亿元、住宅销售额2.02亿元。2020年,全县商品房库存面积26.29万平方米,较上年同期增长27%。其中,住宅可售面积10.22万平方米,商用房可销售面积16.07万平方米。商品房销售价格较上年有所上升。全年开发楼盘均为多层电梯、花园洋房及景观房等高品质房屋,房屋销售单价较往年有所增长。9月,全县商品房销售均价为每平方米3835元,较上年同期上涨11.6%。

【房屋产权监管】 2020年,巩留县建立新疆房产监督管理服务平台,规范商品房预售合同网签备案管理流程,完成合同备案648份、783套;执行维修资金的收取和管理使用规程,全年收取维修基金520.5万元,支出15.13万元;有序完成房产常规业务工作,开具转让确认单345份、完成抵押贷款注销194件。

【建设工程消防设计审查验收】 2020年,巩留县住建局质监站负责建设工程消防设计审查验收工作,质监站办理消防设计审查、备案、验收手续180栋建筑,消防专项整治163栋,受理消防设计审查项目1个。受理竣工验收备案15个,其中竣工验收备案未抽中8个、受理消防验收项目1个。

【市容市政管理】 2020年,巩留县住建局城市建设管理监察行政执法大队出动执法车辆654次,执法人员845人。清理条幅广告、商业宣传广告、墙体小广告、破旧条幅1060多处;劝退占道经营户865起、店外店600多家,下发通知书129份,签订门前三包责任书1800份,审批广告牌150家,捕捉无主犬400多只。清理清运建筑垃圾及生活垃圾12.3万立方米。维修县域人行道6000平方米、公厕24个、果皮箱80个,划停车位标线3900个。新建停车场23处、公厕5个、再开西环线小游园1个投入使用。为新华路购置安装道路隔离护栏3148米。

【亮化建设管理】 2020年,巩留县住建局加强亮化建设管理工作。全年维修交通信号灯64处,更换控制器6台,线路抢修469处,更换地埋电缆线2975米、2.5平方铜芯线39卷,更换各类灯泡768支、灯罩81个、灯头186只、时控器26块,维修控制箱26次,悬挂、拆除灯笼500只,悬挂彩旗140面,修剪遮挡灯光、交通信号灯、道路标牌树木217棵,安装交通信号灯8组、电箱2个,完成再开西渠(新华路至迎宾路段)景观灯77盏的验收工作,为蝶湖退水口抽水18天,为政府院内预埋穿线管40米,为龙口检查站安装路灯18盏。

【供排水工作】 2020年,巩留县供水完成新安装及改造自来水用户46户、新接工地用水19处,累计抢修维修供水管网及附属设施520多次,维修供水检查井130座,更换供水井盖63套;疏通排水管网76次,疏通管网11.5千米,疏通清淤检查井146座,新砌排水检查井47座、维修排水检查井86座,更换排水井盖69套。疫情防控期间,受理群众困难诉求210条,完成社区供水主管网和居民供水管网维修、抢修工作;县城供水693万立方米,污水处理厂达标处理污水423万立方米。

【疫情防控】 2020年,巩留县住建局疫情防控期间落实优惠政策,为全县28家中小微企业、1368家个体工商户暂缓收取上半年水费、污水处理费共计129810元,同时将(4月10日起至6月30日)非居民用水价格优惠10%,上半年累计优惠60542元。对符合条件的11个新建项目免征基础设施配套费1250.58万元。通过宣传,全县有9家房地产开发企业的15个项目为218家租户减免租金168.85万元。按照政策要求为中小微企业员工减免公租房租金,累计减免公租房租金13963元。

(秦怡)

城区园林建设与管理

【区域园林建设】 2020年,巩留县青年培训中心在人民广场铁栅栏外绿化带,种植大花月季3.5万棵。在新城区各路段补植8000平方米绿篱苗木。在东城区作为规划建设用地的苗圃地里移植大乔木4900棵,成活率98%。补齐团结路(静和路至西一路)所缺苗木4万株、建设好贵宾馆两侧绿地1300平方米,为县城13个街口迎花坛栽植摆放45株花卉。为蝶湖公园栽花8万株。在城区主干道绿化带及游园广场等绿地开展精细化管养工作,参与雇工和工作人员600多人次,整体修剪建城区内绿篱6遍、修剪草坪8遍,完成全县公共绿地243万平方米的养护工作。各绿化队实行包片负责制,有管网的绿地每日浇灌,无管网处安排水罐车拉水灌溉,确保绿地水肥充足,正常生长;日常管养中,发现病虫害及时进行施药处理。全县建成区面积1270公顷,绿化覆盖面积664.1公顷,建成区绿化覆盖率达53%,绿地面积644.78公顷,县城绿地率达51%,公共绿地246.58公顷,县城镇人口6万人,人均公共绿地41.1平方米。组织园林养护工人开展纪律教育和技术业务学习,培养技术业务骨干和管理人员,建立一支能严格遵守规章制度、熟悉技术操作养护管理工作队伍。复工复产后,每天组织60多人对城区内道路绿地、公园绿地进行清扫;与城管执法部门联动,做好各类绿化违章、举报案件的查处,处置绿化抢险事件。全年处理损绿毁绿事件4起。

【新增绿地】 2020年,巩留县新增绿地46.23万平方米,分别为:完成团结西路13万平方米的绿化建设,再开西渠两段32.3万平方米的滨水带状公园绿化建设、完成东买里路9300平方米的绿化建设。建设生态、健身、休闲广场游园32.3万平方米,完成再开西渠四段32.3万平方米的游园绿化建设。完成蝶湖退水6.5万平方米的鸽子湖游园绿化建设。

【生态节约型园林灌溉建设】 2020年,巩留县青年培训中心推行节约型、生态型园林建设,在节约绿化灌溉方面,灌溉系统规划采取有渠水条件的一般绿地、林带,绿化用水采用自然水架泵抽水浇灌;重要地段、景观带、绿化造型、图案花草的绿化采用自来水喷灌和滴灌。针对城北工业园区30万平方米、316线滨水带状公园15万平方米的绿地利用再开西渠架设泵房,采取抽水喷灌方式,湿地公园占地30万平方米采用打井方式地面喷灌。蝶湖公园39.2万平方米,利用湖里自身水源,架泵抽水、地面全部采用喷灌方式;对于东城区12条道路22.5万平方米绿地,从团结渠铺设地下绿化管网引到东城区,采取自压渠水滴灌方式对22.5万平方米绿地进行灌溉。再开西渠两侧滨水带状公园、团结西路12万平方米游园,同样采取这种绿化灌溉方式,资源合理利用,降低水费成本,平均每立方米水电费成本0.15元,降低人工成本。

【城市道路绿化】 2020年,巩留县完成团结西路13万平方米的绿化建设。完成东买里路9300平方米的绿化建设。完成东城区和平一路(大营盘东路—新华路)段3100平方米的绿化建设,按照和平一路原有设计建设,栽植的法桐110棵,红叶海棠70棵、栽植水蜡、紫叶矮樱等绿篱。东城区和平三路(和平一路—文化路)段4200平方米的绿化建设,按照和平三路原有设计建设,栽植大叶白蜡252棵、山桃120棵,栽植月季、水蜡、红叶李等花卉、绿篱。 (戴振慧)

住房公积金管理

【概况】 2002年10月,伊犁哈萨克自治州住房公积金管理中心巩留县管理部成立,是伊犁州直属派出机构。2020年,全县有274个单位,缴存职工7726人,累计归集总额1.4亿万元,新增缴存单位5个,新增缴存人数299人,月缴存29.73万元。

【主要业务】 2020年,归集住房公积金5.7亿万元,提取住房公积金4344万元(部分提取),销户提取1810万元,发放住房公积金个人贷款1.3亿万元,贷款回收377.15万元,贷款余额1.1亿万元。缴存比例为单位、个人各缴存12%。 (周亚静)

贸 易

供销合作

【经营情况】 2020年,巩留县供销社全系统商品销售总额完成2600万元,实现利润400万元,资产总额1200万元;巩留县供销社东买里粮油加工厂销售收入596万元,实现利润7万元;新疆农资集团巩留农佳乐有限责任公司销售收入620万元,实现利润2万元。

【农资供应】 2020年,巩留县供销社初步形成县有农资公司(配送中心)、乡镇有农资超市、村有农资店或加盟店的农资连锁经营一体化服务网络。全县有农资连锁直营网店14个、配送中心1个,全年销售化肥3260余吨,销售额620万元;农药销售额18万元,烟花爆竹销售额6万元。

【农村合作经济组织】 2020年,巩留县供销社指导注册农民专业合作社1家,规范提升农民专业合作社1家,提升基层社1个,结合新农村建设规划,在重点乡镇(片区)村采取多元化投入方式指导组建综合服务社,新建综合服务社1家。

【农村现代流通网络建设】 2020年,巩留县供销社把"新网工程"作为供销社参与新农村建设的一项基础性、战略性工程,培育壮大农业生产资料、盐业、日用消费品、烟花爆竹、农副产品购销等经营网络。全县乡村连锁网点84个,其中日用消费品店50家、农佳乐公司"农资店"14家、农副产品收购网点12家、再生资源收购网点8家。经营网点遍布全县各乡、村,极大地改善了农村居民的生产生活消费环境和消费质量,活跃了农村市场。

【企业简介】 2003年4月,新疆农资集团巩留农佳乐有限责任公司成立,位于巩留镇一区环城东路74号,注册资金75万元。2020年,公司有在职人员6人,主要经营农药、化肥、烟花爆竹、废旧物资回收等业务。

1997年1月,巩留县供销社东买里粮油加工厂成立,为民营企业,位于巩留县东买里镇东买里村中心路39号,注册资金18万元。2020年,公司有在职人员5人,主要经营农产品收购、加工销售、面粉、清油等。（俞金梅）

商务经信

【商务经济】 2020年,巩留县完成进出口任务533.95万美元,完成全年任务的106.8%。巩留县众康医用材料公司实现全年医用口罩和医用防护服145万美元出口;巩留县九河谷有限公司完成190.9万美元出口;伊犁那拉乳业集团公司全年完成198.05万美元的乳基粉、奶粉进出口任务。

【招商引资】 2020年,巩留县实施招商引资项目40个,总投资52.79亿元,实现到位资金23亿元,完成全年目标任务的115%,同比增长283.3%。其中,新建项目32个,总投资37.24亿元,实现到位资金17.4亿元;续建项目8个,总投资15.55亿元,实现到位资金5.6亿元。

【经济贸易】 2020年,巩留县实现社会消费品零售额126579万元，比上年下降3.9%。其中，城镇社会消费品零售总额为96589.9万元，比上年下降5.96%；乡村社会消费品零售总额29989.1万元，比上年增长3.3%。按消费形态看，商品零售业实现零售总额107183.8万元，比上年增长0.5%，餐饮业实现零售总额19395.2万元，比上年下降22.5%。全县实现限额以上社会消费品零售额7839.7万元，比上年增长41.6%。（王霞）

石油销售

【概况】 1974年，巩留县石油公司成立。2020年，巩留片区所属加油站8座（其中金龙加油站长期关停）。有加油、加气站18座，其中中石油加油站7座、中石化加油站4座、兵团加油站1座、兵团加气站1座、新捷燃气站1座、社会液化气站1座、加气站2座、加油加气站1座。

【经营效益】 2020年，中石油新疆销售有限公司伊犁分公司巩留片区在上级公司的直接领导下，全体员工克服疫情影响，全力做好片区服务工作。全年完成汽油、柴油销售2.7万吨，费油收入686万元。

【安全生产】 2020年，巩留片区运营加油站认真贯彻《中华人民共和国安全生产法》和《危险化学品安全管理条例》，落实企业安全生产主体责任制，抓好质量管理，加强监督检查和问题整改，运营的7座加油站未发生安全生产事故和环境事件。（李桂荣）

烟草专卖

【经营情况】 2020年，巩留县烟草专卖局卷烟销售数量3466.79箱，较上年减少95.35箱，降低2.68%；卷烟单箱销售收入25502元，较上年增加1763元，增长7.43%。

【市场监管】 2020年，巩留县烟草专卖局加强市场监管，积极开展各项卷烟打私打假专项行动，对辖区市场监管盲区、空白点进行全面清理整顿，严厉查处假烟、走私卷烟、加热不燃烧卷烟、雪茄烟等犯罪活动。开展节日期间专项检查行动。把大型超市、烟酒店、经营能力强的便利店列为检查工作重点，有效打击涉烟违法行为，防止真烟非法流通，严厉打击走私卷烟流入。加强对莫合烟销售、运输、种植等涉烟违法行为的监管力度。开展非法生产、经营散支卷烟违法行为摸排，以运输、销售走私卷烟违法行为为线索，开展农网地区专项检查。开展电子烟市场专项检查行动。

采取一一对应方式，每日对各电子交流、电子交易等平台进行检索、查看、分析，建立健全辖区内电子烟经营户档案，强化线索收集研判，增强重点环节检查力度，严厉打击向未成年人销售电子烟行为。（王婷婷）

自然资源·环境保护

自然资源管理

【国土资源】 2020年，巩留县辖区总面积为411140.23公顷，其中可耕地面积51893.56公顷，园地面积为1569.82公顷，林地面积74677.93公顷，草地面积246971.64公顷，城镇及工矿用地面积8567.35公顷，交通运输用地面积2620.93公顷，水域及水利设施用地10759.63公顷，其他土地面积14079.37公顷(以上面积含兵团面积)。

【矿产资源管理】 2020年，巩留县有各种探矿权项目11个，探矿权人5家。探矿许可证全部到期，经报上级主管部门，将在县境内生态红线里的各探矿权予以扣除，并办理相关延续手续。严格采矿权管理，全县矿山企业有36家，其中煤矿3家、铁矿1家(停产)、建筑用石灰石矿3家(停产)、建材及其他非金属矿产29家，对三类矿山企业开展权益金的收缴工作。巩留县塔拉迪煤矿和阿克吐别克镇新建矿验收通过60万吨改扩建工程，办理完成延续手续；巩留县提克阿热克煤矿已关闭，开展矿山地质环境治理恢复工作；对全县矿山企业开展矿山统计年报和矿山储量核查工作。

【耕地保护】 2020年，巩留县自然资源局落实耕地保护责任，形成县、乡、村三级管理网络，逐级签订耕地保护目标责任书，明确耕地保护责任，确保巩留县耕地面积不少于5.17万公顷，基本农田保护面积不少于4.25万公顷。开展永久基本农田核实整改及储备区划定工作。制定《巩留县永久基本农田核实整改及储备区划定工作实施方案》。根据自然资源部下发的4372个基本农田储备区潜力图斑，划定完成永久基本农田储备区，面积为2000.5565公顷，占基本农田面积的4.7%，数据库通过自治区自然资源厅质量检测。结合耕地保护督察、审计反馈意见、卫片执法、第三次国土调查等发现的问题，核查基本农田现状，初步确定补划永久基本农田面积为1228.078公顷。落实耕地“占一补一”制度，新增建设用地占用耕地34.06公顷，保持现有耕地面积长期稳定，总量平衡。

【土地利用】 2020年，巩留县完成征收农用地区片综合地价制定，通过自治区验收。完成耕地资源质量分类生物多样性指标土壤样品采集工作。根据重点项目用地需求，调整规划，保障项目用地，对全县土地利用总体规划(2010—2020年)有条件建设区调整，涉及17宗地，调整面积为80.41公顷。通过自治区审批建设用地报件10个，批准面积111.58公顷。供应土地30宗，供地面积108.58公顷。

【地籍管理】 2020年，巩留县开展第三次全国国土调查和基础测绘工作。国土调查总面积(含兵团面积)为411563.14公顷，通过国家级核查。接收巩留县库尔德宁旅游风景区管理委员会购买国家测绘成果1:50000地形图76张及相关资料。完成巩留县资源环境承载力评价和国土空间开发适宜性评价，完成土地利用总体规划、城市总体规划实施双评估，完成国土空间规划编制大纲。完成全县生态保护红线划定工作，划定面积2224.53平方千米，占全县总面积的54.05%，上报自然资源部。

【土地开发整理项目】 2020年，巩留县完成第五批土地整治项目，总建设规模为1715.05公顷，总投资额为2802.54万元。10月底，完成竣工验收。完成自治区下达跨省域补充耕地指标，资金为5000万元，用于实施该县耕地储备库提质改造项目，总建设规模2182.92公顷。完成施工单位资格预审工作。

【地质监测】 2020年，巩留县自然资源局编制完成年度《巩留县地质灾害防治方案》和《巩留县地质灾害突发性应急预案》。落实重要地质灾害隐患点专人监测负责制度，实行汛期24小时值班监测，完善隐患点定时监测和灾情一日一报制度。加强汛期地质灾害监测巡查，开展动态巡查34次，出动68人次，历时26天，发放地质灾害巡查督查卡42份，排查出地质灾害隐患点26处，总行程约3800千米。

【宣传培训】 2020年，巩留县自然资源局加强地质灾害防治知识宣传教育，提高群众防灾减灾意识，发放地质灾害防治宣传手册500多册、地质灾害防治条例300多份，制作宣传展板1块，开展地质灾害应急演练2次，参与宣传演练2000多人。

【执法监察】 2020年，巩留县自然资源局下发土地卫片图斑65个，拆分后图斑为78个，矿产卫片图斑6个，地方图斑69个，面积60公顷（耕地19.13公顷）。合法图斑26个、其他图斑35个、违法图斑8个。违法非立案图斑4个，违法立案查处4个。下发的6个矿产图斑均为违法图斑，已立案。开展违建别墅问题清查整治专项行动。全县违建别墅经清查审核确定6宗，撤回1宗，拆除并复垦整改到位3宗，剩余2宗为保留建筑物项目。完成国家、自治区下发和自行摸排的3737个图斑外业摸排、内业审核、信息填报及数据上报工作，纳入清查整治范围图斑567个，其中住宅类图斑492个、公共管理与公共服务类图斑23个、产业类图斑52个。新增违建项目2个，整改到位。

【不动产登记管理】 2020年，巩留县全面启动农村房地一体确权登记颁证工作。制定《巩留县农村房地一体调查及集体建设用地使用权确权登记工作实施方案》，发布农村房屋登记公告，不动产登记专线接至各乡镇，批量受理农村房地一体确权登记，完成4089宗农村房地一体登簿工作。巩留县不动产登记中心实现不动产登记一窗受理、网上受理、数据共享、不见面抵押等业务。发放不动产登记簿7662本，不动产权证5835本、不动产证明1827本（为企业办理不动产登记证明11件）。

（彭荣华）

生态环境

【生态文明建设】 2020年，巩留县生态转移支付资金为4663万元，按要求及时上报重点生态功能区县域考核监测各项数据，按时上报《新疆巩留县国家生态功能区县域生态环境质量考核资料汇编》，完成生态功能区县域考核自查工作。

【中央环保督察反馈意见整改】 2020年，巩留县生态环境局全面开展生态环保整治工作，对中央环保督察反馈的问题开展“回头看”，逐一排查整改，对全县重点环境问题以及群众反映强烈的突出环境问题集中整治。

【污染减排】 2020年，巩留县生态环境局推进污染防治工作。印发《巩留县打赢蓝天保卫战三年行动计划（2018—2020年）》，持续开展砖瓦行业专项整治，督促砖瓦行业安装在线监测设备，完成区内10蒸吨及以下燃煤锅炉淘汰工作；加快推进“千吨万人”水源地问题整改工作，完成县级以下水源地整改销号，迎接自治区生态环境厅、伊犁州生态环境局对巩留镇地下水源地问题整改情况的现场调研及指导，完成《巩留县集中饮用水源地评估报告》；推进土壤污染防治工作，强化环境监管网格化管理，对全县3家土壤环境重点企业（2家硅厂、1

家生活垃圾填埋场)开展土壤污染状况详查,形成“一企一档”资料档案,录入生态环境部专网系统。

【项目环评】 2020年,巩留县生态环境局落实环境保护法和建设项目环评三同时制度,全县办理环评手续139个,没有出现一例越权审批和违规审批项目。其中,完成登记表备案109个,制定项目备案目录清单。按照《中华人民共和国环境影响评价法》第22条规定,取消建设项目环境影响登记表的审批事项,对环境影响登记表实行网上备案管理,全县对建设项目环境影响评价登记表全部实行网上备案制,建设内容涵盖渠系改造建设、危房改造、房地产建设、民生坊建设、医院射线装置等项目的网上备案。完成环境影响报告审批30个,其中告知承诺行政许可决定11个,出具环境影响报告书(表)审查意见3个,出具项目环保意见38个。豁免项目30个。按照《关于做好统筹推进疫情防控和经济社会发展环评审批服务保障工作的通知》(新环环评发〔2020〕24号)要求,对《指导意见》明确的30小类行业项目,予以豁免管理,不再填报环评登记表,节约项目的时间成本和人力成本,帮助企业复工复产。

【执法监察】 2020年,巩留县生态环境局加大环境监察工作力度,制定《2020年巩留县环境监察大队污染源日常环境监管领域落实随机抽查制度实施方案》;对重点企业做到每月检查一次,一般企业每季度检查一次。完成全县塑料制品行业摸排检查,行业整改5家、立案查处2家、执行处罚2家,处罚金额3万元;在全县开展木材加工、烘干厂、拌合站的专项检查。对15家木材加工、2家板材加工企业、8家拌合站、11家烘干厂进行现场检查,责令整改7家、立案查处4家、执行处罚4家,处罚金额8万元。

【环境投诉】 2020年,巩留县生态环境局受理生态环境投诉案件17起,其中12369转办10起,来电来访4起,巡查转办3起;自治区巡查转办2起,县委巡查转办1起,全部办结完成。

【环境监测】 2020年,受新冠疫情影响,巩留县城区环境空气自动监测站有几个月运维不正常,全年城区环境空气监测站连续监测有效天数为292天,其中环境监测优良指数(AQI指数≤100),天数为263天,占比90.1%;地表水断面、集中式饮用水源地及“千吨万人”农村饮用水水源水质均达到《地表水环境质量标准》(GB 3838—2002)Ⅱ类及以上标准。

【环境宣传教育】 2020年,巩留县生态环境局在第49个“6·5”世界环境日期间,会同全县50家单位,开展生态环境普法宣传教育和生态文明知识“三进”(进校园、进机关、进村队社区)活动,受教育群众3万多人。

【污染源普查】 2020年,巩留县生态环境局完成伊犁州污普办检查组验收工作,相关档案资料按规定移交至档案室保管,对入库确定的工业源156家、工业园区1家、入河排污口1家、生活锅炉(一蒸吨以上)21台、加油站12家、行政村75个和集中式污染源11个,按期完成数据库资料审核、污染物核算、档案整理工作。 (戴霞霞)

科学技术

科 技

【科技政策】 2020年，巩留县科技局助力特色产业发展，制定出台《科技特派员管理办法》《优秀科技特派员项目扶持办法》等相关优惠政策。

【科技项目管理】 2020年，巩留县科技局在开展调研基础上，指导企业、合作社、科技特派员申报科技项目。申报国家重点研发计划项目“科技助力经济2020”重点专项1项(巩留九河谷食品有限责任公司申报的玉米方便食品增香关键技术研究与示范项目)；申报第二批自治区级科技项目2个(巩留县自治区农业科技示范园后补项目、巴哈拜富芎精细加工项目)。其中，巩留县自治区农业科技示范园后补项目立项，项目资金10万元；申报伊犁州科技扶贫项目3个(蜂蜜和果酱灌装深加工技术、富芎人工繁殖种植技术集成与示范、巩留县巴哈拜村电商服务站点打造项目)；申报伊犁州级科技计划项目8个(2000吨鲜食甜糯玉米穗罐头产业化项目、三七破壁粉技术研究应用及产业化项目、中药材何首乌种植深加工及销售项目、巩留县智能蜂巢社区项目、小麦深加工项目、无人机植保项目、优良苹果品种秦脆高效栽培示范项目、新疆伊犁河珍稀濒危鱼类—裸腹鲟保护技术研究项目)。其中，新疆伊犁河珍稀濒危鱼类裸腹鲟保护技术研究项目立项，项目资金11万元。

【科技特派员管理培训】 2020年，巩留县加强科技特派员管理，明确工作目标和任务，建立保障机制。全县科技特派员总数78人(为10个贫困村选派科技特派员12人)。组织66名科技特派员，分三批参加伊犁州科技局举办的科技特派员培训，培训内容为林果业、农业、畜牧业等知识，提升科技特派员业务水平。结合农牧民科技大培训、科技活动周、农牧民夜校，把科技特派员充实到师资队伍中，通过举办集中培训、现场培训、经验交流等形式，向农牧民讲解各类种植、养殖实用技术，提升农牧民学用科技的能力，增强致富本领。举办各类培训72场次，其中现场培训35场，培训农牧民5000多人次、贫困群众1000多人次。

【科技创新】 2020年，巩留县科技局组织企业参加伊犁州科技局举办的科技创新大赛；组织伊犁那拉乳业集团通过路演、专家问答、在线参与双创大赛等方式，展示企业创新发展方案和企业形象。申报科研创新平台和创新创业平台，组织那拉乳业集团驼乳(粉)研发重点实验室申报伊犁州级科研创新平台，组织巩留县盛创电子商务发展有限公司申报州级众创空间创新创业平台。经巩留县科技局推荐，申报科技型中小企业。巩留县2家企业被评为自治区2020年第一批科技型中小企业，分别是巩留九河谷食品有限责任公司、巩留县盛创电子商务有限公司。

【参加展销会】 2020年，巩留县组织那拉乳业、佳和乳业、万邦生物科技、九河谷食品4家企业和肉鸽养殖、百里香蜂业、鲜然林果3家合作社的3名科技特派员，到伊宁市丝路之光旅游小镇参加伊犁州特色地产品展销会。展出驼奶粉、绵羊奶粉、驼酸奶、奶茶粉、风干手撕鸡、杏包仁、糯玉米、蜜脆苹果、肉鸽、山花蜜等20多种巩留县特色产品。 (王向平)

气　象

【气象监测】 2020年,巩留县气象局做好县境17个区域自动气象观测站的监管和维护工作,每月按时上报各类气象测报数据资料及报表。在春耕春播、夏收夏种、秋收秋种及汛期,区域自动气象站及时发布气象信息。

【信息服务】 2020年,巩留县气象局做好基本气象服务工作,通过电视、广播、微信平台、手机短信、内网系统平台等方式按时播出传送常规天气预报、中长短期天气形势预报、重要天气情报、预警天气信息、专题天气预报,为农牧业提供气象服务。将县委、县政府、各乡镇场、各相关单位主要领导纳入气象专题服务库。全年发布各类气象服务信息303期,其中巩留区域农牧业年景分析1期、重要气象情报21期、重要气象预报多部门联合会商材料2期、春运专题天气预报40期、十天天气预报66期、短期气候预测11期、重要天气预报16期、预警信号64期、新冠肺炎疫情防控气象服务专报63期,地震专题预报1期、中高考专题预报6期,春耕春播、夏收夏种和秋收秋种预报12期,发布气象预警短信3万多条。（薛彦鹏）

教 育

综 述

【概况】 2020年，巩留县有幼儿园68所，中小学校31所(小学26所、初级中学2所、九年一贯制学校2所、完全中学1所)，有教学点12个、分校区4个，职业高中1所。全县现有在校生41563人(幼儿园9068人、小学20617人、初中8771人、高中3016人、职业高中91人)，教职工3950人(幼儿园1154人、小学1789人、中学668人、高中309人、职业技术学校30人)；少数民族教职工2403人，占比60.84%；专任教师2658人(幼儿园522人、小学1293人、初中557人、高中268人、职业高中18人)。全县学前三年入园率99.65%，小学适龄儿童入学率100%，初中适龄少年入学率104.53%；小学巩固率99.96%，初中巩固率99.44%；义务阶段巩固率99.7%；高中阶段毛入学率96.30%。

【思想政治建设】 2020年，巩留县教育局制定下发《巩留县教育系统落实县委教育工委意识形态工作责任实施方案》，签订责任书，坚持立德树人根本任务，弘扬社会主义核心价值观，持续开展发声亮剑、民族团结一家亲、“三进两联一交友”等活动，引导各族少年儿童学习在一起、生活在一起、成长在一起、交融在一起。通过师生宣誓、主题班(队)会教育，课前五分钟德育等活动，抓好育人工程，提升育人实效。

【义务教育均衡发展】 2020年，巩留县委、县政府统筹疫情防控与教育工作，成立义务教育均衡发展工作领导小组，实施县四套班子领导包联学区学校制度，均衡发展成员单位及乡镇片区协调联动，形成县委政府牵头、人大和政协监督、教育部门主抓、成员单位协同、全社会参与的工作格局。召开义务教育均衡发展巩固提高工作推进会、教育工作安排部署会等专项工作会议，研究出台《巩留县义务教育均衡发展巩固提高工作实施方案》《巩留县义务教育均衡发展工作责任监督和问责制度》《巩留县人民政府履行教育职责评价工作县级有关涉教部门任务分工》等系列文件。9月，义务教育均衡发展巩固提高工作通过伊犁州复查验收，完成《巩留县优质均衡“十四五”规划(2021—2025)》编制，明确2023年启动县域义务教育优质均衡创建，2025年实现县域优质均衡目标。

【国家通用语言文字教学】 2020年，巩留县加快推进“双集中”办学力度，整合部分完全小学、教学点，撤校撤点吸收合并，将义务教育阶段学校整合为30所，将802个班级整合压缩至747个，实行多民族合校、混合编班，从学前到高中阶段国家通用语言文字教学全覆盖。对教师开展语言基础培训并全员考核，一线授课教师全部使用国家通用语言文字进行教学，其他后勤保障人员用国家通用语言文字进行日常交流。对学生实施分类分层强化教学，任课教师跟班、包生联系辅导，提升学生国家通用语言文字水平。按照国语培训三年规划中培训对象的年龄要求，对18～45周岁群众摸排，建立22811名培训对象花名册，其中15932名群众编入农牧民夜校培训。

【教育教学质量提升工程】 2020年巩留县教育局以“自主研修+集中学习+外派学习”的方式，夯实教研员专业素养,教研员参加培训50次,主持课题研究6项,深入教学一线开展讲座18场次,线上线下听课2435节,撰写评课反馈180次,人均撰写自修笔记1.6万字。开展“县—学区—学校”三级联盟学科教研,发挥5个试点集团化办学引领作用,开展线上集体备课、课例研讨、同课异构、名师讲座等教研活动55次。启动集体备课大教研活动,以学科、年级为单位,组织学科骨干教师对单元教材、教学设计意图讲解分析,研讨交流。组织教师参加各级各类竞赛,做到以赛促研、以赛促改。在规范做好学生期末学业水平测试的基础上,组织教学质量抽测2次,召开教学质量分析视频会议,依托援疆团队引领、名师工作室辐射、学科中心教研组带动及国培计划项目落实,扩大教师培训覆盖面,受培教师9640人次,援疆教育专家开展讲座15场、与巩留县3所学校结盟,入校指导42次。全年申报国家级课题6项、自治区课题4项、伊犁州级课题55项、县级课题28项。

【师资队伍建设】 2020年,巩留县教育局招聘学前教师62人(面向社会公开招聘54人、县聘8人);争取实习支教生229人,分配公费师范生42人;争取江苏连云港市援疆教师12人、张家港市援疆教师8人,解决教师短缺问题。

【办学条件】 2020年,巩留县教育系统续建、新建项目及设备采购总投资12043万元,其中投资350万元的高级中学消防水池建设项目完工,投资8000万元的城东九年一贯制学校建设项目开工建设,投资125万元的巩留县云杉中学改造项目完成并投入使用,投资300万元的云杉中学跑道建设项目开工;投资508万元为94所中小学幼儿园建设流转观察室项目,完成建设投入使用。教育教学薄弱环节改善与能力提升项目总投资2760万元,有5所学校新建厕所,建筑面积820平方米,11所学校操场改造总面积4.01万平方米,完成校舍建设及设备采购,竣工率100%,设备采购率100%。

【校园安全】 2020年,巩留县教育局组织各学校开展应急疏散演练活动,完善学校安全工作应急预案。开展安全生产专项整治行动,明确落实学校实验室危化品安全管理主体责任。教育局联合县消防救援大队下发《关于联合开展学校消防安全工作检查的通知》,开展消防安全教育、防溺水安全宣传教育培训。投资3000万元新建20所学校、幼儿园消防设施,并投入使用。开学前由县疫情防控指挥部学校工作组牵头联合教育局、公安局、卫健委、市场监管局、消防大队、财政局、应急管理局7个部门各2名成员,对中小学、幼儿园开展2次联合安全大检查,强化学校食品安全工作,把好食品采购关、储存关和加工关,坚持索票制度,完善台账,做好餐具消毒和食品留样工作,组织培训2次,参加培训400多人。对开设食堂的84所学校、幼儿园共开展食品安全督查10次,排查问题175条,完成整改175条。

【教育扶贫】 2020年,巩留县教育局落实普通高中国家助学金194.1万元,资助家庭困难学生1941人次。落实援疆资金99万元,对165名其他省市普通高校新疆籍家庭贫困学生给予每人6000元补助。对40名新入校的家庭经济困难大学生给予交通费或短期生活费补助,共2.5万元。积极争取社会捐助98.73万元,为9467人次贫困学生解决学习、生活困难等问题。

职业教育

【概况】 2020年,巩留县职业技术学校是巩留县一所综合性职业高中学校,为适应现代职业教育发展需求,搬迁至巩留县原东买里镇中学,校园地面积15333.3平方米,校舍面积2824.6平方米,生均校舍面积12平方米。

【职业教学】 2020年,巩留县职业高中深化教学改革,明确教学重点,落实理论课、实训课的教学内容，按照自治区规定课程图书设置目录购买教材，加强国语教学；做好招生工作，全年实际招生注册154人；做好技能培训工作，与县教育局、伊犁州技工学校合作，开展教育系统转岗教师培训204人；与伊犁州技工学校合作开展面点培训班30人、电工培训班50人、汽修培训班30人、中餐烹饪班17人、旅游讲解员40人，共培训371人，全部取得高级工证和合格证。

中小学、幼儿园简介（部分）

【巩留县高级中学】 巩留县高级中学所有班级均使用国家通用语言授课。2020年，有教职工299人，其中专任教师234人，少数民族教师117人。教学班有57个，在校生有3016人，其中少数民族在校生2233人；学校占地面积18万平方米，校舍面积71296.78平方米，生均校舍面积23.64平方米。

【巩留县第二中学】 巩留县第二中学是一所以国家通用语言授课的初级中学。2020年，教职工有195人，其中专任教师167人、少数民族教职工53人，教学班57个；在校生有2652人，其中少数民族在校生2193人。校园占地面积73486.7平方米，校舍面积24804.67平方米，生均校舍面积9.35平方米。

【巩留县张家港实验学校】 巩留县张家港实验学校是一所以国家通用语言授课的九年一贯制学校。2020年，学校有教职工143人，其中专任教师116人、少数民族教师56人。教学班级有44个，小学25个、中学19个。学生有1961人，其中初中生931人、小学生1030人。校园占地面积66062.09平方米，校舍面积20974.15平方米，生均校舍面积10.7平方米。

【巩留县城南中学】 巩留县城南中学是一所以国家通用语言授课的九年一贯制学校。2019年8月，正式投入使用。2020年，学校有教职工141人，其中专任教师119人、少数民族教职工44人。教学班级有46个，其中小学20个、初中26个。在校学生1999人，其中小学生802人、初中生1197人，少数民族学生1658人。校园占地面积60611平方米，校舍面积25825.13平方米，生均校舍面积小学12.65平方米、中学13.10平方米。

【巩留县云杉中学】 巩留县云杉中学是一所以国家通用语言授课的寄宿制初级中学。2020年，学校有教职工218人，其中专任教师178人、少数民族教师87人。教学班级有53个，学生2845人，少数民族学生2683人。校园占地面积126730平方米，校舍面积57594.61平方米，生均校舍面积20.24平方米。

【巩留县第一小学】 巩留县第一小学是一所以国家通用语言授课的完全小学。2020年，有教职工99人，其中专任教师94人、少数民族教职工26人。教学班有40个，在校生有1721人，其中少数民族在校生1367人。校园占地面积3.51万平方米，校舍面积12440.23平方米，生均校舍面积7.23平方米。

【巩留县第二小学】 巩留县第二小学是一所以国家通用语言授课的完全小学。2020年，有教职工135人，其中专任教师115人、少数民族教职工30人。教学班有49个，在校生有1981人，其中少数民族在校生1161人。校园占地面积7.71万平方米，校舍面积20753.8平方米，生均校舍面积10.48平方米。

【巩留县第一幼儿园】 2020年，巩留县第一幼儿园有教职工64人，其中专任教师38人、少数民族教职工39人。教学班有20个，其中小班7个、中班7个、大班6个。在园幼儿有645人，其中少数民族在园幼儿339人。校园占地面积17625平方米，建筑面积9790平方米，生均校舍面积15.2平方米。

【巩留县第二幼儿园】 2020年,巩留县第二幼儿园现有教职工32人,其中专任教师16人、少数民族教职工19人。教学班有8个,其中小班3个、中班3个、大班2个。在园幼儿有237人,其中少数民族在园幼儿116人。校园占地面积4000平方米,校舍面积1969平方米,生均校舍面积8.3平方米。

【巩留县第三幼儿园】 2020年,巩留县第三幼儿园有教职工20人,其中专任教师9人、少数民族教职工15人。教学班有5个,小班2个、中班1个、大班2个。在园幼儿有123,其中少数民族幼儿在园55人,校园占地面积2040平方米,校舍面积1059.48平方米,生均校舍面积7.15平方米。

【巩留县第四幼儿园】 2020年,巩留县第四幼儿园有教职工44人,其中专任教师21人、少数民族教职工31人。教学班有12个,其中小班4个、中班4个、大班4个。在园幼儿有313人,其中少数民族在园幼儿254人。校园占地面积11321.24平方米,校舍面积2963.15平方米,生均校舍面积7.76平方米。

【巩留县第五幼儿园】 2020年,巩留县第五幼儿园现有教职工43人,其中专任教师23人、少数民族教职工32人。教学班有12个,其中小班4个、中班4个、大班4个。在园幼儿有369人,其中少数民族在园幼儿290人。校园占地面积8838平方米,校舍面积3388平方米,生均校舍面积9.18平方米。

【巩留县第六幼儿园】 2020年,巩留县第六幼儿园有教职工57人,其中专任教师29人、少数民族教职工35人。教学班有19个,其中小班7个、中班6个、大班6个,在园幼儿有555人,其中少数民族幼儿305人。校园占地面积9999平方米,校舍建筑面积6023.32平方米,生均校舍面积10.85平方米。

【巩留县第七幼儿园】 2020年,巩留县第七幼儿园现有教职工35人,其中专任教师14人、少数民族教职工25人。教学班有9个,其中小班3个、中班3个、大班3个。在园幼儿有235人,其中少数民族在园幼儿225人。校园占地面积6800平方米,校舍2984.61平方米,生均校舍面积12.7平方米。

【巩留县第八幼儿园】 2020年,巩留县第八幼儿园有教职工22人,其中专任教师10人、少数民族教职工18人。教学班有6个,其中小班2个、中班2个、大班2个。在园幼儿有190人,其中少数民族学生183人,幼儿园占地面积9330平方米,校舍建筑面积1650平方米,生均校舍面积4.35平方米。

【巩留县蝶湖幼儿园】 2020年,巩留县蝶湖幼儿园有幼儿179人,有6个教学班,小班、中班、大班各2个,其中少数民族幼儿128人;有教职工23人,其中专任教师10人、少数民族教师15人。幼儿园占地面积2567.42平方米,校舍建筑面积1696.97平方米,生均校舍面积11.90平方米。 (苏琴)

文体·旅游

文体工作

【文化工作】 2020年,巩留县制定《关于加快构建现代公共文化服务体系的实施意见》,起草下发《巩留县实施伊犁州创建第四批国家公共文化服务体系示范区工作任务分解方案》《关于巩留县实施伊犁州创建第四批国家公共文化服务体系示范区工作过程管理的通知》。召开推进会4次,组织全县文化干部培训4次,外派30人次前往特克斯、伊宁、乌鲁木齐、昌吉、北京等地学习,派2名骨干前往自治区图书馆、伊犁州文旅局、州图书馆以干带训的形式提升业务能力。在援疆工作组的支持下,建成石榴籽书屋,方便群众借阅书籍。由县文化馆、歌舞团给农村送演出400多场次;举办送图书下乡、送文化下乡活动80多场次。文化馆利用寒暑期举办冬不拉、吉他、小提琴、轻黏土等培训班,参加培训班人员750人次。完成农村数字电影放映2000多场次,观看10万多人次。与县团委在野核桃沟风景区举行主题为"净化旅游环境,从你我做起"和全民阅读"你读书,我买单"活动。举办"4·23"世界读书日职工阅读比赛。

【体育工作】 2020年,巩留县组织参加伊犁州网络体育运动会,7000多人参与。申报体育项目:体育公园(蝶湖公园、湿地公园)、援疆体育项目,巩留镇全民健身中心,新拆分村农牧民健身工程项目。完成全国体育场地常态化普查工作,申请新建50万元笼式足球项目1个、300万元11人制标准社会足球场项目1个。

【文化遗产】 2020年,巩留县加强文化遗产保护,积极向上申报非物质文化遗产;开展"文化和自然遗产日"暨第七届新疆非物质文化遗产周活动;进一步健全完善三级文物保护网络,层层落实文物安全管理责任,对文物保护单位开展定期及不定期巡查。

【执法检查】 2020年,巩留县文旅局制定《巩留县文化体育广播电视和旅游局行政执法错案责任追究制度》《巩留县文化体育广播电视和旅游局行政执法公示制度》《巩留县文化体育广播电视和旅游局行政执法全过程记录制度》《巩留县文化旅游综合行政执法协调联动机制》《巩留县文化体育广播电视和旅游局重大行政执法决定法制审核制度》等。联合公安、市监、消防、应急、检察院、法院等部门,成立联合行动小组,建立长效联合行动机制,提高综合执法力度。全年,市场巡查出动执法人员171次,检查经营单位208家次,排查存在问题96条,其中县城整改85条、限期整改11条,"回头看"存在问题均已整改,完成率为100%。

(窦新华)

融媒体宣传

【机构概况】 巩留县融媒体中心在巩留县广播电视台的基础上组建,广播电视台原呼号保留。机构规格相当于正科级,为县人民政府直属事业单位,归口县委宣传部领导。融媒体指挥调度中心,整合广播、电视、网站、农村大喇叭、"两微一端",遵循"移动优先"原则,以移动端为核心再造"策采编译审发”业务流程,实现一体策划、一体采集、多种生成、多元传播。按照“媒体+政务+服务”理念,从单一的新闻宣传向综合服务领域拓展,努力打造县级思想舆论主阵地,打造“指尖上的政务服务中心”。以移动端为核心的微信、微博、抖音、今日头条、广播、电视、农村大喇叭等全媒体传播矩阵形成,实现宣传效果的最大化。

【全媒体制作发布】 2020年,巩留县融媒体中心全媒体粉丝达30万人,融合发布内容点击量8亿次。央视采用稿件28条次,“学习强国”学习平台采用26条。在引导群众的同时,做好拓展媒体功能,“蝶城公益”组织承担社会责任,“民族团结一家亲”公益直播开展送温暖活动。“直播带货”推出融媒体自己的网红,组织直播带货,服务农业农村,助力脱贫攻坚。全年直播67场,销售额达2700多万元。

【媒体融合宣传】 2020年,巩留县融媒体中心围绕疫情防控、经济社会发展、脱贫攻坚、项目、旅游、民族团结、馕产业等重大宣传主题,做好宣传报道,实现一稿多发,全网发布,实现宣传效果最大化。“巩留零距离”微信平台、“巩留县融媒中心”微博、“巩留县融媒中心”今日头条、“巩留县融媒中心”网易新闻、“巩留县融媒中心”企鹅号、“巩留县融媒中心”腾讯视频、“巩留县融媒体中心”官方抖音等第三方平台开设“决胜脱贫攻坚”“坚决打赢疫情防控攻坚战”“醉美巩留”“最美巩留人”“聚焦访惠聚”“榜样的力量”“群众工作”“网络中国节”“守护美丽家园”“张家港·巩留心连心”等专栏,针对重点主题、重要节点开展宣传,形成合力。全年发布图文视频6869条次,总浏览量达到3亿人次。

【专题短视频】 2020年,巩留县融媒体中心拍摄制作各类短视频203个,发布图文2301篇,海报、长图、H5等337条。其中,《蝶湖惊现树状冰纹》短视频发布后,被中央电视台、人民网、新华网、新疆电视台等多家媒体转发,总点击量突破1.2亿人次。《巩留县融媒体中心》官方抖音总点赞量426.8万人次,总浏览量超过1.58亿人次。其中,原创100万+22条,500万+8条,1000万+作品2条,1亿+作品1条。“巩留零距离”微信平台粉丝量达到7.7万人,年均推送各类短视频、图文2500篇,年均浏览量达360万人次。

【广播电视宣传】 2020年,巩留县融媒体中心广播录制各类宣传标语215条,公益片90部,其中疫情防控、脱贫攻坚标语174条。电视台共播出《巩留新闻》7728条(三种语言),电台广播共播出《巩留新闻》7728条(三种语言),播出咨询、公告等相关信息22686条(三种语言)。被自治区级及伊犁州级媒体采用1000多条;被国家级媒体采用800多条。在巩固好原有的20个新闻专栏外,新开设“奋进新时代、开启新征程”“学习贯彻第三次中央新疆工作座谈会精神”等专栏,结合党的十九届五中全会、第三次中央新疆工作座谈会精神,播出脱贫攻坚、文化润疆、改善人民生活品质等相关稿件70多篇。

【审读监制】 2020年,巩留县融媒体中心建立四级审核制度,严格按照审读工作要求,不断完善审读工作制度,完成当年所有音视频、图片、文稿等审读工作。

【农村电影放映】 2020年,巩留县融媒体中心农村电影放映队在全县各乡镇场放映《红星照耀中国》《守边人》《红鹰突击队深入敌后》等红色、爱国影片。完成农村数字电影放映400场次,观看人数达1.2万多人次。 (冯黛)

旅 游

【旅游经济发展】 2020年,巩留县累计接待游客610.1万人次,较上年同比增长120.75%,实现旅游收入40.99亿元，较上年同比增长110.42%。旅游带动就业。为加快激活旅游市场，打造跳蚤市场2个，摆放摊位673个，带动就业815人。全年旅游业累计带动就业人数15972人，其中直接就业2662人，间接就业13310人。旅游商品野核桃、羊肚菌被纳入伊犁礼物品牌名录。在库尔德宁遗产中心、野核桃沟景区游客中心、恰西—塔里木景区、蝶湖景区等景区设置名优农品销售区。

【旅游规划】 2020年，巩留县文旅局按照“康养巩留·秀美蝶城”定位，打造“一个基地、两个中心、三条景观廊道、五大景区、若干风情小镇、九个组团板块”的全域旅游发展基调。编制完成《巩留县旅游发展总体规划》《库尔德宁景区总体规划》《巩留县全域旅游规划》《野核桃沟自然保护区总体规划》《库尔德宁景区（大小莫合沟）、恰西塔里木景区、伊力格代景区景观景点设计》等。《库尔德宁国家AAAAA级景区创建总体规划》《库尔德宁镇旅游发展总体规划》初稿完成。

【旅游项目建设】

续建项目

1.库尔德宁游客中心及附属设施建设项目，项目总投资1596.62万元，续建库尔德宁游客中心3088平方米及配套停车场、场内道路、附属用房、绿化等，投入使用。

2.野核桃沟游客中心建设项目，项目总投资420万元，续建1030平方米游客中心、供排水等附属设施，投入使用。

3.核桃沟木栈道修复和景区维修项目，项目总投资317.42万元，建设木栈道、景观桥、防护栏、休憩点、垃圾箱等，投入使用。

4.旅游环线道路大莫合—库尔德宁景区项目，项目总投资735.97万元，续建库尔德宁镇经大莫合至库尔德宁和小库尔墩分岔处高标准砂石化16千米，投入使用。

新建项目

1.巩留县体育中心11人制足球场项目，项目总投资222.2万元，新建7500平方米足球场1座，投入使用。

2.库尔德宁游客中心内装及智慧化景区建设项目，项目计划投资587万元，计划完成游客中心内装设计、施工，基础设施设备采购、智慧景区系统建设、弱电系统、导视标识系统建设等。

3.库尔德宁景区景观景点建设项目，项目总投资3000万元，在大莫合沟新建5处景观景点及完善配套附属设施建设。项目于9月完成招投标，并开工建设。

4.野核桃沟景区游客中心内装及智慧化景区建设项目，项目总投资300万元，完成游客中心内装设计、施工，基础设施设备采购、智慧景区系统建设、弱电系统、导视标识系统建设等。

5.野核桃沟景区东沟木栈道维修及钢琴桥改造修复维护项目，项目总投资620万元，对景区东沟木栈道维修、休憩平台建设、栈道扶手、观景点及核桃树王观景点改造建设等。

6.巩留县蝶湖公园石榴籽书屋正式建成投用。石榴籽书屋由张家港市援疆工作组支援建设，总投资148万元，占地面积600平方米，其中书屋面积80平方米，藏书5000多册。是张家港市通过科技手段，实现24小时自助服务模式的民族团结主题图书馆。

7.新建厕所6个（阿克图别克镇游客服务中心厕所、塔里木景区内厕所、恰西塔里木门禁处厕所、恰西景区内2个厕所、伊力格代游客中心停车场内厕所），停车场3处（库尔德宁游客服务中心停车场、喀普其海游客服务中心停车场、库尔德宁莫合中转站停车场），投入使用。巩留县拥有旅游厕所26座，厕位总数532个，男女厕位比例2∶3，残障厕位数量26个，覆盖率100%，厕所全部被录入“全国旅游厕所管理系统”，完成百度地图标注，标注率100%。

【旅游宣传】 2020年，新疆伊犁州霍尔果斯市人民政府和巩留县人民政府在苏州联合主办霍尔果斯—巩留旅游推介会，霍尔果斯市和巩留县两地相关部门与苏州市旅游部门及各大文旅企业就旅游市场开发、人才交流、信息互通等方面的合作进行交流,与苏州文旅集团、苏州国际旅行社协会、苏州国内旅行社协会、苏州旅游文化产业协会等10家旅游单位签订合作协议。新疆949交通广播同新疆康辉大自然国际旅行社组建自驾游车队,在核桃沟、库尔德宁、恰西等各大景区开展为期3天的自驾游活动,有44辆车,130名游客参加。首趟“库尔德宁杏花”旅游专列,正式拉开火车旅游的序幕。来自乌鲁木齐的50名游客游览了“田园牧歌、繁花似锦”的曲如克杏花村和“天然氧吧”之称的世界自然产地库尔德宁景区。国庆节期间,举办摄影比赛,来自疆内外的30多名摄影爱好者前往采风、创作。

景区管理

【完善景区管理机制】 2020年,巩留县库管委以《自治州党委改革委库尔德宁景区体制机制改革方案》为依据,整合旅游资源。将库尔德宁景区管委会搬迁至库尔德宁镇人民政府办公,与镇政府6名干部共同组成库尔德宁景区管理办公室,落实景区管理及库尔德宁旅游小镇建设等相关工作。重组文化旅游投资发展有限公司和库尔德宁旅游有限责任公司,分片经营管理东西部旅游景区,构建人员优势互补,协同发展。

【库尔德宁国家AAAAA级旅游景区创建工作】 2020年,巩留县库尔德宁AAAAA级旅游景区创建工作列入伊犁州重点旅游项目,全县上下统一思想,高度重视,成立以县委书记为组长的创建领导小组统筹旅游工作。根据验收标准对各责任单位进行任务分解,各职能小组分工明确,责任到人,形成以创建工作统筹基础设施建设、细化工作节点,提升服务质量的工作新局面。

【全域旅游布局】 2020年,巩留县完善全域旅游布局。投资1.6亿元,先后完成库尔德宁游客中心及附属设施建设项目、库尔德宁旅游环线道路建设项目、库尔德宁景区景观桥建设项目、库尔德宁景区景观景点建设项目、库尔德宁镇旅游云杉小镇基础设施建设项目,旅游环线逐步形成,景观景点不断丰富。完成《库尔德宁创建国家AAAAA级景区总体规划》《库尔德宁景区景点景观规划》《库尔德宁镇旅游产业发展规划(初稿)》《姑苏小院设计(初稿)》,确定大莫合景区拆迁和安置方案。制定下发《巩留县促进旅游产业发展激励措施》,支持文创类、旅游服务设施类、智慧旅游类等新业态项目,吸引社会资本投资旅游业。库尔德宁镇发展民宿30多家,在建宾馆1家。鼓励库尔德宁镇各村(社区)利用党建+模式,将脱贫攻坚等工作与全域旅游发展融合,动员群众尤其是建档立卡贫困户参与旅游发展,为民宿提供农副产品手工艺品,鼓励贫困户在景区沿线兜售小吃及小商品,拓宽增收渠道,更多群众吃上旅游饭。

【统筹疫情防控和旅游安全】 2020年,巩留县库管委根据《防控技术指南》及《巩留县统筹疫情防控和经济社会发展常态化工作方案》要求,完善各景区防控策略和应对举措,常态化开展体温检测、信息登记、健康码查验,落实防护和报告制度,确保信息采集到位,人员管理到位、个人防护到位、行业管理责任到位。党组成员到各景区开展检查指导16次,发现安全隐患4处,全部整改完毕。持续监测隐患2处,上报县交通局隐患1处。景区与警务站开展联合演练28次,各景区应急体系和能力建设进一步提升,确保为游客提供安全健康的出游环境。

(李婷婷)

卫生健康

医疗服务

【辖属机构概况】 2020年，巩留县卫生健康委员会（以下简称卫健委）下设地方病办公室。卫生计生医疗机构有133家，其中县级医疗卫生机构4所（人民医院、中医医院、妇幼保健计划生育服务中心、疾控中心）、乡镇片区卫生院（社区卫生服务中心）9所、牧区医院1所、社区卫生服务站5所、村（队）卫生室68所、个体诊所43所、民营医院3所。全县有编制床位数810张。全年卫生健康支出26983万元。

【全民健康体检】 2020年，巩留县全面启动第五轮全民健康体检工作，应体检人数141645人，实际体检人数142349人，体检率100.4%。电子系统录入142349人，电子录入率100%。检出阳性体征患者41412人，患病率29.09%；纳入慢性病管理2687人（高血压1910人，糖尿病777人）。

【基本药物制度】 2020年，巩留县统筹公立医院基本药物在自治区药品采购平台采购、统一配送，加强乡镇卫生院对村卫生室的合理用药培训。乡村两级卫生医疗机构药品网采率95%，入库率100%，门诊输液率平均值25%。拨付乡级国家基本药物专项补助资金130.61万元，村级76.26万元。每月核算乡村两级卫生医疗机构的进货单及销售金额上报伊犁州卫健委。开展县级医疗机构网采率、门诊输液率及门诊抗菌处方使用督导检查，召开药企座谈会，共同研究探讨基本药物配送和药品网采等工作。全县乡镇卫生院基本药物使用比例100%，平均药物收入占总收入的100%，县公立医院基本药物使用比例60%，平均药物收入占总收入的45%。

【公共卫生服务】 2020年，巩留县基本公共卫生服务项目人均补助标准提高到69元，中央及自治区配套资金543.15万元，到位资金543.15万元，建立城乡居民电子档案166465份，建档率88.49%；高血压及糖尿病患者健康管理分别达到11088人和5543人，65岁及以上老年人健康管理10967人，登记管理重性精神病患者759人，并及时随访。

【医疗质量管理】 2020年，巩留县医疗机构接收乡镇卫生院进修人员1人次，短期培训13人次。县级医疗机构前往张家港、自治区、伊犁州医疗机构培训2人。持续开展自治区指令性学习316人参训。有序推进分级诊疗制度建设，二级医疗机构接受乡镇卫生院转诊患者232人次，二级医院向基层医疗卫生机构转诊116人次，基层医疗卫生机构向县二级医院转诊的人数降低。县人民医院药占比33.69%、中医医院药占比19.7%；全县县级医疗机构平均药占比53.39%，县人民医院百元医疗收入（不含药品收入）消耗的卫生材料费45.26元，县中医医院百元医疗收入（不含药品收入）消耗的卫生材料费28.66元。县人民医院医疗服务占比26.53%，县中医医院医疗服务占比41.35%，全县县级医疗机构医疗服务占比33.94%。

【计划生育工作】 2020年，巩留县全面落实计划生育家庭各项优先优惠政策，落实国家、自治区各项奖励扶助1032.69万元，落实巩留特色利益导向政策资金22.36万元,共受益13.49万人。为流动人口提供基本公共卫生服务3116人次。组织“流动人口与健康同行”主题宣传活动,开展健康教育讲座25次,发放宣传品0.35万份。继续开展违法生育专项治理工作,加强社会抚养费的征收、管理工作。全县征收社会抚养费的案件结案率和征收率分别达99.96%和99.51%。农牧民有效领证率27.85%。

【行政执法】 2020年,巩留县卫健委依法立案12起,其中非法行医案2起、医疗机构违法违规案8起。以案件来源分,上级卫生计生行政机关交办5起,派出所移交1起,以案由分类,非医师行医案1起、未取得医疗机构执业许可证行医案1起、传染病防治方面立案2起,公共场所立案2起,结案11起,尚未结案案件2起,在依法执行中,吊销医疗机构执业许可证案件1起。向国库缴纳罚没款205168.40元。 (叶延杰)

卫生监督

【卫生宣传及培训】 2020年,巩留县卫生计生综合监督执法局开展街面普法宣传2次、制作展板2块、悬挂横幅1条,发放宣传资料9000多份,上报各类监督巡查信息32篇;组织开展卫生计生监督员、协管员、公共场所负责人、企业、部分行业部门及社区相关负责人员培训6场次,参训人数190多人。

【卫生行政许可】 2020年,巩留县卫生计生综合监督执法局办理承诺制公共场所许可102件。办理放射卫生许可1件。开展承诺制公共场所许可复核98户。

【卫生监督执法】 2020年,巩留县卫生计生综合监督执法局开展公共场所日常监督检查,检查公共场所140户,下发监督意见书120份,将检查情况上报卫生监督网络直报系统。开展公共场所住宿业疫情防控监督检查,检查公共场所38户。

【传染病防治监督】 2020年,巩留县卫生计生综合监督执法局开展传染病疫情防控监督巡查工作。针对新型冠状病毒感染肺炎疫情防控工作需要,制定全县被监督单位监督检查实施方案,卫生监督员、乡镇卫生监督协管员,针对辖区内医疗卫生、公共场所、生活饮用水等被监督单位传染病防控工作开展多次全覆盖的监督检查。与县疾控中心联合对辖区内学校进行为期40多天的监督检查,下发监督意见书20份;与县纪委监委联合开展为期一个半月的社会面疫情防控的监督巡查,下发监督意见书18份。开展面对面防疫知识宣传1000多户次,发放宣传资料1000多份;下企业监督检查29户次,下发监督意见书11份。同时常态抓好全县艾滋病防治工作,督促住宿业做好艾滋病防治工作监督检查。

【生活饮用水监督】 2020年,巩留县卫生计生综合监督执法局监督检查全县的5家饮用水供水厂,取得生活饮用水卫生许可证1家,无证经营的4家,原因为硬件不达标,均未设立水质检验室,不能对饮用水水质实行日检测。水质检测工作均由县疾控中心月检测,检测合格率100%。

【“双随机、一公开”监管】 2020年,巩留县卫生计生综合监督执法局开展“双随机、一公开”监管工作。按照自治区“双随机”抽检工作要求,做好全县55家双随机场所监督工作,公共场所关闭1家,监督完成54家,完成率98.15%。 (卢帆)

地方病防治

【地方病预防宣传】 2020年,巩留县地方病办举办集中宣传活动1次,悬挂横幅1条,发放宣传版面1块、宣传单300多份、宣传画20张、印有防治知识的手提袋100个、水杯200个。开展三进宣传活动，随机抽取5个乡（镇）开展碘缺乏病基线调查，根据调查结果，组织开展碘缺乏健康教育干预活动，参加干预宣传单位9个，悬挂横幅9条、出动宣传车7辆，设立碘缺乏病宣传咨询台，发放宣传单2900份、接受群众咨询120人次。

【食用盐检测】 2020年，巩留县地方病办分别在5个街道200名非寄宿学生及100名孕妇家中采集300份食用盐盐样，所有盐样均进行现场定量检测，对数据汇总、分析和上报。

【地方病监测】 2020年，巩留县地方病办完成包虫病筛查2000人份，抽取1～5所学校进行超声检查1～6年级学生不少于500人，完成526人，未发现疑似包虫病病例。包虫病监测项目完成820只家犬、200只野犬犬粪采集。中间宿主监测(500只羊检查肝病患病情况，委托畜牧局检查)，啮齿类动物监测(500只老鼠检查肝肺患病情况，完成18例阳性监测)。报告包虫病病例18例(结合网络直报数据)，开展药物治疗病人21例，在定点医院手术治疗病人10例，无死亡病例。布病检测103例，阳性病人46例，开展水质检测工作，枯水期检测36份均达标，丰水期检测36份，结果均达标。

（渠建荣）

妇幼保健

【项目工作】 2020年，巩留县妇幼保健计划生育服务项目有预防艾滋病、梅毒、乙肝母婴传播工作。免费为孕产妇进行艾滋病、梅毒和乙肝咨询1376人，HIV抗体、梅毒和乙肝检测1376人，阳性人数63人，阳性率4.58%；增补叶酸预防神经管缺陷项目，新增叶酸服用人数2285人，叶酸服用率100%；农村妇女“两癌”筛查项目，完成农村妇女宫颈癌筛查2012人，乳腺癌筛查2039人，乳腺可疑阳性7人，其中2人乳腺纤维瘤、5人为乳腺癌。宫颈癌筛查异常256人、阴道镜164人、活检69人，低级别病变8人，高级别病变3人，3人均为宫颈癌；新生儿疾病筛查项目，听力筛查1345人，新筛1345人。

【孕产妇保健】 2020年，巩留县孕产妇死亡率为0；全县孕产妇保健覆盖率99.1%，孕产妇系统管理率89.33%；孕产妇中重度贫血患病率2.76%；孕产妇住院分娩率100%；高危孕产妇住院分娩率100%；婚检医学检查率100%。

【儿童保健】 2020年，巩留县5岁以下儿童死亡15人，死亡率为11.21‰；婴儿死亡10人，死亡率为7.47‰；3岁以下儿童系统管理率92.77%；7岁以下儿童保健覆盖率94.48%；开展儿童入园前健康体检工作9056人次。

【计生服务】 2020年，巩留县、乡两级查孕14324例，查病44204例，补救手术570例，继续推广免费药具自助发放机应用。

【健康教育】 2020年，巩留县举办9期妇幼重大公共卫生服务项目的培训班，县直医疗机构相关技术人员和各乡（镇）场卫生院妇幼专干等1200多人参加培训。

【工程建设】 2020年，巩留县妇幼保健计划生育服务中心根据新冠疫情防控要求、需要标准设置预检分诊室和核酸采样室。7月，新建附属房屋51平方米，板房65平方米作为预检分诊室，投入资金35万元，8月投入使用；10月，新建18平方米板房作为核酸采样室，投入资金2.2万元，投入使用。国家拨付10万元作为建设医疗垃圾暂存点，新建25平方米房屋作为医疗垃圾暂存点，年底投入使用。

【业务收支】 2020年，巩留县妇幼保健计划生育服务中心门诊就诊64179人次，住院986人次，手术68例。病人平均住院日9天。完成全民健康体检3256人次。全年收入1340万元,其中医疗收入1226万元,其他收入114万元;支出1220万元(药品、耗材、试剂、设备、临时工工资等)。(杨喜玲)

疾病预防控制

【医疗设备】 2020年,巩留县疾控中心提升医疗检测能力,为PCR实验室配备96通道提取仪2台、扩增仪6台、32孔提取仪1台、生物安全柜2台。

【免疫接种】 2020年,巩留县儿童常规免疫乙肝疫苗接种率97.61%,乙肝疫苗首针及时率98.98%;卡介苗接种率99.69%;脊灰疫苗接种率97.16%;百白破疫苗接种率97.78%;百破疫苗接种率87.75%;含麻疫苗(麻风、麻腮风)接种率95.04%;A群流脑疫苗接种率99%;A+C群流脑疫苗接种率89.24%;甲肝疫苗接种率90.73%。

【传染病防治】 2020年,巩留县报告传染病13种1338例(甲类0例,乙类534例,丙类804例),其中前三位的是流感404例,占发病总数的30.19%;流行性腮腺炎156例,占发病总数的11.66%;肝炎128例,占发病总数的9.57%;报告发病率669/10万。其他传染病水痘202例。无突发公共卫生事件。

【结核病防控】 2020年,巩留县初诊登记接诊可疑肺结核患者142人,初诊查痰141人,初诊查痰率99%;纳入治疗活动性肺结核患者110例,其中病原学阳性52例、病原学阴性43例、结核性胸膜炎15例;病原学阳性诊断率55%;结核病患者HIV筛查率100%,高危人群耐药筛查率100%,涂阳患者耐药筛查率100%,涂阳病人家属筛查率100%;非结防机构报告67人,转诊到位25人,追踪到位37人,其他到位2人,住院2人,死亡1人,总体到位率100%。

【健康教育宣传】 2020年,巩留县做好防病宣传日和重点传染病健康教育和促进工作。先后开展"3·24"结核病日、"4·25"计免宣传日、"5·15"碘缺乏病宣传日、"12·1"世界艾滋病日宣传,利用健康巡讲在社区、学校、县直部门开展健康宣讲,发放宣传资料1.5万多份,覆盖受益人群3万多人次。结合业务工作,做好业务知识培训技术指导,开展业务培训4期,受训1000多人次。(葸华)

医院选介

巩留县人民医院

【概况】 2020年,巩留县人民医院设有心血管内分泌科、呼吸消化内科、脑外科、普外科、骨外科、妇产科、儿科、急诊科、感染科、重症监护室、医技科(B超室、心电图、理疗科)、麻醉科、放射科、药剂科、检验科、综合科、注射室、门诊部、供应室等临床、医技科室和行政办公室、人事科、医务科、护理部、信息科、预防保健科、财务科、总务科等职能科室。

【公立医院改革】 2020年,巩留县人民医院围绕疫情防控工作任务,以医疗工作为核心,改进服务流程,扩大服务内涵,不断满足患者需求,确保医疗服务质量安全。调整医疗服务价格,降低大型医疗设备检查费及检验费,全年估算检查、化验类让利患者340万元,药品零差让利患者530万元,医用耗材让利患者140万元。

【推行惠民政策】 2020年,巩留县人民医院继续实施先诊疗,后付费一站式结算等医疗惠民政策,全年受益群众8210人次,免收押金3372.62万元。开展入户义诊活动25次,派出医务人员159人次,诊治患者650多人次,免费送药21500元。完成全民体检2487人次、高考体检1038人次,其他省(市)

初高中生、职工体检572人次，其他各类体检任务500多人次。

【重点学科建设】 2020年，巩留县人民医院与新疆医科大学签署全科医生实习基地合作协议，接收新疆医科大学7名学生到巩留县人民医院实习；接受甘肃卫生职业学院实习学生25人；选派12名青年英才参加疆内外学术交流，学习技术，更新理念。邀请外院专家14人到巩留县人民医院为疑难患者开展手术。开展经腹腔腹膜前疝修补术等20项新技术研讨，与上级医疗机构开展远程病理会诊97例，恶性病例检出8例。

【医联医共体建设】 2020年，巩留县人民医院向3家医共体单位派出专业技术骨干162人次，开展业务培训31次，门诊接诊患者243人次，会诊住院患者44人次，教学查房5次，组织疑难病例讨论2次，心功能科与乡（镇）卫生院开展远程心电诊断11380例。影像科与乡（镇）卫生院开展远程影像诊断32562例。结合双覆盖、扶贫工作，持续开展下乡义诊、巡回医疗活动，让偏远地区的各族患者在家门口接受专家的诊疗，受益人员1000多人次，发放药品8280元。

【疫情防控】 2020年，巩留县人民医院有序开展新冠肺炎疫情防控工作，先后派出主动请缨的14名医务人员支援乌鲁木齐，派出104名医护人员承担全县常态化重点人群、重点场所及货物的核酸检测、环境消杀、交通卡点、医学隔离点等重要工作。医院自筹建立预检分诊处，完善制定相关制度、规范流程。改扩建完成临床基因扩增实验室（PCR室），投入使用，核酸检测768775人次。派出140人完成县委、县政府组织的大型会议、疫情防控采样、消杀等各项工作任务，派遣16名医务人员进行长期医疗保障工作。（韩雪梅）

巩留县中医医院

【概况】 2020年，巩留县中医医院有病房56间，设计床位168张，老年康复中心建筑面积4611平方米，病房48间，设计床位96张，有职工180人，有老年病科、康复医学科、内一科、针灸科、肛肠科、综合科、外科（骨伤科和普外科）、ICU、门诊（妇科、皮肤科、眼科、治未病科、口腔科、维吾尔医科、急诊科）、功能科、放射科、检验科、药剂科、洗涤消毒供应中心、医教科、护理部、院感办、医保办、设备科、总务科、营养膳食科等，其中针灸科、肛肠科为县级重点专科。配备16排螺旋CT机、DR机、口腔CBCT、彩色超声诊断仪、全自动生化分析仪、脉象诊断系统、光电生物治疗仪等一批高精医疗仪器设备和康复治疗设备，有层流手术室3间、ICU病床4张、洗涤消毒供应中心、污水处理辅助设施设备、信息化建设系统。

【业务收入】 2020年，巩留县中医医院医疗收入1744.66万元，药品收入592.85万元。其中，西药收入389.37万元，西药占比22.3%；中草药收入203.48万元，中药占比11.6%万元。医院门诊总诊疗人次21922人次，同比减少23.8%。入院病人3614人次，同比下降30.5%；完成手术51例，开放床位120张，平均住院日7.84天，实际床位使用率58.81%，治愈率11.17%，好转率86.98%。（刘冰）

社会·民生

居民生活

【居民收入】 2020年,巩留县城乡居民收入继续增加,生活水平有所提高。据抽样调查推算,全县城镇居民人均可支配收入30490元,比上年增加1240元,同比增长4.2%;农村居民人均可支配收入15151元,比上年增加1109元,同比增长7.9%。

【居民保险】 2020年,巩留县城乡居民社会保障和福利事业取得新进展,全县参加失业保险10826人,城镇职工基本养老保险参保16587人,城乡居民基本养老保险参保61026人。全县基本医疗保险参保172100人,其中城乡居民基本医疗保险参保155154人。

【生活救济】 2020年,巩留县城镇最低生活保障救济的人数为2281人,农村最低生活保障救济的人数为10085人。

人力资源

【人事人才工作】 2020年,巩留县人力资源和社会保障局完成巩留县55个单位岗位设置工作;办理岗位变动、岗位变动调资1189人;补岗招聘大学生村官32人,补岗招聘县财政临时聘用人员18人,协助教育系统公开招聘72名学校医务工作人员,公开招募21名三支一扶大学生。审核调动申请材料71人次,办理新招录人员入编工资手续41人、调动工资手续25人、县财政临时聘用人员增加高定工资386人、事业单位工作人员正常晋升薪级工资4986人;完成2019年教育系统获得中初级专业技术资格网上备案329人;办理事业退休手续49人;办理企业退休手续105人;办理转正定级36人、办理辞职29人,解聘、辞退28人。

【人事档案】 2020年,巩留县人力资源和社会保障局完成人事档案专项审核整理48卷;工勤人员档案收集整理21卷;接收企业档案203卷;县财政聘用、大学生村官人员档案新建、收集整理、查阅视同缴费情况422卷;开具档案信息条87人;整理机关事业单位退休人员档案材料21卷;调出、调入人员档案材料收集和整理及档案信息审核15卷;人事档案材料收集和入档及装订工作523卷。

社会保障

【就业安置】 2020年,巩留县人力资源和社会保障局开发就业岗位3446个,实现城镇就业安置3633人,城镇登记失业率控制在3.5%以内;发放创业担保贷款144人1283万元,登记高校毕业生1280人,就业1131人,登记就业率88.35%;利用县乡村三级服务平台、巩留人社微信平台、广播、电视等多种媒体发布用工信息2152条次,求职信息194人次,零就业家庭实施24小时动态清理,无法外出的建档立卡贫困劳动力232人纳入公益性岗位实现就业。

【就业培训】 2020年,巩留县人力资源和社会保障局开展各类职业技能培训班60个,培训2458

人。59家企业开办91个培训班，培训职工2707人；创业培训3个班90人，贫困家庭劳动力参加职业技能培训357人，培训内容涉及电焊工、维修电工等16个工种。

【劳务输出】 2020年，巩留县储备有组织转移劳动力491人，举办有组织转移就业专场招聘会157场次，参加7100人；有组织转移就业594人，建档立卡贫困劳动力专项转移就业570人。实现农业富余劳动力转移4.51万人次，其中就地就近就业3.99万人次，疆内其他地州就业4529人次，兵团就业338人次，其他省市就业258人次，创收2.98亿元。

【劳动监察】 2020年，巩留县人社局开展巡查指导企业35家，着重监察企业劳动合同签订情况、工资支付情况（疫情防控期间工资、生活费落实情况）、社会保险参保、缴费情况；巡查工程建设项目41个，重点检查实名制管理、工资保证金、工资专户管理、总承包单位代发工资等各项制度落实情况，开展企业、建筑工地《保障农民工工资支付条例》的宣传活动，涉及劳动者2000多人，发放各类宣传资料2500多份。依法受理拖欠工资48起，为278名农民工追发工资501.56万元。

【社保缴纳】 2020年，巩留县城乡居民基本养老保险参保61026人，其中领取待遇人员13005人，发放基础性养老金2351万元，养老金发放率100%。城镇基本养老保险参保9663人，机关养老参保6924人，失业保险参保10946人，工伤保险参保11725人，三险参保缴费任务完成。

【仲裁工作】 2020年，巩留县劳动人事争议调解仲裁院受理仲裁案件88件，结案率100%。

民　政

【社会救助】 2020年，巩留县民政局发挥社会救助作用，为社会救助对象补发2020年1—6月提标补助234.29万元，补发2019年12月至2020年4月物价补贴91.22万元；累计发放社会救助资金4501万元（其中发放城市低保资金940.12万元，惠及2289人；发放农村低保资金2259.46万元，惠及7524人；发放农村低保兜底资金795.61万元，惠及2990人），发放残疾人“两项补贴”资金419.53万元，惠及4406人；为103名特困分散供养人员发放生活补助51.57万元；将符合条件的437名靠家庭供养的成年无业重度残疾人纳入最低生活保障范围。下拨临时救助资金242万元，抓好疫情防控期间无法务工、遇困滞留和低保、特困群体救助工作，累计救助12792人次，累计发放款物合计239.031万元。将308名困难群众纳入临时低保，发放资金13.86万元。自治区推送疑点信息548条，在规定时限清退违规保障人员79人，保留469人，追回违规资金16977元，规范救助系统管理。引导、帮助困难群众参与卫星工厂、跳蚤市场、夜市就业创收。针对加入“一场两市”的特困群体，在动态调整时，适时延缓时间和核减其就业成本，确保政策享受和增收就业两不误；针对特困群体在参加“一场两市”期间遇到的急难问题，加大临时救助力度。在每个乡镇选树2个以上典型，注重宣传带动，在“一场两市”就业的困难群众132人，其中民政资助43人，资助资金2.65万元。加强基层经办力量，落实民政协理员27人，入户走访4756户14268名城乡低保对象，排查数据1143条，清退289人，保留854人。

【社会事务办理】 2020年，巩留县民政局办理结婚登记774对，补领婚姻登记366对，婚检率100%。离婚登记340对，补领离婚登记10对。敬老院以集中供养五保户和孤儿为主，入住老人108人，特殊困境儿童64人。办理收养4件，发放孤儿生活补助34.71万元，惠及45人。

【社会组织管理】 2020年，巩留县有18个社会组织（其中社会团体13个，民办非企业5个），社会组织会员776人，专职工作人员7人，兼职工作人员74人，党员72人，党员人数占社会组织会员的9.2%。社会组织组建独立党支部3个，动员全县社会组织积极参与民政保障、脱贫攻坚、疫情防控等工作。社会组织919人捐款22587元、捐物价值1万元，用于支持疫情防控工作。规范社会组织清理整顿程序，按照程序注销3家“僵尸”社会组织。

【民政项目】 2020年，巩留县东买里镇农村幸福大院建设项目：建设面积1280平方米(28间住房及300平方米活动室)，资金预算210万元。根据自治区民政厅《农村幸福大院运行管理工作指南》《农村幸福大院老人入住及运行管理工作方案》要求，配备工作人员8人，完善东买里镇幸福大院各项制度40多条，通过电视台、微信等多种媒体加大宣传力度，入院老人登记11人，入住9人，规范建立“一人一档”，与县中医医院签订医疗合作协议书，保证入院老人就医问题。与县乡两级医疗机构建立医养协作机制，为老人提供就医、康复等诊疗服务。

【殡葬管理】 2020年，巩留县民政局按照丧事从简要求，疫情防控期间不举行告别仪式，并严格控制参加人数，坚决做到不聚集，不长时间停留，相关乡镇、村(居)两委安排专人提早、全时段到岗到位指导治丧活动，参加丧葬活动进出人员必须佩戴口罩，保持1.5米距离，严禁人员扎堆，做好车辆登记和管理，按要求做好车辆消毒工作。严格控制出殡人员数量，参加丧葬活动人员控制在10人以内，车辆不超过2辆。

【特困群众服务】 2020年，巩留县民政局健全特殊困难群众服务保障工作机制。摸清常态化防控期间救助服务对象底数，规范建立低保、特困、孤儿、独居老人、无法务工、遇困滞留等11类人员1.4万多名困难群众统计台账，准确掌握困难诉求，积极开展关心关爱和临时救助，让弱势群体能充分感受到党的温暖。落实好疫情防控期间临时低保政策。对受疫情影响不能外出务工，无生活来源、基本生活陷入困境的城镇本地户籍家庭及时纳入临时低保范围，按照450元/月/人标准实施保障，将308名困难群众纳入临时低保，发放资金13.86万元。强化特殊困难群众兜底保障。落实城乡低保、分散特困人员供养、价格临时补贴、残疾人“两项补贴”等政策，累计发放社会救助资金5433.46万元(发放城市低保资金1131.22万元，惠及2281人；发放农村低保资金2681.31万元，惠及7017人；发放农村低保兜底资金991万元，惠及3068人，发放残疾人“两项补贴”资金523.91万元，惠及4349人；为98名特困分散供养人员发放生活补助64.86万元；为43名社会散居孤儿发放生活补贴41.16万元)。将符合条件的437名靠家庭供养的成年无业重度残疾人纳入最低生活保障范围。发挥疫情防控期间临时救助兜底作用。下拨临时救助资金304.7万元，用于疫情防控期间保障困难家庭人员基本生活必需品和临时救助储备金，抓好疫情防控期间遇困滞留和低保、特困群体救助工作，做到应救尽救。累计救助12864人次，累计发放款物245.411万元，保障困难家庭人员的基本生活不受影响。

(多图亚)

医疗保障

【基本医疗保险征缴】 2020年，城乡居民医保参保人数是155154人，参保率98.38%。按2020年每人每年290元标准执行，全年实际收缴152102人，参保率96.45%。在确保医保基金收支中长期平衡前提下，自2020年2月起，对职工基本医疗保险单位缴费部分实行减半征收，减半期限为5个月，支持复工复产。阶段性减征：企业211.81万元，机关事业单位1128.01万元，个体灵活就业111.22万元。累计减征1451.04万元，超出目标任务101.04万元。

【医保扶贫】 2020年，巩留县建档立卡贫困户3805户13674人，全部脱贫。建档立卡人口参保率100%。巩留县实行自治区统一的医保优惠倾斜政策，当年城乡居民基本医疗保险个人缴费标准290元，其中特困人员全额标准资助(290元)，其他贫困户按照40%的标准(116元)资助参保。落实自治区出台的所有医保扶贫政策,贫困人口基本医疗、大病保险、医疗救助覆盖率均达到100%。全县16家定点医疗机构全部做到基本医疗、大病保险、医疗救助出院“一单式”直接结算。协调配合卫健委开展“先诊疗后付费”工作,对历年来全县医疗机构的基金进行汇总分析,重新调整核定2020年度总额费用和月度指标,实行医保费用预拨制,定期每月及时向各级定点医疗机构预拨医保资金,确保“先诊疗后付费”政策落实到位。加大医保扶贫政策宣传。梳理完成2016—2020年医保扶贫政策。落实脱贫攻坚监测预警机制,完成自治区、伊犁州医保部门推送五类人员共1051人的数据比对、核查,经村队社区研判后完成857人精准救助,合计金额327万元。全年医疗救助基金1203.98万元,支出1097.59万元,结余106.39万元。医疗救助7284人,全县贫困人口享受大病保险待遇88人次,其中医疗总费用111万元,基本医疗保险基金支付78万元,大病保险基金支付22万元。落实城乡居民高血压、糖尿病门诊用药保障机制。摸清“两病”门诊用药人数、用药数量,及时支付结算费用,确保政策范围内支付比例达到50%。完善医保定点服务协议,落实“两病”用药指南规范,优先使用集中采购中选药品。全面排查“两病”用药患者,完成“两病”登记11888人,结算37765人次、产生费用24.48万元,基金支出12.24万元。

【医保电子凭证应用】 2020年,巩留县医疗保障局将医保电子凭证列入指挥部民生保障工作任务,全方位宣传推介医保电子凭证注册应用工作,推动医保电子凭证在医保服务领域的广泛应用。全年激活医保电子凭证11.91万人,完成率77%。

【医保基金监管】 2020年,巩留县医疗保障局和卫健部门逐项对照《自治区医疗保障基金监督检查问题清单》,实现对全县定点医药机构现场检查全覆盖,结合实际梳理医保负面清单,梳理出涉及医疗机构的10大项负面清单,明确因医疗机构不合理检查、施治、用药等导致的过度医疗而发生的医药费用;梳理出涉及贫困患者5项负面清单,明确贫困患者涉及的负面清单内容所发生的医疗费用。全县共检查定点医疗机构16家,定点零售药店27家。其中,公立医院13家(二级医疗机构3家,一级医疗机构10家),民营医疗机构3家。与定点零售药店协议签订全部完成。查处5起欺诈骗取医保基金典型案例。对2家药店做出暂停协议处理,对4家药店做出追回资金5558.2元处理,同时对相关药店进行通报、约谈处理。

【异地就医】 2020年,巩留县跨省异地就医办理异地安置1664人,其中区外262人、伊犁州外区内556人、伊犁州内846人。（何春霞）

退役军人事务

【服务体系建设】 2020年12月23日经退役军人事务部、自治区、地(州、市)、县四级退役军人事务部门层层把关,通过验收,巩留县退役军人服务中心创自治区级示范点,巩留县巩留镇退役军人服务站创全国“枫桥式退役军人服务站”,巩留县库尔德宁镇退役军人服务站创伊犁州级示范点。

【褒扬纪念工作】 2020年,巩留县为纪念中国人民志愿军抗美援朝出国作战70周年,为18名老兵颁发抗美援朝纪念章。开展寻找烈士工作,圆后代寻亲梦。

1951年11月,刘廷先同志小组在吉尔格朗乡阔萨依与叛匪激烈交火全部壮烈牺牲。2020年9月5日巩留县退役军人事务局有关领导陪同烈士子孙前往恰西烈士墓祭拜英雄,圆其后代68年的寻亲梦。

【推优评先】 2020年,巩留县推送的退役军人创业项目“混凝土景观系列产品”在9月11日“建行杯”自治区首届退役军人创业创新大赛决赛中获精准扶贫组三等奖。（贾宏艳）

乡镇·片区·社区建设

巩留镇

【镇情概况】 2020年,巩留镇下辖11个社区1个村。辖区总面积25.26平方千米,总人口14578户44811人,由汉族、维吾尔族、哈萨克族、回族等17个民族组成,其中少数民族8262户25358人,占全镇人口的56.6%。辖区有各类商业网点4749个,合作社7个,私营大中型企业20个,微小企业20个,驻辖区单位94个。12月,良繁片区党工委撤销,巩良社区、良繁社区并入巩留镇。

【经济与社会发展】 2020年,巩留镇耕地面积193.33公顷、草场面积4933.33公顷。全年完成农林牧渔业总产值5583万元,其中农业收入1880万元、林业收入92万元、牧业收入3294万元、第二产业收入64万元、第三产业收入253万元。城镇、农村人均可支配收入分别为31297元、16498元。粮食作物总面积1333.33公顷,总产量9974吨,其中小麦面积185公顷,总产量960吨;玉米面积1138.87公顷,总产量8730吨;经济作物9.47公顷,总产量284吨。牲畜存栏量1.86万头(只),出栏1.45万头(只)。产肉685吨,产奶0.19吨,禽蛋产量156吨。有规模化畜禽养殖场(小区)5个,畜牧业养殖合作社5个。完成三北造林2.27公顷。全年财政收入5149.44万元,财政支出5113.55万元。

【基层组织建设】 2020年,巩留镇党委加强党支部标准化建设,建立网格党小组27个,新建立党群服务阵地3处,搭建智慧社区在线平台9个。开展"不忘初心、牢记使命"主题教育、主题党日活动12次。建立21个社团组织,常态化开展综合便民服务。做好与张家港社区结对共建工作。探索网格党群服务站、物业、红色业主委员会同步建设,调动党员、联户长、业主等力量共同参与社会治理,成立业委会50个。整改完成自治区党委第三巡视组反馈的7条问题。强化党风廉政建设,查处案件6件,开除党籍3人,党内严重警告1人,党内警告2人,积极发挥群团组织作用,凝聚起推动改革发展稳定的强大合力。

【民生保障】 2020年,巩留镇举办冬季农牧民职业技能教育培训班14期,培训人员406人,转移富余劳动力1102人次,城镇就业再就业2193人。审批发放个人创业担保贷款545万元,灵活就业社保补贴232.16万元,自主创业社保补贴55.56万元。为53户贫困户发放贴息贷款140.2万元,发放商铺租赁补贴96.65万元,发放2轮次消费券共计193.33万元。城镇登记失业率3.5%。城乡居民社会保险和低保实现应保尽保,城乡居民医疗保险、养老保险参保21911人,累计发放低保金、社会救助金694.57万元;救助因疫情导致生产生活困难群众1818人,发放物资计26.61万元。发放残疾人两项补贴63.47万元,为445户困难群体解决冬季燃煤445吨。

【社会事业】 2020年,巩留镇辖区有中小学(幼儿园)16所,其中中学5所、小学2所、幼儿园9所。享受雨露计划扶贫政策学生13人次,补贴学费3.9万元;各界爱心人士助学捐赠6人次,1.8万元。全镇有卫生院1所,有工作人员54人,有村卫生室10个,配有24名村医(防疫、妇幼员),基本公共卫生服务补助资金169.52万元。全民免费健康体检27868人,完成率105.3%。人口自然增长率13‰。

【村镇建设】 2020年,巩留镇实施项目9个,共投资2083.7万元。抓好产业发展,整合辖区零散馕铺,投资50万元,建设馕产业园1座。城镇基础设施不断完善,集中供热第二热源基本建成,完成14个老旧小区改造、提升改造供热管网6.5千米,新建城市停车场8个,完成10条道路改造铺油,更换路缘石14.6千米,修复人行道6300平方米。修复再开西渠生态,扩大湿地面积30万平方米,建成绿廊湿地景观带3千米,铺设休闲步道5.5千米,开展庭院绿化520户。投入农村人居环境整治资金55万元,拆除残垣断壁、危旧房屋5处,完成农村改厕103户,人居环境不断提升。

【综合治理】 2020年,巩留镇标本兼治,持续深化严打专项行动,强化社会面管理。打造石榴籽工作室、法官工作室,助力团结关爱,"算清两笔账、感恩共产党""同吃一顿饭、同游一座城"等活动深入开展,创建伊犁州级民族团结示范社区9个、示范村1个、示范巷道39个、示范小区18个、示范点4个,评选民族团结先进个人2人。加强驻村管寺工作,开展入户点对点释法宣教1835户次,受教11178人次。成功创建自治区文明示范村镇。

【环境整治】 2020年,巩留镇按照全民动员、全面整治的总体要求,投入农村人居环境整治资金15万元,组织干部群众投工投劳1005人次,清理生活垃圾40吨、村沟村塘淤泥16吨,清理村内沟渠30千米。清理畜禽养殖粪污等农业生产废弃物32吨,清除村内残垣断壁8处,清理乱堆乱放33处。出动保洁人员60人次,发放宣传资料430份,张贴宣传标语15条,刷白树木4000棵,植树136棵,清理林带15千米。新建厕所19座,提升改造厕所84座。

【脱贫攻坚】 2020年,巩留镇建档立卡贫困户151户553人,彻底摘掉贫困帽子。通过肉鸽养殖合作社的方式,实现"一村一品"的产业发展模式。形成"党支部+合作社+农户"的运营模式,养殖基地肉鸽存栏数达7000羽以上,23户肉鸽养殖户收入平稳增长。利用村里民生坊设施,引进服装加工厂、冰淇淋加工厂,带动100多人就业,实现村民就地就近就业。全镇有劳动能力的261人全部实现就业,其中产业就业22人、外出务工209人、自主就业30人。134户建档立卡户住进富民安居房,3户住进公租房。利用扶贫资金进行房屋修缮26户,151户553人纳入城乡居民医疗保险,包括基本医疗保险、大病保险以及人身意外险。通过援疆帮扶资金解决困难群体医疗费用问题,加强大病、慢病申报、办卡、治疗力度,杜绝因病返贫致贫现象的出现。新增贷款53户140.2万元,贴息19.12万元,保证资金短缺经营户持续发展。对无劳动能力、无法就业人口实施低保、临时救助、援疆帮扶、医疗救助、教育扶持等政策,以社会综合兜底解决基本生活保障问题。完善老有所养、困有所帮的社会综合保障体系。 (朱超)

大营盘社区

【概况】 2020年,大营盘社区面积1.2平方千米,阵地面积1743.4平方米,其中办公阵地面积1343.4平方米。有社区干部23人,访惠聚工作队6人,驻村管寺干部1人,社区警务室配备一警五协。有1728户5125人,由汉族、哈萨克族、维吾尔族、回族、蒙古族、锡伯族、东乡族等13个民族组成。其中,少数民族724户2299人,占总人口的44.86%。有各类商业网点758个,驻辖区单位17个,人均年收入2.65万元。

【党建工作】 2020年,大营盘社区有3个党小组,有党员58人,预备党员1人,有入党申请人员14人,积极分子10人,发展对象1人,是9星级党支部。党支部坚持三会一课制度,召开支委会15次,党员大会5次,组织生活会1次,上党课9次。开展各类文体活动2场次。成立志愿服务队3支,开展志愿服务29场次,慰问下岗困难职工5户。开展最美庭院、最美家庭评比表彰等系列活动9次。

【民生保障】 2020年,大营盘社区有建档立卡贫困户3户10人,低保27户33人,残疾户52户52人。发放低保金147456元,取消不符合享受低保政策3户3人,新增1户1人。发放临时救助7000元,发放慰问金12500元。缴纳居民医疗保险1612人,缴纳居民基本养老保险399人。全民体检2351人,享受灵活就业补贴4人24236元。实现就业再就业219人,重点安置困难就业人员10人。新增创业4户,带动就业人员13人。参加技能培训23人,转移劳动力75人,由劳务经纪人组织劳务输出28人,转移收入112.5万元。

【综合治理】 2020年,大营盘社区建立流动人口台账。开展演练、应急拉动212场次。创建平安家庭1728个,平安巷道2个。开展扫黑除恶专项斗争宣讲46场次,悬挂横幅6条,发放宣传材料1218份。开展安全生产大排查,排查辖区内6个网格,768个商铺,制定应急预案,建立应急急救处突场所1处,签订承诺书430份,发现安全隐患6例,下发整改通知书6份,对整改情况进行跟踪督促,限期整改。

【环境整治】 2020年,大营盘社区组织干部群众对辖区内第三、四、五网格的平房区及拆迁区进行环境卫生整治35场次,出动人员356人次,车辆48辆次,清理垃圾32吨,铲除第三、四、五网格拆迁区的杂草,集中整治三堆六乱现象,绿化、美化第三网格平房区,并对辖区内2000米河道进行清理,对河道两边的杂草污物进行清除,按照县委宣传部下发的19条标语要求,更换辖区内不合格广告牌、横幅、标语。 (李灵玲)

库尔旦社区

【概况】 2020年,库尔旦社区地处县城东北角城乡接合部,辖区面积4.6平方千米,人口2693户6408人,由汉族、维吾尔族、哈萨克族、回族等13个民族组成。其中,少数民族1549户3717人,占总人口的58%。有社区干部34人,社区大党委成员单位27个。有各类商业网点698个,驻辖区单位14个,年人均收入1.89万元。

【党建工作】 2020年,库尔旦社区党支部有党员69人,预备党员2人,递交入党申请书12人,有6名入党积极分子。落实三会一课制度,召开支部委员会25场次,党员大会4次,党员集中学习12次,主题党日12次。社区党支部落实在职党员“双报到”工作机制,成立党群服务中心2个,实行在党支部引领下的网格化管理模式,邀请“大党委”成员单位为居民讲解群众关心的热点问题,及时了解掌握群众困难诉求,认真沟通协调解决。

【民生保障】 2020年,库尔旦社区有低保户173户240人,清退低保30户56人,新增低保27户34人,有残疾人138户140人,发放城市低保金666848元,发放农村低保金11107元。临时救助76人,援疆资金资助其他省市普通高校巩留籍学生8名,资助4.8万元,安居工程享受1户4人。解决群众困难诉求52条,开展技能培训2次,参加47人,转移劳动力198人,创收157万元,劳务输出69人,审核小额贴息贷款6人,发放贷款12万元。

【综合治理】 2020年,创建平安家庭2190个,平安巷道54个。开展禁毒与反邪教警示教育入户宣传9800人次,发放宣传图册1200多份。开展出租房屋排查,办理居住证143人,办理户籍迁入75人。成立网格护居队2个,每天巡逻2次,调解矛盾纠纷52起。开展扫黑除恶专项斗争宣讲10场次,组织干部开展应知应会考试2次。排查机动车320辆,开展食品药品安全大检查14次,宣传普法知识及发放安全宣传材料2680多份,悬挂普法宣传横幅12条,出板报4期。

【环境整理】 2020年，库尔旦社区召开环境卫生会议25场次，利用大喇叭、居民微信群、联户长家庭会议等方式开展卫生宣传，发放创建国家级卫生县城宣传手册198本。组织居民消除积存的垃圾，开展环境卫生大扫除98次，出动8020人次，清理垃圾530吨，做到无卫生死角。

（巴黑拉·木斯勒汗）

哈萨克买里社区

【概况】 2020年，哈萨克买里社区占地总面积4.2平方千米，总人口1504户4926人，由汉族、哈萨克族、维吾尔族、回族、蒙古族、锡伯族、东乡族等13个民族组成，社区下辖7个网格、84个联户单元。社区有事业编制15个，有两委干部12人，有社区工作者7人，大学生村干部2人，公益性岗位2人，宗教协管员1人，计划生育宣传员3人，民警1人，辅警6人，访惠聚驻村工作队成员5人。有大党委成员单位9个，有商业网点502个。

【党建工作】 2020年，哈萨克买里社区有党员55人，预备党员2人，入党积极分子8人，递交入党申请书24人。召开支委会37次，党员大会4次，党小组会议25次，党员常态化开展学习52次，党支部书记上党课5次，开展主题党日活动9次。加强党员干部廉政教育和保密教育，强化党员干部廉洁自律和保密意识，社区成功创建为八星级社区。

【民生保障】 2020年，哈萨克买里社区有低保户139户210人，城市低保127户195人，农村低保12户15人。残疾人34人，发放低保金16人6496万元，发放残疾人两项补贴4080元。为40户困难家庭申请临时救助2.6万多元，建设安居房1户，享受补贴2.85万元。为90户困难群众发放冬季燃煤90吨，为社区41名80周岁以上老人办理高龄津贴。完成全民健康体检3511人、医疗保险缴费3103人，缴纳养老保险735人。开展技能培训7场次，培训360人次，转移劳动力46人，创收185.6万元，实现就业再就业182人，创收403.48万元。解决困难诉求160多件，走访各类关注困难家庭200多户，送去慰问物资5.5万元。对2户建档立卡贫困户给予重点帮扶，社区贫困家庭如期脱贫。

【综合治理】 2020年，哈萨克买里社区对流动人口进行分类建档管理。持续开展“民族团结一家亲”活动，100多名各级干部同各族群众结对认亲开展“同游一座城，同吃一顿饭，同算一笔账”活动。形成警务室、警务站、社区三位一体的协调联动机制，开展扫黑除恶宣传，发放宣传单500份，悬挂横幅8条。开展禁毒、反邪教宣讲21场次，受众1200人次。开展辖区商铺安全生产大排查。培训联户长2次156人，召开联户家庭会议410场次、参加人数6150人，有平安家庭1453户。举办民族团结联谊活动8场次，参与群众630人次，表彰民族团结先进个人10人、联户长4人。评选出最美庭院、美丽家庭10户。

【环境治理】 2020年，哈萨克买里社区组织干部、联户长、辖区居民、环卫队人员，集中开展巷道环境卫生整治40多次，参与3000多人次。发放垃圾袋8000条，彻底清理巷道垃圾。督促劝导驻辖区单位、商家严格遵守规章制度，做到门前“三包”，自觉养成依法、文明的经营行为和生活习惯。

（周敏）

乔勒潘社区

【概况】 2020年，乔勒潘社区距镇政府所在地1千米。社区阵地面积1000平方米，社区下辖5个网格，有1214户3538人，由汉族、哈萨克族、维吾尔族、回族、蒙古族、锡伯族、东乡族等13个民族组成，其中汉族554户1475人，占总人口的41.69%，少数民族660户2193人，占58.31%。耕地面积有31.03公顷。辖区有各类商业网点362个，驻辖区单位23个，属城乡接合部类型社区。

【党建工作】 2020年,乔勒潘社区党支部有2个党小组,有党员39人,其中少数民族党员23人、预备党员4人、退休党员8人。有入党申请人员16人,积极分子5人。社区有各支力量干部37人,其中社区"两委"干部24人,社区工作者8人,公益性岗位2人,大学生村官2人,西部计划志愿者1人。有镇机关下沉干部3人,驻村管寺干部1人。社区警务室配备一警五协,有联防队员5人,宗教协管员1人。

【民生保障】 2020年,乔勒潘社区有建档立卡贫困户1户7人,全部实现脱贫。有低保145户195人;有残疾人30名。社区做好低保户走访入户排查,了解低保户家庭的经济、就业情况。取消不符合条件的低保19户25人,新增10户10人,年度发放低保金额74880元。全年实现就业再就业354人,安置困难就业人员8人。新增创业13户,转移劳动力41人,转移收入11.4万元。为1987人办理城镇居民医疗,为525人办理居民基本养老保险,金额125.982元。开展志愿服务6场次,协助县总工会慰问下岗困难职工25次4户,做好80岁以上老年人免费体检152人次。节前,慰问辖区老干部、老党员3次,送去价值2000多元的慰问品。

【综合治理】 2020年,乔勒潘社区设立应急处突场所一处,组织干部对辖区内5个网格,362个商铺进行全面排查,工作人员对发现的问题当场提出整改意见,对整改情况进行跟踪督促,责令限期整改。举办联户长业务培训6次。对辖区出租房屋逐户进行摸排建立档案,加强人口管理。开展扫黑除恶专项活动,张贴标语60条、发放各类宣传资料380多份,开展禁毒工作宣讲7场次,发放禁毒宣传单190份。表彰2名民族团结先进个人。

【环境整治】 2020年,乔勒潘社区开展环境卫生整治67场次,出动人员3862人次、车辆85辆次,清理垃圾754吨,对第一、二、五网格平房区的杂草进行铲除,进行绿化、美化,对三堆六乱现象进行集中整治,对辖区内480米长的再开西渠河床进行清理,对辖区不合格广告牌、横幅进行更换,按照县委宣传部标语张贴要求,更新45条宣传标语。

(郑超锋)

托乎玉孜社区

【概况】 2020年,托乎玉孜社区距镇政府所在地2千米,辖区面积0.8平方千米,阵地面积2000平方米,社区各支力量干部25人,其中社区干部16人,访惠聚工作队5人,社区警务室配备一警三协。辖区居民825户2494人,划分7个网格、60个联户。由汉族、哈萨克族、维吾尔族、回族等11个民族组成,其中少数民族537户1714人,占总人口的68%。辖区有各类商业网点61个,合作社1个,驻辖区单位9个,人均收入2.2万元。

【党建工作】 2020年,托乎玉孜社区党支部有党小组2个,党员31人,其中退休党员8人、居民党员12人,递交入党申请22人,有入党积极分子2人,发展对象1人。党支部坚持三会一课制度,规范党组织生活,召开支委会16次、党员大会4次,开展主题党日活动12次,组织生活会1次,党支部书记讲党课4次,集中学习50次,党员培训2次。开展各类文体活动3次,志愿服务活动10次。

【民生保障】 2020年,托乎玉孜社区有非建档立卡贫困户7户20人,有残疾人61人,低保户94户134人,取消不符合享受低保政策10户15人,新增5户5人。发放低保金63.8890万元,残疾人补贴3.72万元,救助金5200元。开展小型招聘会2场,实现自主就业11人,就业再就业320人。办理养老保险1374人,医疗保险946人。完成全民体检1178人。

【综合治理】 2020年,托乎玉孜社区创建平安家庭792户,平安巷道26个。开展扫黑除恶专项斗争宣讲12场次,悬挂横幅5条,发放宣传材料3000

份。开展安全生产培训讲座20次，举办消防安全演习1次，悬挂横幅、标语15条，发放宣传材料2000多份。

【环境整治】 2020年，托乎玉孜社区开展环境卫生集中整治35次，清除小广告18处，清洁巷道36条，清理卫生死角20处，出动人员350人，清理垃圾、堆积物360多吨。投入资金6000多元，维修辖区东买里路北一巷700米下水管道，对瑞和园居民区地面硬化，楼顶进行防水处理，安装照明、监控视频，实施街道硬化、花化、树木围栏刷白，社区环境明显改善。（张燕）

同干买里社区

【概况】 2020年，同干买里社区总人口595户1762人，由汉族、哈萨克族、维吾尔族、回族、塔吉克族、锡伯族、东乡族7个民族组成，其中少数民族469户1399人，占总人口的79%。辖区面积2.5平方千米，驻社区单位1个，有宗教场所1处，商业网点619个。办公阵地面积780平方米，人均收入2.27万元。

【党建工作】 2020年，同干买里社区党支部有2个党小组，38名党员，预备党员2人，入党积极分子3人，入党申请10人，有各支力量干部23人，其中社区干部14人，访惠聚工作队5人，镇下沉干部1人，驻村管寺干部1人，警务室配备一警三协。全年召开支委会29次、党员大会4次、党小组会12次，五位一体包联领导、支委委员上党课8次、组织党员集体学习12场次、主题党日活动11场次、民主评议党员4次。

【民生保障】 2020年，同干买里社区有低保户107户144人，有贫困户21户83人，有残疾54人，享受两项补贴31人，取消不符合享受低保政策23户30人，新增11户11人，发放低保金65万多元。缴纳城乡居民医疗保险1010人，缴纳居民城乡养老保险405人；完成全民体检800多人。为78户困难家庭发放煤82吨，申请临时救助58人4.4万元，协调解决建房补贴15户61.5万元。为3户建档立卡户帮扶个体小商店运转资金3万元，为4户贫困户发放援疆助学金7000元，慰问困难户53户，发放慰问金1.68万元，介绍就业6人。投入8.65万元，办实事好事45件，后盾单位帮扶资金2.04万元。

【综合治理】 2020年，同干买里社区排查化解矛盾纠纷43件、治理安全隐患6件。组织开展“算清两笔账、感恩共产党”活动专题短训班6场次，受教育群众95人，收集困难诉求64条，均妥善予以解决和答复；举办联户长业务培训6次。对辖区出租房屋逐户进行摸排建立档案。开展扫黑除恶专项活动，张贴标语50条、发放各类宣传资料350多份，开展禁毒工作宣讲5场次，发放禁毒宣传单150份。表彰民族团结先进个人2人，组织召开联户长家庭会议150多场次，表彰最佳联户长12人，有2名社区干部荣获县民族团结先进个人。

【环境整治】 2020年，同干买里社区召开环境卫生会议29场次，开展环境卫生大扫除61次，出动2401人次，清理垃圾320多吨。（陈芳）

提尔曼社区

【概况】 2020年，提尔曼社区面积1.1平方千米，阵地面积1550平方米，有各支力量干部35人，下辖7个网格，有人口2749户8315人，由汉族、哈萨克族、维吾尔族、回族等7个民族组成。辖区有各类商业网点265个、小微企业4个、驻辖区单位4个（客运站、交通运输公司、第二小学、第六幼儿园）。人均收入1.8万元。

【党建工作】 2020年，提尔曼社区党支部有3个党小组，有党员58人、预备党员2人，发展党员4人，入党申请人15人，积极分子5人，发展对象1人，召开支委会34次、党员大会8次,上党课4次,召开党小组会议11次,开展党员常态化学习10次,开展主题党日活动10次。召开“算清两笔账、感恩共产党”短期培训班3次,累计培训人员143人,持续开展党员干部保密教育,强化保密意识,抓实作风建设。

【民生保障】 2020年,提尔曼社区有农村低保2户6人,城市低保66户94人,残疾人53人,发放残疾人两项补贴74880元。完成全民健康体检2850人,为1782名居民办理城镇居民医疗保险,为291人缴纳养老保险。开展技能培训5场次,培训330人次,82人实现就业。为老弱病残家庭、困难家庭发放生活物资3.52万元,为30户居民发放冬季燃煤30吨,为60户困难学生发放棉衣、棉鞋120件,发放临时救助金1.55万元。对22名80岁以上老人发放1.32万元高龄补贴。

【综合治理】 2020年,提尔曼社区建立流动人口台账,进行管理、联系。定期召开联户长家庭会议,武装拉练常态化,形成警务室、警务站、社区三位一体的协调联动机制,开展禁毒、反邪教宣讲活动10场次,受众812人次。解决困难诉求58件,消除治理安全隐患12个,处理和化解12起邻里纠纷、家庭矛盾。提尔曼社区获评伊犁州民族团结示范社区。

【环境治理】 2020年,提尔曼社区组织干部群众主要对第三、七网格的平房区进行环境卫生整治8场次,出动人员175人次,车辆8辆次,清理垃圾12吨,主要对第三网格、晟阳广场、第七网格平房区的杂草进行铲除,对乱堆现象集中整治,对第三网格、晟阳广场、第七网格平房区进行绿化、美化,对街道两旁垃圾进行清除。 (郑丽娟)

蝶湖社区

【概况】 蝶湖社区于2017年12月成立,总人口1816户5893人,社区有各支力量干部27人,其中社区干部18人、村警辅警4人、访惠聚工作队队员5人。

【党建工作】 2020年,蝶湖社区党支部有党员35人,预备党员2人,入党申请人12人,积极分子5人。坚持“三会一课”制度,召开支委会22次,党员大会3次,讲党课3次。参与活动的辖区大党委在职党员52人次。

【民生保障】 2020年,蝶湖社区有低保户5户9人,残疾低保户2户3人,有建档立卡贫困户4户,如期实现脱贫。张贴用工信息200条,召开现场招聘会15次,达成就业意向43人,参加技能培训4人,全民健康体检1276人,新型农村养老保险收缴198人。

【综合治理】 2020年,蝶湖社区开展禁毒与反邪教警示教育入户宣传789人次。开展出租房屋排查,办理居住证267人。调处矛盾纠纷9起,对辖区商铺、重点场所、小区开展安全隐患排查和法律宣传50多场次。开展平安家庭复查复验1481户,优秀平安家庭复查复验40户,新增平安家庭2户、优秀平安家庭60户。

【环境整治】 2020年,蝶湖社区开展环境卫生整治50次,严格落实河长制,确保每周1次巡河(湖)常态化。对辖区内的企业、店铺、居民发放宣传单1000多份,督促劝导商家和居民遵守规章制度,做到门前三包。 (李灵玲)

西公园社区

【概况】 西公园社区成立于2014年7月,辖区面积2.1平方千米,有林地1公顷。2020年,总人口296户1110人,由汉族、维吾尔族、哈萨克族、回族等7个民族组成,其中少数民族177户724人,占63.9%,下设3个网格。社区有各类商业网点7个,微小企业2个，大党委成员单位5个，人均收入10385元。

【党建工作】 2020年，西公园社区有党员26人，预备党员5人，递交入党申请书16人，入党积极分子7人。社区有社区干部12人、社区工作者2人、大学生村干部2人、民警1人、辅警3人、访惠聚驻村工作队5人。社区党支部召开支委会40次，党员大会5次，上党课5次，召开党小组会议30次，党员常态化开展学习30次，开展主题党日活动9次。

【民生保障】 2020年，西公园社区有低保户34户49人，城市低保25户39人，农村低保9户10人，残疾人15人，发放低保金155万元，残疾人两项补贴2万元。完成全民健康体检748人、合作医疗缴费428人，养老保险费缴纳244人。为老弱病残家庭送去衣物和慰问品10253元，帮扶困难家庭2.2万元，为60户发放冬季燃煤60吨，帮助2名大学生3000元，妇联帮扶1000元。为2户困难家庭解决5.7万元安居富民资金。发放临时救助2万多元。为社区6名80岁以上老人办理高龄津贴。就近安置就业共178人，加大对8户建档立卡贫困户帮扶，“两不愁三保障”目标达标，如期实现脱贫。

【综合治理】 2020年，西公园社区建档管理流动人口。执行值班制度，形成警务室、警务站、社区三位一体的协调联动机制。化解调处矛盾纠纷18起。开展平安创建工作，创建平安家庭298户、平安巷道3个。开展扫黑除恶宣传工作，发放宣传单300份，悬挂横幅9条。开展禁毒、反邪教宣讲活动10场次，受众500人次。开展辖区商铺安全生产大排查12次，签订安全生产责任书310份，召开联户长会议38场次，发放宣传资料400多张。

【环境治理】 2020年，西公园社区召开环境卫生会议12场次，开展环境卫生大扫除48次，出动人员1500多人次，清理垃圾108多吨，发放家庭垃圾袋4800个。清淤河道200米，硬化道路200米，清理卫生死角293处，落实河长制，河道巡查76次，对辖区企业、农家乐、店铺、居民发放宣传单1000多份，督促劝导单位、商家和居民在生产、生活中严格遵守卫生制度，做到门前“三包”，自觉养成依法、文明的经营行为和生活习惯。 （马佳慧）

良繁社区

【概况】 2020年，良繁社区位于巩留县城南郊，属于城乡接合部，以种植和养殖业为主导产业的社区。总面积4.36平方千米，其中耕地面积165.33公顷。社区人口764户2973人，划为10个网格，由汉族、维吾尔族、回族、哈萨克族等6个民族组成，其中少数民族2335人，占78.54%。良繁社区牛存栏786头，羊存栏835只，家禽存栏2369只，农牧民人均纯收入14210元。

【党建工作】 2020年，良繁社区有党员46名，预备党员5名。社区党支部建立党员学习台账，建立健全党员承诺制度，强化无职党员设岗定责，推选12名农牧民党员担任联户长参与社区各项事务管理，依托党支部建设，整合社区各支力量，细化分工、明确职责。党支部召开支委会20次、党员大会8次，上党课6次，召开党小组会议15次，开展党员常态化学习19次、主题党日活动12次，开展八星级巩固提升活动，共青团、妇联等人民团体作用有效发挥。

【民生保障】 2020年，良繁社区投资777.2万元，完成自治区土地平整项目、危房改造配套基础设施建设项目、供排水项目和农村人居环境改善项目，完成危房改造41户，为137户183人特殊困难家庭发放生活补贴、低保金586332元，为11名残疾人发放补贴24200元、为20名贫困残疾人缴纳城乡居民医疗费5800元。举办技能培训1期，培训45人。享受合作医疗1820人，减免金额9280万元，发放少生、优生奖励金6.67万元。帮助群众解决困难诉求218条，办实事好事112件，帮扶各类物资9.8万元。党员干部39人结对帮扶边缘户13户54人,防止边缘户困难群众致贫现象发生。

【综合治理】 2020年,良繁社区常态化开展“民族团结一家亲”和民族团结联谊活动。打造民族团结教育基地1处,评选典型人物6名,选树示范户10户,举办座谈会、联户长家庭会等84场,捐款捐物5万多元。实行网格+联户+群众模式,划分10个网格,做好系统信息维护、数据更新及上级推送微线索核查工作。管理流动人口,搜集各类信息,消除风险点,做到安全防范无缝隙、无盲区、无空白点。

【环境治理】 2020年,良繁社区开展卫生大整治工作,建立每周五环境卫生整治长效机制,清理卫生死角23个,治理背街小巷7条,群众参加卫生活动3000多人次。在辖区主干道路、分路两侧、空地植树造林1.7公顷,种植树上干杏、杨树8000棵。开展改厕工作,完成改厕178个,完成辖区930个建筑物的标绘工作,完成辖区230户乱占耕地建房的系统录入工作。 (张璐)

巩良社区

【概况】 巩良社区成立于1988年7月,位于城乡接合部,距巩留镇政府所在地1千米。2020年,社区人口392户1270人,下辖4个网格,由汉族、哈萨克族、维吾尔族、回族、满族、锡伯族、东乡族等9个民族组成,其中少数民族163户550人,占总人口的44%,社区有耕地面积290.93公顷,草场面积1333.33公顷,林地面积40公顷。辖区有各类商业网点7个、合作社2个、小型企业2个,驻辖区单位4个,是农牧结合类型的社区,人均年收入1.7万元。

【党建工作】 2020年,巩良社区有党员60人,有预备党员4人,递交入党申请书8人,入党积极分子20人。社区有各支力量干部20人。党支部召开支委会32次、党员大会9次,上党课4次,召开党小组会议18次,开展党员常态化学习29次,开展主题党日活动9次,持续开展保密教育,强化党员干部保密意识,抓实党员干部作风建设。是年,社区申报八星级社区。

【民生保障】 2020年,巩良社区有低保户46户55人,城市低保6户7人,农村低保40户48人,有残疾人43人。完成全民健康体检768人、合作医疗缴费1117人,养老保险费缴纳110人。转移富余劳动力42人,完成土地流转69户60.87公顷。为185户困难群众发放清油、大米、面粉等生活物资价值3.6万元,为71户困难群众解决临时救助7万元,为63户困难群众发放冬季煤炭63吨,解决牧业队26户群众饮水问题。就近安置就业43人。

【综合治理】 2020年,巩良社区化解调处矛盾纠纷6起,分类建立流动人口档案。警务室、警务站、社区三位一体的协调联动机制形成。开展扫黑除恶宣传,发放宣传单400份,悬挂横幅6条。开展禁毒、反邪教宣讲活动9场次,受众600人次。开展辖区商铺安全生产大排查14次,召开联户长会议42场次,发放宣传资料400多张。

【环境整治】 2020年,巩良社区召开环境卫生会议11场次,开展环境卫生大扫除68次,出动人员1600多人次,清理垃圾128多吨,发放家庭垃圾袋2800个。清淤河道200米,清理卫生死角369处,落实河长制,河渠巡逻86次,对辖区内的企业、店铺、居民发放宣传单1000多份,督促劝导商家和居民遵守规章制度,做到门前三包,自觉养成依法、文明的经营行为和生活习惯。 (王燕)

塔什干沙孜村

【概况】 2020年,巩留镇塔什干沙孜村有居民637户2015人。其中,汉族71户201人,占10%;维吾尔族300户1025人,占51%,哈萨克族188户572人,占28%;回族67户182人,占9%;其他民族11

户35人，占2%。全村划分5个网格、36个联户，有幼儿园1所。有各支力量干部31人，其中村干部19人、镇下沉干部1人、访惠聚工作队7人、警务室4人。村委会办公占地面积1200平方米。

【党建工作】 2020年，巩留镇塔什干沙孜村有党员58名，其中预备党员6人，递交入党申请书8人，入党积极分子7人。塔什干沙孜村党支部坚持党员“三会一课”制度，召开支委会24次、党员大会6次，上党课4次，召开党小组会议26次，开展党员常态化学习53次，开展主题党日活动9次。申报七星级社区。持续开展保密教育，强化干部保密意识，抓实干部作风建设。

【民生保障】 2020年，巩留镇塔什干沙孜村清退不符合条件低保户29户35人，申请纳入符合条件的低保户37户43人。为205户288人发放低保金110.87万元。有残疾人51人，发残疾人两项补贴12240元。完成全民健康体检1160人、医疗保险缴费1710人，养老保险费缴纳451人。为102人申请临时救助76950元，安居富民建房1户，享受2.85万元。为183户发放冬季燃煤181吨，为16名80周岁以上老人办理高龄津贴。张贴用工信息210条，召开现场招聘会3次，达成就业意向10人。技能培训10人，转移劳动力10人。解决群众困难诉求180多件，走访困难党员、老退伍军人、现役军人家属、困难职工150户，送去慰问物资3.2万元。

【综合治理】 2020年，巩留镇塔什干沙孜村分类建立流动人口台账，开展出租房屋排查，办理居住证47人。调处矛盾纠纷8起。开展平安家庭复查复验1221户，优秀平安家庭复查复验6户，新增平安家庭4户，新增优秀平安家庭2户。开展扫黑除恶宣传工作，发放宣传单510份，悬挂横幅7条。开展禁毒、反邪教宣讲18场次，受众1100人次。开展辖区商铺安全生产大排查。培训联户长117人次，召开联户家庭会议409次、参加584人次。举办民族团结联谊活动6场次，参与群众530人次。评选优秀联户长10人，最美庭院、美丽家庭20户。

【环境整治】 2020年，巩留镇塔什干沙孜村召开环境卫生会议22场次，开展环境卫生大扫除110次，出动3200多人次，清理垃圾280多吨，发放家庭垃圾袋5800个。河道巡逻85次，对辖区内的企业、农家乐、店铺、居民发放宣传单1100多份，督促劝导各商家和居民在生产、生活中严格遵守规章制度，做到门前三包，自觉养成依法、文明的经营行为和生活习惯，预防和减少疾病的发生，提高居民的健康生活水平。

【脱贫攻坚】 2020年，巩留镇塔什干沙孜村建档立卡贫困户151户563人全部实现脱贫，贫困村退出，开展收入测算和就业排查，对低收入群体进行全年评估预测。对低收入群体建立基本台账，梳理建档立卡贫困户劳动力264人，外出务工140人，自主创业69人，产业就业51人。落实金融扶贫政策，报审第一批小额扶贫贷款40户114.8万元，同时做好贷款的使用监管。审核第二批小额扶贫贷款10户23万元。加大项目推进力度，确定4个扶贫项目，总投资258.6万元，其中基础设施项目2个（防渗渠加固、改造农田道路），产业发展项目2个（肉鸽养殖合作社配备采暖设施、扶持贫困户发展庭院经济）。帮助贫困户理清发展思路，树立脱贫致富信心。 （加米拉）

牛场片区

【概况】 2020年，牛场片区、羊场片区合并，下辖8个社区，其中农业社区6个、牧业社区2个。辖区总面积448平方千米，总人口5045户16321人，其中少数民族11528人，占总人口的67.03%。有商业网点119个，合作社4个、小微企业2个。

【经济与社会发展】 2020年，牛场片区耕地面积6400公顷、草场面积30000公顷，完成农林牧渔业总产值4.67亿元，其中农业产值17821万元，牧业产值19307万元，渔业产值88万元，工业总产值4873万元，第三产业总产值4610万元。粮食作物总面积6038公顷，总产量75969吨，其中小麦面积2419公顷，总产量21714吨，玉米面积3617公顷，总产量54255吨，黄豆面积80公顷，总产量180吨。经济作物362公顷，总产量21150吨。年初牲畜存栏70176头(只)，出栏34619头(只)。完成品种改良5783头，其中引进良种牛297头、冷配3478头。牲畜品种改良2.3万只，引进特克赛尔种公羊6只、家禽出栏15.5万羽。完成接羔育幼32282只。肉、奶、蛋产量16715吨，其中肉5626吨、奶9514吨、蛋1575吨。有规模化畜禽养殖场(小区)2个，畜牧业养殖合作社2个。种植干杏、苹果等林果业158公顷，完成补栽造林26.67公顷。社会固定资产投资543.8万元，全年财政收入749万元，财政支出807.3万元，农牧民人均纯收入16583元。

【基层组织建设】 2020年，牛场片区党工委有12个党支部，其中社区支部8个、机关支部4个。有党员579人、预备党员42人，有入党积极分子100人，提交入党申请书112人，举办入党积极分子培训班1次，参加培训63人。举办发展对象培训班1次，参加培训42人。坚持三会一课制度，书记讲党课11次，开展党日活动126次，党员学习130多次，召开支委会144次、党员大会60次。创建九星级党组织3个，八星级党组织5个。调整村两委班子正职5人、班子成员12人，选配8名年轻优秀干部进入两委班子。

【民生保障】 2020年，牛场片区为501户665名城乡低保人员发放补助资金168.4万元。为贫困户发放临时救助金14.6万元。为特殊关爱群体子女12人发放资金3.84万元，为低保户、特困人员(五保户、孤儿)发放疫情防控物价补贴4.7万元。全民健康体检完成11647人，居民养老保险完成8921人，职工养老保险1562人。实现应保尽保。新建安居富民房28户，举办技能培训班4期，完成富余劳动力转移3241人次。

【社会事业】 2020年，牛场片区有小学3所，教师99人、学生1458人。牛场区幼儿园5所，幼儿601人，教师66人。投入46.61万元建成校园洗手设施、流转观察室8个280平方米、电子周界围栏等基层设施建设。享受雨露计划扶贫政策学生3人次补贴学费1.2万元。有卫生院1所，现有工作人员37人，下设7个社区卫生室，配有18名村医、防疫员、妇幼员，6个卫生室达到标准化建设，公共卫生服务补助资金108万元。落实计生各项奖励扶助731人，享受奖励金62.2万元。

【村镇建设】 2020年，牛场片区实施项目12个，总投资2001.7万元，其中扶贫项目3个，总投资130.6万元，包括基础设施项目1个，总投资82万元。产业增收项目2个，总投资48.6万元；基础设施建设项目8个，投资1779.7万元、公共服务采购项目1个，投资80万元。项目均完工并投入使用。

【综合治理】 2020年，牛场片区坚持常态化开展社会面治理、群众工作等举措，研判团结关爱家庭各类问题58条，制定完善“一户一策”94卷，累计走访团结关爱户350户次，电话走访120户次，收集解决问题153条，累计入户宣教190多场次，参与亲属323人次，调处各类矛盾纠纷41件，开展武装拉动演练195次。开展禁毒宣传16场次，扫黑除恶专项宣传21场，发放宣传单1300多张。成立片区、社区两级流调办，安排专人负责流动人口工作。巩固平安建设创建成果，评选平安家庭5642户、平安商铺108家、优秀平安家庭924户；评选民族团结进步模范家庭2478户，表彰民族团结进步先进个人17人、先进集体2个。

【特色产业】 2020年，牛场片区依托土地、水草和城郊区位优势，引进星展牧业进驻辖区，盘活集体棚圈，建立300头西门塔尔良种牛养殖基地；在良种社区成立养殖合作社，利用产业扶贫项目，购进

75头新疆褐牛，培育发展集体牛繁育养殖产业；在鑫牛社区种植设施农业大棚103座，其中油桃35座、蔬菜68座，设施农业年产值达到150多万元；在242省道沿线种植十月黄金新品种苹果6.67公顷；通过土地流转，在农三社区、核桃园社区建立露地辣椒种植基地73.33公顷，亩均收入6000元以上。在核桃园社区种植核桃73.33公顷；在克孜勒齐勒克社区种植红花53.33公顷，亩均收入3000元以上，流转土地1140公顷，最高流转承包价每亩1000元。

【环境治理】 2020年，牛场片区推进《牛场人居环境三年整治规划》，落实"一场一案、一社一策"，大力提倡栽植经济林、景观林，栽植各类苗木3.8万多棵，85%以上的道路两旁实现绿化、花化、美化。拆除残垣断壁53处、危旧房12处，整治危旧大棚22座，完成改厕788户，清理建筑垃圾和生产生活垃圾1863吨。

【脱贫攻坚】 2020年，牛场片区成立党工委主要领导任组长的扶贫开发领导小组，充实片区、社区两级扶贫干部队伍，召开扶贫工作专题会议11场次，建立健全扶贫工作制度及干部包联帮扶机制。开展技能培训25场580人次，贫困户就业41人，有就业能力的人全部实现就业。完成小额贴息贷款3户7万元，用于贫困户产业发展，落实扶贫项目资金938.6万元，修建防渗渠、机耕道8.2千米、铺设柏油路12.8千米，发放扶贫牛31头，电动车3辆。投入36.8万元为贫困重点人员家庭解决就医、就学、就业、生产困难。全场31户113人建档立卡贫困户全部达到"两不愁三保障"标准，人均纯收入均达6000元以上，通过国家、自治区脱贫攻坚检查验收。

（王伟）

农一社区

【概况】 2020年，牛场片区农一社区占地面积3.25平方千米，耕地面积226.67公顷。户籍人口523户2337人，其中少数民族370户1810人，占总人口77%。社区有干部23人，其中社区干部13人、访惠聚干部5人、村协警4人、驻村管寺1人。社区划分为5个网格，有网格长5人。

【党建工作】 2020年，农一社区党支部有3个党小组，有党员37人、预备党员5人，有入党积极分子9人，提交入党申请书10人。党支部三会一课正常开展，举办党员干部集中学习48场次、支部书记讲党课1场次、座谈讨论12场次，组织干部观看警示教育片1场次，上报信息50篇。

【民生保障】 2020年，农一社区有低保户88户130人，参加全民免费体检1061人，收缴养老保险342人，合作医疗缴费1513人。建富民安居房8户，户均享受补贴2.85万元。劳动服务站通过多种形式宣传务工信息，介绍96名群众就业，安排公益性岗位9人，每人每月可增收1080元，介绍3人到辖区板厂务工，为20户困难群众发放冬季燃煤20吨，为社区80周岁以上老人办理高龄津贴。组织10名普查员完成人口普查工作。

【综合治理】 2020年，农一社区加大重点场所和偏远散户管理，加强信访排查，及时化解信访矛盾，调解信访案件10件，解决群众困难诉求143个，走访帮教59场次，释法宣教29场次，开展三本白皮书宣讲58场次。评选平安巷道17个、优秀平安家庭488户、平安商铺4户，举办消防、农机等安全生产培训1场，开展安全大检查3次。民族团结一家亲结对子40户，举办民族团结联谊活动8场次，参与群众250人次，评选民族团结进步模范家庭1户，模范巷道3个，表彰民族团结先进典型2人。表彰民族团结先进个人10人、联户长8人。评选最美庭院、美丽家庭10户。

【环境治理】 2020年，农一社区组织干部群众彻底清理巷道垃圾，参与群众1000多人。农村改厕70户，每户享受补贴600元。督促劝导辖区居民在生产、生活中严格遵守规章制度，做到门前"三包”,自觉养成依法、文明的经营行为和生活习惯,预防和减少疾病的发生,提高居民健康生活水平。把环境卫生整治作为推进乡村振兴一项内容,逐步推行睡觉上床、做饭上灶、吃饭上餐桌、学习用课桌,让健康卫生的生活方式融进每家每户。

【脱贫攻坚】 2020年,农一社区落实低保人员享受政策,对符合享受条件的人员逐一核实,并通过党员大会审议、群众大会决议,鼓励条件好起来的低保户主动退出,让真正有困难的群众享受低保政策。对农村低保95户138人精准施策,做到帮扶和产业发展并举。对辖区因疫情突发存在致贫风险人员进行全覆盖摸排,建立关注户台账,压实干部包联责任,持续做好困难群众的帮扶工作。为3户脱贫户制定巩固提升计划,投入资金3.7万元,提供助学、帮扶公益金8500元。为2户脱贫户发放小额贷款6万元,解决2名脱贫户公益性岗位,每户每月增收1080元。帮扶干部为3户脱贫户资助生活物资5000元。 (李江成)

农三社区

【概况】 牛场片区农三社区成立于2019年6月。2020年,辖区总面积4.2平方千米,总人口591户1477人,由汉族、哈萨克族、维吾尔族、回族等9个民族组成,下辖4个网格、13个联户单元。社区有干部13人、社区工作者8人、驻村管寺1人、大学生村官3人、计划生育宣传员1人、辅警3人、访惠聚驻村工作队队员5人。

【党建工作】 2020年,农三社区有党员79人,预备党员3人,递交入党申请书18人,入党积极分子15人。党支部坚持三会一课制度,召开支委会12次,党员大会6次,支部书记上党课4次,召开党小组会议12次,开展党员常态化学习12次,开展主题党日活动9次。持续开展保密教育,强化干部保密意识,抓实干部作风建设。全年社区申报十星级社区。

【民生保障】 2020年,农三社区有低保户35户43人,有残疾人10人,发放低保金43人12229元,残疾人两项补贴7200元。全民健康体检800人,参加医疗保险1412人,参加养老保险249人。为1户困难家庭申请临时救助1000元,完成安居富民工程4户,享受11.4万元,为11户居民发放冬季燃煤11吨,为35名80周岁以上老人办理高龄津贴。开展居民实用技能培训4场次,培训270人次,转移劳动力35人,劳动力转移收入40万元,实现就业再就业26人,创收39.6万元。解决困难诉求20多件,走访困难党员、老退伍军人、现役军人家属、困难职工,关注困难家庭22户,送去慰问物资6000元。

【综合治理】 2020年,农三社区建档管理流动人口,形成警务室、警务站、社区三位一体的协调联动机制。开展平安创建工作,有平安家庭278户;开展扫黑除恶宣传工作,发放宣传单278份,悬挂横幅6条。开展禁毒、反邪教宣讲活动16场次,受众810人次。党支部主导四项活动3起,发放慰问金600元。开展辖区商铺安全生产大排查。举办民族团结联谊活动2场次,参与群众58人次,表彰民族团结先进个人8人,联户长13人。评选最美庭院、美丽家庭6户。组织开展联户长模拟现场会2场次、培训联户长会议3场次、联户家庭会议60场次,参加2800人。

【环境治理】 2020年,农三社区组织干部居民清理巷道的垃圾6.5吨,开展巷道环境卫生整治32次,参加390余人。督促劝导各商铺、企业、居民在生产、生活中严格遵守规章制度,做到门前“三包”,自觉养成依法、文明的生活习惯,预防和减少疾病的发生,提高居民的健康生活水平。

(刘鑫娜)

农七社区

【概况】 牛场片区农七社区成立于2004年6月。

2020年，辖区总面积1.2万平方千米，总人口636户2272人，由汉族、哈萨克族、维吾尔族、回族4个民族组成，社区下辖6个网格、23个联户单元。社区有两委干部7人，访惠聚驻村工作队7人、县聘大学生村干部3人、计生宣传员2人、村警4人、宗教协管员2人。大党委成员单位1个。

【党建工作】 2020年，农七社区有党员57人、预备党员5人、入党积极分子9人、入党申请人3人。党支部坚持三会一课制度，召开支委会24次、党员大会6次，党员学习15次、支部书记讲党课4次。增加队规民约18条、完善工作制度9个、制订工作计划16个、无职党员设岗定责6条。党员常态化开展学习49次，开展主题党日活动9次，全年社区创五星级党支部。

【民生保障】 2020年，农七社区有低保户60户79人，有五保户4户4人，享受高龄补贴25人，有残疾户43户45人，困难群众23户75人。解决群众困难诉求11件，慰问四老人员4次。举办职业技能培训班2期，参加98人，劳务输出582人。建成17栋避险减困住房，完成排碱渠清淤27千米、修建桥涵8座、铺设机耕道砂石路面17千米，投入资金30多万元修建防疫栏、洗羊池。完成饮水工程，解决群众吃水难问题。全民健康体检1950人。

【综合治理】 2020年，农七社区开展惠民政策宣传、三本白皮书宣讲35场次。加强意识形态领域宣传教育。巩固平安建设创建成果，创建平安巷道6个、平安家庭376户、平安商铺3户，召开联户家庭会议146场次，参加1550人次。完善信访接待，调解信访案件2件。开展民族团结联谊活动6场次，开展民族宗教事务条例教育4场次，开展法制教育宣传3场次。举办消防、农机等安全生产培训1场。开展安全知识宣传3场、大检查1次，消除火灾隐患2起。创建民族团结进步教育基地1个、民族团结文化大院5个、示范网格3个、模范巷道3个，评选表彰最美家庭15个，表彰民族团结先进典型5人。

【环境治理】 2020年，农七社区出动180多人，开展环境卫生整治30多次，清理公共垃圾箱30多次，对房前屋后开展花化绿化，引导社区居民自觉转变观念，培养健康、文明、卫生习惯，评选美丽庭院，打造卫生洁净的美丽家园。筹措资金3.3万元，用于改善困难家庭居住环境。 （孙路平）

良种社区

【概况】 牛场片区良种社区总面积20.7万平方千米，下辖4个居民小组，划分6个网格、有23名联户长。社区两委干部6人，县聘大学生村干部3人、计生宣传员2人、村警4人，访惠聚驻村工作队队员6人。有517户1948人，由汉族、哈萨克族、维吾尔族、回族5个民族构成，少数民族占总人口的97%，人均收入1.31万元。

【党建工作】 2020年，良种社区有党员57人、预备党员5人，入党积极分子7人、入党申请人5人。党支部坚持三会一课制度，召开党员大会4次、群众代表大会2次，开展主题党日活动10次，支部书记讲党课4次，党员常态化开展学习40次。社区申请创八星级党支部。

【民生保障】 2020年，良种社区为85户117人发放低保金35.88万元，发放残疾人保障金7.19万元、社会救助金5.46万元、完成全民健康体检861人、“两癌”免费筛查120人、农村改厕57户，补助资金3.42万元。开展农牧民技能培训5期，转移劳动力就业250人，人均创收约4000元。辖区发展养殖合作社3家，引进星展牧业公司1家，带动50多名劳动力稳定就业。免费提供13座棚圈给养殖户和育肥户使用，新建安居富民房7座，为困难群体发放燃煤68吨。

【综合治理】 2020年，良种社区落实双联户机制。

召开联户长会议3次、联户家庭会议70多次,及时传达党的各项政策,加强流动人口管理。定期开展巡逻巡防工作,定期开展十户联防演练,及时调节信访矛盾,化解矛盾纠纷98起。采集信息1600条,社会治安管理系统900条,反馈平安E家80条,接受微线索13条,全部核查反馈。开展感恩教育,开展微宣讲10场次、座谈会1场次,观摩会1场次、国旗下宣讲2场次。制作宣传栏4块,公示栏4块。

【环境治理】 2020年,良种社区抓好基础建设,争取项目资金1060.13万元,修建一般公路2.9千米、村庄巷道柏油路3.9千米、改造高标准农田333.33公顷。募集资金37800元,购买床184张、餐桌282套、课桌127套、台灯85个、铁丝网1620米。开展环境卫生整治60余次,落实河长制,河渠排查20次,垃圾清理100余吨,绿化刷树5000棵,农村改厕57户,打造示范巷道2条,安装防护栏1800米,人居环境明显改善。

【脱贫攻坚】 2020年,良种社区建档立卡贫困户5户、低保户80户、一般户195户如期实现脱贫。为建档立卡贫困户发放新疆褐牛5头,价值7.5万元、为贫困户每户发放扶贫鸡苗100只,发放电动车3辆1.2万元。落实住房安全等扶贫项目9项,累计投资40余万元。对辖区困难群众开展关心关爱和临时救助,将10名贫困人口纳入低保,为符合政策的贫困户家申请计划生育奖励金、教育救助金。争取公益性岗位,2人当护林员,1人就近饲养牛羊,1人社区保洁员,1人在家发展庭院经济,确保建档立卡贫困户家庭实现“两不愁三保障”。

(芦英丽)

鑫牛社区

【概况】 牛场片区鑫牛社区成立于2019年1月,位于省道316线与242线南交界处,距县城3千米。有居民944户2768人。辖区面积3330平方千米。有耕地面积174公顷,林地面积13.33公顷。有社区干部15人、访惠聚驻村工作队队员5人。下辖7个居民小组,划分7个网格,有48名联户长。由汉族、哈萨克族、回族等7个民族组成,其中少数民族411户1224人,占总人口的44%。人均收入13410万元。

【党建工作】 2020年,鑫牛社区党支部有党员68人,预备党员4人,入党积极分子15人,申请入党11人,在职党员7人、农牧民党员29人、退休党员32人,党支部开展主题党日活动9次,上党课6场次,党支部发挥党建带妇建、团建作用,做好常态化独居老人、留守儿童、弱势群体的关心关爱工作。采取“红黑榜”激励机制,按照一支部五大中心早派工、晚研判、周派工完成任务情况开展考核,持续开展保密教育,强化干部保密意识,抓实干部作风建设。

【民生保障】 2020年,鑫牛社区有低保户37户56人,城市低保2户2人,农村低保35户54人,有残疾人31人。发放低保金56人19.3万元,残疾人两项补贴3720元。完成全民健康体检1921人、医疗保险缴费1830人,养老保险费缴纳379人。为43户困难家庭申请临时救助23244元,为18户发放冬季燃煤36吨,为社区31名80周岁以上老人办理高龄津贴。开展居民实用技能培训4场次,培训132人次。解决困难诉求150多件,走访困难党员、老退伍军人、现役军人家属、困难职工、困难家庭120多户,送去物资3.2万元。

【综合治理】 2020年,鑫牛社区抓好流动人口管理工作。警务室、警务站、社区形成三位一体的协调联动机制。召开联户家庭会议252场次、参加1560人次。创建平安商铺83户、平安单位5个,创建民族团结示范巷道4个、民族团结示范户18户、民族团结模范家庭13个、民族团结进步楼栋12个,评选最美庭院20个、最美家庭2户、最美儿媳2人、巾帼模范2人,致富带头人2人。开展扫黑除恶宣传工作,发放宣传单300份,悬挂横幅8条。

开展禁毒、反邪教宣讲活动12场次，受众1300人次。

【环境治理】 2020年，鑫牛社区组织党员、干部、联户长、辖区居民、公益性岗位人员，清理社区巷道垃圾，开展环境卫生整治50多场次，参加人数2300人。督促劝导各单位、商家和居民在生产、生活中严格遵守规章制度，做到门前“三包”，自觉养成依法、文明的经营行为和生活习惯，预防和减少疾病的发生，提高居民的健康水平。（何晓丽）

核桃园社区

【概况】 核桃园社区位于316省道北侧1千米处，距县城9千米，总面积8.7平方千米。2020年，社区有961户2986人，由汉族、哈萨克族、维吾尔族、回族、东乡族等6个民族组成，下辖7个居民小组，划分7个网格、35个联户。有社区两委干部6人，大学生村官2人、宗教协管员1人、计划生育宣传员2人、村警1人、辅警3人、访惠聚队员5人。

【党建工作】 2020年，牛场核桃园社区党支部有党员72人、预备党员8人，递交入党申请书79人，入党积极分子17人。党支部坚持三会一课制度，召开支委会27次，党员大会6次，上党课5次，党小组会议36次，党员常态化开展学习52次，开展主题党日活动9次，社区申报七星级社区。开展保密教育，强化干部保密意识，抓实干部作风建设。

【民生保障】 2020年，核桃园社区有低保户89户111 人，残疾人56人，发放低保金2.9万元，残疾人两项补贴6720元。全民健康体检1926人、医疗保险缴费2437人，养老保险费缴纳527人。为60户困难家庭申请临时救助，完成安居富民建房2户，享受3.7万元，为40户发放冬季燃煤40吨，为28名80周岁以上老人办理高龄津贴。开展实用技能培训1场，培训40人次，转移劳动力600人，劳动力转移收入90万元，实现就业再就业12人，创收30万元。走访困难党员、老退伍军人、现役军人家属、困难职工，关注困难家庭125户，送去慰问物资3.8万元。

【综合治理】 2020年，核桃园社区加强流动人口管理，建立流动人口台账。开展平安创建工作，创建平安家庭512户。开展扫黑除恶宣传工作，发放宣传单1000份，悬挂横幅3条。开展禁毒、反邪教宣讲活动4场次，受众2000多人次。组织开展联户长会3次，培训联户长45人，召开联户家庭会议6场次、参加人数120人。举办民族团结联谊活动6场次。

【环境治理】 2020年，核桃园社区组织干部群众清理巷道的垃圾30余吨，发放垃圾袋3000条，集中开展巷道环境卫生整治30余场次，参加人数2560人。督促劝导各单位、商家和居民在生产、生活中严格遵守规章制度，做到门前“三包”，自觉养成依法、文明的经营行为和生活习惯。（王淑霞）

克孜勒齐勒克社区

【概况】 2020年，牛场片区克孜勒齐勒克社区下辖4个村民小组，有人口402户1498人，由汉族、哈萨克族、回族、东乡族4个民族组成，有耕地面积366.67公顷，林地面积20公顷。有商业网点22个、集贸市场1个，有社区干部10人。

【党建工作】 2020年，克孜勒齐勒克社区有党员30人、预备党员5人，入党积极分子28人。发展党员5人，培养入党积极分子3人。党支部坚持“三会一课”制度，开展主题党日活动12次，做好村后备干部培养、党建带团建带妇建工作有效开展，推荐4名团员推优入党，新发展2名团员入团，团支部开展志愿服务活动9次,组织妇女群众开展最美家庭创建活动,打造最美庭院50户、最美家庭15户。

【民生保障】 2020年,克孜勒齐勒克社区发放地力补贴80万元,两次发放移民后期扶持资金39.3万元。开展全民免费体检,体检人员达90%以上。参加农村合作医疗1208人,缴纳养老统筹315人。发放保障金57371元,社区24户25人的基本生活得到有效保障。举办职业技能培训1期,培训29人,劳务输出9人。对低保工作实行动态管理,对不符合低保条件的5名低保对象进行及时调整,确定低保对象24户25人,及时公开接受群众的监督。为32户发放慰问金、大米、面粉、清油、燃煤等物资1.55万元。对农村低保24户25人精准施策,做到帮扶和产业发展并举。为1户脱贫户制定巩固提升计划,提供助学、公益金帮扶。

【综合治理】 2020年,克孜勒齐勒克社区加强流动人口管理。做好双联户工作,联户长组织联户成员积极开展志愿维稳巡逻,协助网格长和网格员做好流动人口管理,矛盾纠纷排查化解等社区各项活动。开展民族团结一家亲活动,创建民族团结示范巷道5个,民族团结示范家庭10个。按照10~15户为1个联户单位,共划分16个联户单位,推选出联户长16人,每周召开联户长会议1次,对重点工作进行部署,对表现优秀的联户长进行表彰鼓励,调动联户长积极性。

【环境治理】 2020年,克孜勒齐勒克社区组织干部群众在社区主干道两侧种植花草,新建花池1处,安装喷灌设施,解决花草浇水问题。集中开展巷道环境卫生整治40余场次,完成村庄花化绿化1.5千米。沿街沿路树木刷白236千米,开展河道清理9次。与个体工商户、居民签订门前“三包”责任书,对环境卫生脏乱差的个体工商户、居民进行通报批评,确保辖区环境卫生干净整洁。改建、新建厕所40座,为19户居民发放改厕补助1.14万元。 (张琼月)

阿依纳巴斯陶社区

【概况】 牛场片区阿依纳巴斯陶占地面积2.08万平方千米,耕地面积2160公顷,其中原羊一队片区1386.67公顷,原羊二队片区773.33公顷,草场面积753.33公顷,林地面积496.67公顷。下辖4个居民小组,划分4个网格、有27个联户。人口453户1645人,由汉族、哈萨克族、回族等6个民族组成,其中少数民族434户1592人,占总人口的96.8%。社区有干部9人、访惠聚驻村工作队队员5人、县聘大学生村干部2人、计生宣传员2人、村警4人。

【党建工作】 2020年,阿依纳巴斯陶社区党支部有党员34人,预备党员6人,积极分子36人、申请人37人。党支部坚持三会一课制度,开展主题党日活动7次,党支部书记上党课3次,党员常态化开展学习12次,认真学习党章,学习贯彻习近平新时代中国特色社会主义思想、党的十九届五中全会、中央第三次新疆工作座谈会精神,增强党员理论水平。做好村后备干部培养、党建带团建带妇建工作。全年社区申请创九星级党支部。

【民生保障】 2020年,阿依纳巴斯陶社区有65户93人享受低保,发放残疾人保障金1.92万元、社会救助金2.97万元、全民健康体检921人、农村改厕65户,补助资金3.9万元。为困难群体发放燃煤53吨,米面油蔬菜3.2万元,为老弱病残等特殊群体发放临时救助金2.97万元,新建安居富民房6座。开展农牧民技能培训1期,劳动力转移稳定就业250人,人均创收约4000元。为2名大中专学生每人发放3000元雨露计划扶贫助学金。对辖区困难群众精准开展关心关爱和临时救助。为2户贫困户争解决公益性岗位就业。普通劳动力中25人外出务工,1人当护林员,5人就近季节性务工并饲养牛羊,贫困家庭实现“两不愁三保障”,如期实现脱贫。

【综合治理】 2020年,阿依纳巴斯陶社区召开联户家庭会议48次,调换不合格联户长2人,加强流动人口管理。定期开展巡逻巡防,开展矛盾纠纷排查化解,化解矛盾纠纷24起。采集信息3544条,反馈平安E家20条,接受微线索13条,全部核查反馈,持续开展扫黑除恶专项斗争,严格执行四项活动申请报备制度,全年开展四项活动6起。

【环境治理】 2020年,阿依纳巴斯陶社区改善人居环境,争取惠民项目资金238.6万元,对社区4.3千米道路铺设柏油路面,1.82千米道路进行高标准砂石铺设。为18户贫困户及团结关爱家庭发放生活用品床20张、餐桌11张、餐凳49把、课桌(椅)13套,为部分生活较困难的低保、困难等家庭发放30张床、13张餐桌、70把餐凳及14套课桌(椅)。为27户家庭发27盏台灯用于学生学习。提高农牧民居住环境和生活质量。组织干部群众开展环境卫生整治21次,河渠排查12次,绿化刷树350棵,完成农村改厕64户、打造示范巷道5条,乡村面貌明显改善。

(买尔哈巴·吐尔逊)

库尔德宁镇

【概况】 2020年,库尔德宁镇内设党政办、党建办、宣传办、综治办、统战办、项目办、民政办、扶贫办、人民武装部等机构,下设农经站、农业技术推广站、农机管理站、林业站、计生站、广播站、畜牧综合站、规划站、文化站、劳动社会保障站、食品药品管理站、财政所、司法所、国土所14个站(所)。核定编制94人,实有73人。全镇总人口15090人,其中少数民族11026人,占73%。下辖7个行政村(农业村6个、牧业村1个),1个社区。

【经济与社会发展】 2020年,库尔德宁镇总面积5.68万公顷,其中耕地面积0.33万公顷、草场面积3.7万公顷。全年完成农林牧渔等总产值34300万元,其中农业产值10672万元、林业产值717万元、牧业产值16615万元、渔业等其他产值6296万元。主要农作物小麦种植面积1173公顷,产量7038吨;玉米种植面积757公顷,产量11355吨;油葵种植面积688公顷,产量2580吨;土豆29公顷,产量430吨;年末牲畜存栏55531头(只),其中牛18930头,马3404匹,猪12头,羊33185只;出栏牲畜35500头;全年肉类总产量4218吨,羊毛产量233吨,牛奶产量11570吨,禽蛋产量177吨,蜂蜜产量346吨。社会固定资产投资1403.91万元。全年,财政预算拨款收入3467.37万元,财政支出3291.51万元,农牧民人均纯收入17025元。

【基层组织建设】 2020年,库尔德宁镇党委有11个党支部,有党员565名,其中少数民族党员279名。开展"不忘初心、牢记使命"主题教育,开展主题党日活动121次(每个支部每月1次)。党员干部党性得到锤炼。完成阔克巴克村阵地续建,莫乎尔村阵地改造。清退不合格村干部8人,招聘大学生村干部11人,吸收5名大学生充实进村两委班子。软弱涣散村阔克巴克村、后进村阿热勒村持续巩固提升。培养入党积极分子131人,吸收预备党员48人,发展党员45人。落实党风廉政建设责任制,深入开展以案促改和警示教育,召开警示教育大会15场次,运用"四种形态"处理干部22人。

【民生保障】 2020年,库尔德宁镇建成安居富民房106户。总投资5050万元,完成砂石路48.5千米、柏油路34.7千米、沙石化牧道13.8千米,防渗渠8千米,自来水管网13千米,供热管网改造2.8千米及配套设施建设,供电线路新建2千米及配套设施建设。投资65万元完成灯光篮球场及配套设施建设。疫情防控期间,全镇商铺减免房租和个体工商户补贴20.6万元。全年累计发放低保金、社会救助等225.12万元。举办技能培训班9期,培训农村富余劳动力698人,富余劳动力转移就业3983人次,劳务创收1314.39万元。13830人参加全民体检,体检率96.3%,新农合参加12960人,参合率94.9%。卫生服务工作有序推进。

【社会事业】 2020年,库尔德宁镇有学校4所(中心校1所、分校1所、教学点2所),在校生1297人,其中少数民族在校生1222人。有各类教师185人,其中少数民族教师133人;有卫生院1个、村卫生室7所,卫生专业技术人员30人,其中少数民族22人。开展“少生快富”项目工程,为3户计生户发放奖励金0.9万元,人口出生率在6.27‰以内。

【特色产业】 2020年,库尔德宁镇在确保粮食安全的基础上,农户流转土地面积10666.7公顷,充分利用山区气候优势,种植羊肚菌、紫草、党参、黄芪、贡菜、金银花等中草药10.77公顷。种植黑加仑10公顷,产量75吨。贝母采挖316公顷,产量4332吨。

【环境治理】 2020年,库尔德宁镇农村人居环境得到改善,开展145场次环境卫生整治,共清理生活垃圾约510吨,清除残垣断壁125处,开展三区分离205户。农村改厕1000户,超额完成200户,“三新生活”完成改造1372户,完成率达90%。

【综合治理】 2020年,库尔德宁镇351名各级干部结对认亲698户,民族团结一家亲活动常态化开展,开展各类民族团结活动139场次,上报民族团结典型人物9人,表彰先进个人3人。利用周一升国旗、农牧民夜校宣讲311场次,做到宣讲全覆盖。通过持续学习,“三个离不开”和“四个认同”思想深入人心。8个村(社区)20条巷道获得伊犁州民族团结示范巷道,塔克吐别克村霄凌农家乐和莫乎尔村民族团结示范基地分别获得伊犁州民族团结示范点荣誉称号。

【脱贫攻坚】 2020年,库尔德宁镇强化脱贫攻坚“五个一”包联帮扶机制,1个贫困村和6个非贫困村全部实现州、县、镇领导包联督战全覆盖。干部帮扶App走访率100%,贫困户国办App注册率100%。为符合条件的105户建房户建设安居富民建房,404户贫困户1282人脱贫,脱贫攻坚取得决定性胜利。全镇建档立卡贫困户中552名劳动力按照园区就业、企业就业、产业就业、公益性岗位等方式多渠道全部实现就业转移。对中央六巡、成效考核、各级检查、巡察整改回头看反馈的问题认领51个,全部整改完成。贫困户讲清和说清两笔账评估工作完成率99.8 %。贫困户感恩意识明显增强。

(金炳双)

莫合社区

【概况】 2020年,库尔德宁镇莫合社区总面积2.67万公顷,其中耕地237公顷、草场2400公顷。总人口254户、660人,其中少数民族382人。有社区干部9人,临时聘用人员3人,大学生村官1人,访惠聚工作队队员4人。

【党建工作】 2020年,莫合社区有党员33人,吸收预备党员2人,预备党员转正2人,发展入党积极分子5人。加强一支部五中心建设,常态化开展周考核、月汇总五大中心积分制考核制度,发挥党建中心统筹优势,落实“三会一课”制度,对各类经费支出、重大事项召开支部委员会议讨论,党员共商共议,充分体现民主集中制原则,累计召开支委会议17场次,党员大会5次,党支部书记讲党课4场次,国旗下宣讲27场次。开展主题党日活动12场次,民族团结一家亲联谊活动2场次,开展送政策、送温暖、送服务活动2场次,慰问老党员、贫困党员9人,发放慰问金3000元。

【民生保障】 2020年,莫合社区积极组织劳动力就业,外出务工117人,人均增收2000元。旅游产业解决富余劳动力就业15人。完成富民安居建房5户,合作医疗、养老保险费缴费完成100%。发放燃煤28吨、救济金2万多元,扶助3户残疾个体工商户6500元,为4户特殊群体临时救助2000元,购买“三新四上”改造用床、餐桌、书桌、椅、台灯、防护网等物品1.54万元。社区协调解决夏粮收割80公顷、销售树上干杏6.3吨、饲草拉运15车次、牧民牲畜疫病防治1720头(只)。

【综合治理】 2020年,莫合社区精准、规范、常态化落实各项措施。综治中心标准化打造一体化平台,核查反馈微线索信息100%。做好团结关爱家庭帮扶,联系点领导常态化帮教,建立帮扶帮教台账;加强信访矛盾化解,化解矛盾纠纷5起。

【环境治理】 2020年,莫合社区坚持每周五环境卫生集中整治制度,开展环境卫生整治52次,出动1060人次,清理渠道3000米,拆除危旧房3处,修复破损围墙32米,清运垃圾176吨;树木刷白沿路林带5200米;种植花草面积1600平方米,种植景观树200棵。 (田卫华)

吉尔格朗乡

【概况】 2020年,吉尔格朗乡内设党政办、党建办、经济发展办、社会事务办、综合执法办5个办公室,下设农业(畜牧业)发展服务中心、文体广电旅游服务中心、社会保障(民政)服务中心、农业合作经济(统计)发展中心、村乡规划建设发展中心、综治中心、综合行政执法队、人口和计划生育生殖健康服务指导站8大中心。该乡有6个行政村,其中牧业村2个、农业村4个;总人口2133户8253人,其中少数民族1619户6624人,占人口总数的80.3%。

【经济与社会发展】 2020年,吉尔格朗乡总面积426.13平方千米,草场面积28200公顷,耕地面积920公顷,全年生产总值1.84亿元,第一产业收入1.64亿元、第二产业收入1526万元、第三产业收入917万元。土地确权有序开展,5个村900公顷土地确权工作全面完成。流转土地466.67公顷。种植业结构进一步优化,中草药种植222.67公顷。畜牧业发展稳步推进,完成黄牛改良3800头,绵羊人工授精1650只,年底牲畜总存栏5万头(只)。人均纯收入16196元。

【基层组织建设】 2020年,吉尔格朗乡有8个党支部,其中村党支部6个。储备入党申请人243人、积极分子116人,吸收预备党员22人,举办入党积极分子培训班1期,发展对象培训班2期。坚持三会一课制度,书记讲党课12次,开展主题党日活动96次,党员学习100多次。规范机制运行,坚持每周一组织班子成员及村第一书记、支部书记召开周派工会议,党委领导下的中心负责制落到实处。下派1/3机关干部26人驻村工作,调整村党支部书记2人、村两委副职12人,村干部整体能力明显增强。因地制宜壮大村集体经济,全乡6个村集体经济均达到10万元以上,集体经济薄弱村全面消除。

【民生保障】 2020年,吉尔格朗乡为困难群众发放临时救助金20.39万元,生活物资4.67万元,发放低保36.26万元,困难群众得到及时救助。举办技能培训班6期,参训254人,转移富余劳动力2346人次,有组织转移劳动力22人,实现劳务创收2337万元。城乡居民医疗参保24536人,完成率98.58%。8205人参加全民体检,体检率99%,新农合参加8006人,参合率98.58%。

【社会事业】 2020年,吉尔格朗乡有学校6所(小学1所、幼儿园4所,教学点1个),学生956人,教师110人。发放援疆助学金7.95万元,落实"雨露计划"教育扶贫补助6.9万元。该乡有卫生院1所,医护人员33人,5个村卫生室配有12名医护人员,全年基本公共卫生服务补助资金35.2万元。落实计生奖励扶助383人,享受奖励金56.04万元。全年人口自然增长率为1.8‰。

【乡村建设】 2020年,吉尔格朗乡争取实施项目24个,总投资5383.5万元。修建柏油路17.2千米,农村砂石路12千米,农田防渗渠5.5千米,实施阔克加孜克村安全供水项目及全乡自来水管网改造提升等项目,群众用水、出行等问题进一步解决,基础设施建设日趋完善。

【综合治理】 2020年,吉尔格朗乡严打专项斗争和扫黑除恶专项斗争标本兼治,社会面管理不断强化,应急处突能力明显增强,群众安全感显著提升。坚持思想帮扶、法律宣传、解决困难,做好32户37人帮扶帮教工作,扎实推进"算清两笔账感恩共产党"活动,最大限度团结凝聚人心。落实意识形态工作责任制。

【特色产业】 2020年,吉尔格朗乡实施旅游特色产业,建设旅游小木屋10个,搭建旅游毡房6座;实施天山渔村道路建设项目,修建柏油路800米;实施旅游沿线休闲驿站建设项目,建设休闲驿站1处,旅游基础设施不断完善。该乡持续发展中草药种植,扩大中草药种植面积,试种中草药藁本4.67公顷。

【环境治理】 2020年,吉尔格朗乡村环境综合整治取得实效,种植绿化树木900余棵,清运垃圾990余吨,完成农村改厕635户,发放改厕补助244户14.64万元,清理农村生活垃圾661吨、沟塘淤泥645吨、渠道110.6千米、刷白树木8500余棵。

【脱贫攻坚】 2020年,吉尔格朗乡成立乡党政主要领导任组长的扶贫开发领导小组,充实乡村两级扶贫干部队伍,投入专项资金833.7万元,实施扶贫项目14个,解决建档立卡贫困户劳动力就业491人(外出务工262人,自主就业42人,产业就业187人),315户1110人脱贫人口达到"两不愁三保障"标准。 (王蕾)

阿尕尔森镇

【概况】 2020年,阿尕尔森镇有9个行政村,49个村民小组,其中农业村7个、牧业村2个。总人口7326户29528人,其中少数民族人口23976人。政府机关内设机构调整为党政办、党建办、经济发展办、社会事务办、综合执法办5个办公室,核定行政编制33个,工勤编制3个。下辖事业单位调整为农业(畜牧业)发展服务中心、文体广电旅游服务中心、社会保障(民政)服务中心(退役军人服务站)、农村合作经济(统计)发展中心(财政所)、村镇规划建设发展中心(生态环境站)、综治中心(网格化服务中心)、综合行政执法队、人口和计划生育生殖健康服务站8个单位,核定事业编制112个,经费实行全额预算管理。

【经济与社会发展】 2020年,阿尕尔森镇总面积5.87万公顷,粮食作物种植面积1.32万公顷,粮食总产15.37万吨;油料种植94公顷,总产2.1万吨。全年完成农业收入29680万元,林业收入242万元,牧业收入21485万元,渔业收入12万元;第二产业收入3632万元;第三产业收入8993万元;村集体再分配收入420万元;外出劳务收入4235万元。年末牲畜及禽类存栏量13万头只,出栏7.32万头只。全年肉类总产44.63万吨,产羊毛20.4吨,牛奶产量173吨,禽蛋产量752吨。年内完成社会固定资产投资1329万元,全年地方财政收入3279.02万元,财政支出3254.09万元。人均收入16834元,比上年净增1101元。

【基层组织建设】 2020年,阿尕尔森镇党委有12个党支部,其中村党支部9个,机关党支部1个、草原兽医站党支部1个、老干部党支部1个。有党员829人,其中少数民族党员479人、女党员224人、农牧民党员687人。有入党积极分子42人,预备党员55人,预备党员转正86人。举办入党积极分子培训班1期,参加培训42人。举办发展对象培训班2期,参加培训55人。开展主题党日活动144次(每个支部每月一次)。调整村两委干部35人,劝退不合格干部10人。

【民生保障】 2020年，阿尕尔森镇新建安居富民房167户，其中一般户149户、低保户18户。参加全民体检6473人。调整农村低保24人，城镇低保5人，清退低保23人。全年发放低保，临时救助，特困供养等各类补助资金405.74万元。34名五保户和3名孤儿实现集中供养，3名孤儿分散供养。举办技能培训班9期，培训农村富余劳动力420人，全年转移劳动力9258人次，创收6500万元。城乡居民医疗参保24536人，完成率98.58%。23812人参加全民体检，体检率99%；新农合参加24536人，参合率98.58%。

【社会事业】 2020年，阿尕尔森镇有学校8所（中学1所、小学7所），在校学生3942人，少数民族学生3556人。全镇有卫生院1所，村（队）卫生室7个，个体诊所2个。全镇有卫生机构编制床位20张，实际开发24张床位，专业卫生技术人员23人、村医7人，村医疗点普及率71%。医保就诊23576次，补偿资金81.87万元，住院118人，门诊自费9932人，补偿金额30.41万元，人口出生率在6.1‰以内。落实计生政策奖励金1514户221.682万元。

【村镇建设】 2020年，阿尕尔森镇实施各类建设项目27个，涉及资金2770.36万元。其中，扶贫项目21个，投入资金1329.81万元；财政专项资金项目6个，投入资金1440.55万元。入户项目4个、基础设施建设项目19个、环卫项目3个、地债项目1个，全部完成竣工验收并投入使用。

【综合治理】 2020年，阿尕尔森镇落实网格化管理机制，对辖区84名关心关爱群体做到包联全覆盖、常态走访、定期研判、解决问题。全年收集解决81条困难诉求。开展入户点对点释法宣教835户次，受众1178人次。为群众办实事好事3757件，解决群众困难诉求1105条。调解各类矛盾纠纷32起，调解成功率100%。收集上报线索问题6条，全部核查处理完毕。

【特色产业】 2020年，阿尕尔森镇种植爆裂玉米227.47公顷、糯玉米28公顷、油葵93.07公顷、大豆13.33公顷、红花82.27公顷、甜菜248公顷、蔬菜类22.6公顷、青贮玉米147.2公顷、苜蓿226.87公顷、薰衣草27.2公顷、甜叶菊8.4公顷、经济林531.2公顷、西甜瓜28.8公顷、苗木56.93公顷。销售总产值1644万元。阿尕尔森镇境内有巩留县银星塑业有限责任公司、伊犁晶维克能源有限责任公司、伊河鲟业科技股份有限公司3家企业，年销售额3.87亿元。

【环境治理】 2020年，阿尕尔森镇围绕厕所革命和环境卫生综合治理，推进农村环境卫生综合整治。全镇完成农村改厕2365座，开展环卫治理38次，清理生活垃圾1800余吨，开展河道周边环境卫生治理15次，清运垃圾420吨，镇村环境明显改善。

【脱贫攻坚】 2020年，阿尕尔森镇成立乡党政主要领导任组长的扶贫开发领导小组，充实乡村两级扶贫干部队伍。全镇有低保813户1079人，其中城市低保38户49人，农村558户624人，兜底219户406人。扶贫项目21个，入户项目4个、投入资金1329.81万元，新建安居富民房167户，其中一般户149户、低保户18户。落实领导班子遍访、包联干部月访，防止返贫风险，年收入达到5000元以上，实现精准扶贫、精准脱贫目标。 （安国成）

东买里镇

【概况】 2020年，东买里镇内设党政办、党建办、经济发展办、社会事务办、综合执法办5个办公室，下设农业（畜牧业）发展服务中心、文体广电旅游服务中心、社会保障（民政）服务中心、农业合作经济（统计）发展中心、村镇规划建设发展中心、综治中心、综合行政执法队、人口和计划生育生殖健康服务指导站8大中心。辖区总面积318平方千米，总人口8697户32367人，少数民族6510户25225人，占总人口的78%。商业网点248个，合作社43个、企业驻辖区单位(企业)15个。

【经济与社会发展】 2020年，东买里镇耕地面积5733.33公顷、草场面积13066.67公顷，完成农林牧渔业总产值7.61亿元。其中，农业收入25769万元，林业收入1236万元，牧业收入26441万元，第二产业收入12057万元，第三产业收入10612万元。粮食作物总面积5504.13公顷，总产量77090吨。牲畜存栏58692头，出栏51710头。产肉4746吨，产奶16318吨，禽蛋产量1018吨。有规模化养殖场(小区)3个，畜牧业养殖合作社12个。社会固定资产投资3282.16万元，财政收入3496.20万元，财政支出3400.59万元。农民人均纯收入16658元。

【基层组织建设】 2020年，东买里镇下辖11个行政村，其中农业村10个、牧业1个。有14个党支部，其中村党支部11个，有党员993人、预备党员70人，有入党积极分子203人，提交入党申请书411人，举办入党积极分子培训班1期，参加培训79人。举办发展对象培训班2期，参加培训77人。坚持三会一课制度，书记讲党课14次，开展党日活动156次、党员学习150余次，召开党员大会50次。创建八星级党组织1个，七星级党组织9个。调整村两委班子正职8人、班子成员5人，4名年轻优秀干部进入村两委。

【民生保障】 2020年，东买里镇为2253户2480名城乡低保人员发放补助金840.63万元。为贫困户发放临时救助金44.29万元；为66名特殊关爱群体孩子发放关爱资金13.32万元，为低保户、特困人员(五保户、孤儿)发放疫情物价补贴8.24万元。全民健康体检完成24776人，居民医疗保险完成27057人，居民养老保险完成9210人，实现应保尽保。新建安居富民房256户，举办技能培训班3期55场，参加培训2073人次，完成富余劳动力转移1.1万人次。

【社会事业】 2020年，东买里镇有小学6所，幼儿园7所，学生4027人，教师348人。投入85.2万元建设校园洗手设施、流转观察室13个，投入校园专项维修费15万元，投入58万元修建沥青跑道2个，投入42万元新建电锅炉、电子周界围栏。全年享受雨露计划扶贫政策52人次，补贴学费15.6万元。全镇有卫生院1所，有医护人员54人，10个村卫生室都达到标准化建设，基本公共卫生服务补助资金169.52万元。计生各项奖励扶助1372人，享受奖励金197.118万元。

【村镇建设】 2020年，东买里镇实施基础设施项目10个，总投资2623.16万元；产业增收项目4个，总投资173.67万元；住房改善提升项目2个，总投资37.51万元；少数民族发展项目1个，总投资216万元；资产收益项目2个，总投资156.6万元。农村人居环境整治项目3个，投资270万元。以上项目均完工并投入使用。

【综合治理】 2020年，东买里镇成立镇村两级流调办，安排专人负责流动人口管理。开展禁毒宣传20场次，扫黑除恶专项宣传40余场，发放宣传单800余张。整改上级反馈问题60余条，研判各类问题46条，走访团结关爱户13506户次，解决问题146条，入户宣教3140余场次，调处各类矛盾纠纷48件。评选平安家庭6954户，平安商铺210家，优秀平安家庭2674户。表彰民族团结进步先进个人47人，先进工作者2人，先进集体3个。

【特色产业】 2020年，东买里镇种植干杏、苹果、樱桃、马琳等经济林果249.51公顷，在县城至野核桃沟景区沿线大力发展以草莓为主的鲜食观光农业。全镇有草莓种植户32户，草莓种植面积23.53公顷，亩产草莓鲜果1.8～2.2吨，亩收入5500～6200元；主要种植“红颜”“甜查理”“全明星”等优良品种。在栽培管理中，采用露地栽培、垄栽、滴灌等组合配套技术栽培模式。全年流转土地2606.67公顷，最高流转承包价840元/亩，托管亩收入1215元。

【环境治理】 2020年，东买里镇持续推进《东买里镇人居环境三年整治规划》，落实“一镇一案、一村一策”，大力提倡栽植经济林、景观林，栽植各类苗木7500余棵，全镇各村80%以上的道路两旁实现了绿化、花化、美化。拆除残垣断壁565处、危旧房228处、危旧棚圈54处，完成改厕1724座，清理建筑垃圾和生产生活垃圾2486.5吨，创新环境卫生整治工作机制，打造东买里村自治区“千万工程”试点，创建伊犁州级新农村5个，县级新农村5个，乡村面貌全面提升。

【脱贫攻坚】 2020年，东买里镇成立以镇党政主要领导任组长的扶贫开发领导小组，充实镇村两级扶贫干部队伍，召开扶贫工作专题会议44场次。实施扶贫项目19个，总投资3206.94万元，召开脱贫攻坚工作观摩会3次，组织116名贫困群众外出观摩学习2次，有就业能力的贫困人口实现全部就业，贫困户工资性收入在总收入中占比59.7%。为34户贫困户办理小额贴息贷款119万元，用于产业发展，发放扶贫鸡2万多只。全镇548户2065人贫困群众达到“两不愁三保障”标准，人均纯收入均达5000元以上，1个贫困村通过国家、自治区脱贫攻坚检查验收。 （刘婷如）

塔斯托别乡

【概况】 2020年，塔斯托别乡总面积4.43万公顷，其中耕地7857.53公顷、草场27152.8公顷、林地0.64万公顷。下辖13个行政村（社区），其中农业村11个、牧业村2个、50个村民小组。内设党政办、党建办、综治中心（含武装部、统战办、司法所、信访办、综治办）、扶贫办、民政办（含残联、退役军人事务办公室）、工会、妇联、团委、纪委，下设财政所、国土资源所、草原站、畜牧兽医站、农业技术推广站、农机管理站、统计站、农经站、劳保所、林业站、文化站、安监站、司法所、计生站、综合农场市场办。核定编制133个（原塔斯托别乡131个编制，综农片区2个编制），实有130人。全乡总人口7987户27523人，其中少数民族22003人。12月，综农片区党工委撤销，3个村队（社区）合并至塔斯托别乡。

【经济与社会发展】 2020年，塔斯托别乡完成农林牧渔业总产值6.58亿元。粮食作物7607.89公顷，其中小麦播种面积680.89公顷、玉米6870.3公顷、经济作物种植面积2106.91公顷。油料作物424.4公顷（油葵344.87公顷，红花76.2公顷），制种玉米1010公顷，中草药275.1公顷。牲畜存栏7.5万头（只），出栏6.64万头（只），完成黄牛改良6160头。肉类总产0.35万吨，牛奶产量0.864万吨，禽蛋产量1105吨，羊毛总产72.6吨，人均纯收入16721元。

【基层组织建设】 2020年，塔斯托别乡有16个党支部，有党员953人、预备党员93人，其中少数民族党员630人，新发展党员90人。举办入党积极分子培训班1期、发展对象培训班1期，培训120人次，开展党日动136次。储备村级后备力量42人，先后调整村两委正职9人、班子成员8人，调整、清退村干部100人次，调整机关站所干部12人次；集中整治软弱涣散党组织1个。创建八星级基层党组织2个，九星级基层党组织3个。

【民生建设】 2020年，塔斯托别乡开展技能培训130人，完成农村富余劳动力转移5546人次，就地就近就业4642人次，州外疆内转移就业775人次，有组织转移就业89人次。144名副科级以上领导干部包联民族团结结亲户，355名干部参与结对认亲，办实事好事734件，捐款261457元，发放慰问品1226件，开展形式多样的宣传活动1901场次。

全民体检21266人，发放各类低保金398.83万元，发放临时救助30.16万元，发放残疾人两项补助56.11万元。

【社会事业】 2020年，塔斯托别乡有学校5所(含分校1所，教学点1个)，有2821名学生(少数民族学生2754人)，有教职工224人。全乡有幼儿园11所，有1091名幼儿(少数民族儿童1048人)，幼儿园教职工151人。2020年9月，塔斯托别乡中学合并至县城云杉中学，学生和部分老师迁到新校区。有卫生院1个，村卫生室13个，工作人员50人。新农合参合21266人，参合率99.7%，新型农村养老保险完成8652人。开展联谊活动22场次，文体活动，趣味运动会13场次。创建伊犁州民族团结示范村5个，伊犁州级民族团结模范集体1个，评选县级民族团结进步典型人物4人，评选伊犁州级民族团结进步典型人物3人。

【村镇建设】 2020年，塔斯托别乡实施扶贫项目27个，投入资金2730.42万元。建设完成农村柏油路16千米、砂石路23.1千米、防渗渠15.7千米、改善农村饮水159户，建成安居富民房124套、牧民定居房6套，棚圈177座，完成农村改厕1348户，“三新四上”改造2488户。

【综合治理】 2020年，塔斯托别乡选派4名干部开展驻村管寺工作，上报稿件信息125篇，其中州级采纳38篇、伊犁州级以上采纳18篇，开展四项活动138场次。巩固平安建设创建工作，复查复验平安家庭4992户，平安医院1所，平安商铺219个。举办平安建设专题培训班23场次，开展大型宣传活动2场次;成立14个调解委员会，有45名调解员。举办法律宣传活动5场次，参加人数2513人次，排查民间矛盾纠纷55件，清理土地1613公顷，收回承包费用264万元。收集解决群众困难诉求2230件，开展形式多样的宣传活动1901场次，宣传教育覆盖2.71万人次。开展常态化应急演练1000多次。评选民族团结示范户2556户，确定示范巷道17个，示范户229户。

【特色产业】 2020年，塔斯托别乡巴哈拜村种植特色经济作物富芎168.53公顷，制种玉米300公顷，全乡466.67公顷土地集中流转，集体收入从3万元增长到40万元。英买里村流转土地113.33公顷，种植黄芪、金银花等中药材。生态农业观光园投入运营。完成英塔木村天时猫服装加工厂、阔那塔木村星空帐篷厂、嘉克斯糯玉米厂、阔那塔木村扫把厂、塔斯托别村肉类加工厂建设。

【环境整治】 2020年，塔斯托别乡严格落实河长制，常态化开展巡河工作。开展农业污染防治、地膜应用回收，畜禽粪污综合利用率达90%。投入环境卫生整治经费102万元，做到垃圾日扫日清，处理生活垃圾2760吨，清理渠道139.7千米，清理沟渠村庄垃圾8096吨，清理畜禽养殖粪污等农业生产废弃物369.3吨。拆除违章建筑，残垣断壁、危旧房屋、危旧棚圈354处。完成22千米的路沿绿化任务，将伊勒格代村、阔那塔木村、库克塔拉村三个村庄打造为高标准的森林村庄。

【脱贫攻坚】 2020年，塔斯托别乡做好脱贫攻坚巩固提升工作，配齐配强专职扶贫干部50名，后盾帮扶单位53个，帮扶全乡750户2701名贫困人口，实施扶贫项目27个，投入资金2730.42万元。精准测算收入，动态监测贫困情况，帮助解决一户至少一名就业人员，一户至少培养1名明白人。对建档立卡贫困大学生(含大专及职业教育)每人每年补贴2000～6000元。实施雨露计划，为74名学生申请22万元补助金。做好精准扶贫档案整理。扶贫工作顺利通过自治区脱贫攻坚成效考核，750户2701人如期实现脱贫。

(王华)

盛荣社区

【概况】 2020年，塔斯托别乡盛荣社区距县城7千米。辖区总面积2.93平方千米，有耕地面积224.33

公顷，林地面积28.27公顷。集体经济收入19万元，人均收入1.47万元。下辖3个居民小组，划分4个网格，有4名联户长，17个联户单元。有422户1153人，由汉族、哈萨克族、回族、锡伯族、俄罗斯族、柯尔克孜族等6个民族组成，其中少数民族99户296人，占人口总数的25.5%。社区有干部共计19人，其中村两委干部7人、下沉干部2人、大学生村官2人、辅警2人、访惠聚驻村工作队干部6人。

【党建工作】 2020年，塔斯托别乡盛荣社区有党员55名、预备党员5人，递交入党申请书27人，入党积极分子9人。党支部坚持三会一课制度，召开支委会21次，党员大会5次，上党课5次，党小组会议36次，党员常态化开展学习36次，开展主题党日活动9次，2020年社区申报七星级社区。持续开展保密教育，强化干部保密意识，抓实干部作风建设。

【民生保障】 2020年，塔斯托别乡盛荣社区有低保户24户26人，残疾人37人，发放低保金26人8.3万元，残疾人两项补贴9600元。完成全民健康体检638人、医疗保险缴费1046人，养老保险费缴纳104人。发放临时救助125人次5.84万元，完成安居富民工程1户享受1.85万元。为53户居民发放冬季燃煤53吨，通过摸底调查，为18名80周岁以上老人办理高龄津贴。开展居民实用技能培训1场次，培训30人次，劳务输出100多人。解决困难诉求150多件，走访困难党员、老退伍军人、现役军人家属、困难职工、各类关注困难家庭8户，送去慰问物资5500元。

【综合治理】 2020年，塔斯托别乡盛荣社区对流动人口分类建档管理。形成警务室、警务站、社区三位一体的协调联动机制。开展平安创建工作，创建平安家庭224户。开展扫黑除恶宣传工作，发放宣传单520份，悬挂横幅10条。开展禁毒、反邪教宣讲活动25场次，受众1150人次。开展辖区商铺安全生产大排查。开展联户长培训12场204人，召开联户家庭会议192场次、参加1890人。举办民族团结联谊活动6场次，参与群众135人次，表彰民族团结先进个人8人。

【环境治理】 2020年，塔斯托别乡盛荣社区组织干部、联户长、辖区居民、环卫队人员，清理巷道垃圾，发放垃圾袋4000条，集中开展巷道环境卫生整治40多次，参加1500多人。宣传动员各族干部群众做好院里院外卫生，督促各单位、商家和居民在生产、生活中严格遵守规章制度，做到门前“三包”，自觉养成依法、文明的经营行为和生活习惯。评选最美庭院、美丽家庭12户。 （麦迪娜依）

园艺社区

【概况】 塔斯托别乡园艺社区位于巩留县以西，距离县城6千米。辖区总面积2.645平方千米，有耕地面积197.33公顷。下辖2个村民(居民)小组，划分4个网格，有21名联户长。有户籍人口1412人，实际有1073人，由汉族、哈萨克族，维吾尔族等6个民族组成，其中少数民族1100人，占全村人口的77.89%。社区有干部19人，大学生村官2人，村警1人，辅警3人，访惠聚驻村工作队队员4人。人均收入1.47万元。

【党建工作】 2020年，塔斯托别乡园艺社区有党员36人、预备党员6人，递交入党申请书30人，入党积极分子8人。党支部坚持三会一课制度，召开支委会28次，党员大会2次，党支部书记上党课5次，召开党小组会议24次，党员常态化学习20次，开展主题党日活动9次，2020年社区申报八星级社区。

【民生保障】 2020年，塔斯托别乡园艺社区有低保户52户60人，残疾人31人，发放低保金60人19万元，残疾人两项补贴4.32万元。完成全民健康体检785人、医疗保险缴费1252人，养老保险费缴纳139人。发放临时救助111人次5万多元,完成安居富民工程5户,享受补助14.25万元。为43户发放冬季燃煤54吨,为18名80周岁以上老人办理高龄津贴。开展居民实用技能培训1场次,培训40人次,劳务输出80多人。解决困难诉求160多件,走访困难党员、老退伍军人、困难家庭10户,送去慰问物资2000多元。

【综合治理】 2020年,塔斯托别乡园艺社区对常年流出人口分类建档管理。警务室、警务站、社区形成三位一体的协调联动机制;开展平安创建活动,创建平安家庭1453户。发放宣传单500份,悬挂横幅8条。开展禁毒、反邪教宣讲活动21场次,受众1200人次。开展辖区商铺安全生产大排查。

【环境治理】 2020年,塔斯托别乡园艺社区建立环境卫生整治长效机制,推行"网格+联户+群众"管理办法,宣传动员各族干部群众做好院里院外卫生,教育引导各族群众养成讲文明、爱卫生的良好生活习惯。开展周一、周五环境卫生整治日活动,清理各类垃圾5.5吨,对社区主干道、庭院进行美化、花化、绿化,完成树木刷白2千米,推进环境卫生整治制度化常态化。 (刘金凤)

提克阿热克镇

【概况】 2020年,提克阿热克镇总面积42666.67公顷,其中草场面积3.6万公顷,耕地面积2400公顷。内设党政办、党建办、扶贫办、武装部、综治维稳中心、信访办、统战办、民政办、工会、团委、妇联、残联。下辖财政所、国土资源所、草原站、兽医站、农业技术推广站、农机管理站、统计站、农经站、林业站、社保站、文化站、安监站、司法所、计生站等14个站所。核定编制73个,实有71人。全镇总人口4535户16211人,由汉族、哈萨克族、维吾尔族、回族、蒙古族等13个民族组成,其中少数民族3681户13650人,占总人口的84.2%。全镇有8个行政村,其中6个农业村、2个牧业村。有2个片区工作站(哈拉托别片区、塔勒德片区)。有商业网点87家,合作社4家,私营大中型企业1家,小企业1家。

【经济与社会发展】 2020年,提克阿热克镇种植制种玉米333.33公顷,种植红花226.67公顷,土地流转100公顷,新增林果种植20公顷,牲畜存栏5.2万头(只),家禽1.5万羽,完成牲畜改良2.7头(只)、小畜配种2.4万只、黄牛改良3000头,引进种公羊32只、种公牛5头,购买新疆褐牛120头,农牧主导产业规模初步形成。3家企业入驻,投入3200万元建设烘干厂、搅拌站。完成地方生产总值3.47亿元,增长6%,农村人均可支配收入16599元,增长809元。通过招商引资、项目申报、土地调价、领办合作社等方式不断壮大村集体经济,全年增收73万元。

【基层组织建设】 2020年,提克阿热克镇下辖8个行政村,有10个党支部,党员560人、预备党员45人。创建十星级党组织2个,九星级党组织3个,八星级党组织1个,整顿摘帽2个软弱涣散村级党组织。加强党员干部队伍建设。吸纳8名后备干部和6名大学生村干部进两委班子,储备后备干部40人,开展"不忘初心、牢记使命"主题教育和主题党日活动120次(每个支部每月1次)。成立8支党员突击队、10支志愿者服务队。

【民生保障】 2020年,提克阿热克镇鼓励村队领办合作社,创办镶产业园1个,成立种植养殖合作社3个、根雕合作社1个、服装刺绣合作社2个。开展技能培训8场次,培训农牧民240人,完成富余劳动力转移4624人次,实现创收80万元,累计发放各类救助金及生活物资70多万元,解决各族群众生产生活困难;通过残疾人就业基地、自主创业等途径帮助68名残疾人实现稳定就业,新增重度无业残疾人低保35人,完成154名残疾人鉴定工作，发放残疾人两项补贴47.9万元；开展全民健康体检，落实大病救助政策，基本医保参保率99%。医保电子凭证激活完成100%，养老保险征缴完成率100%。完成安居富民工程59套；发放小额贴息贷款15批26万元，办理个人创业担保贷款16笔120万元。发放灵活就业和自主创业社会补贴8人4.8万元。发放建档立卡贫困户自主创业补贴8人7.9万元。为80岁以上高龄老人发放补贴16.2万元。

【社会事业】 2020年，提克阿热克镇有1个中心小学、1个分校、2个教学点、8个幼儿园、1个办园点，有202名教职工，2188名学生，其中小学生1479人、在园幼儿709人。有卫生院1所，村（队）卫生室8个，个体诊所2个。全镇卫生机构编制床位20张，专业卫生技术人员44人，村医9人。

【村镇建设】 2020年，提克阿热克镇投入1748万元，实施27千米道路硬化，2千米电力改造，3.5千米防渗渠；投入135万元，完成莫因古则村美丽村庄绿化工程，修建围墙6千米，投入28万元修建镇区南北主街道绿化带、人行道、防渗渠，建设民生坊、保鲜库等项目，辖区基础设施完善。

【综合治理】 2020年，提克阿热克镇持续开展严打和扫黑除恶专项行动，召开专项斗争联席会议5场次，宣讲覆盖5820人次，处置线索9条。加强流动人口（境外人员）管理。配齐镇、村两级流管办干部，健全包联机制，落实管理责任。投入6万元解决境外人员及家属生产生活问题，创建矛盾纠纷调解示范点6个，调解纠纷36件，调解成功率100%。开展安全生产和食品安全大排查，处置问题34起。开展五轮次释法宣教，解决团结关爱户群体公益性岗位就业15人，为32人联系提供就业岗位。投入10多万元解决各类困难诉求119条，选树民族团结网格24个、文化大院26个、示范巷道116个、示范户1254户、先进个人21人。

【特色产业】 2020年，提克阿热克镇建立萨尔布群、阿克巴斯陶466.67公顷旱田红花种植基地，培育奥尔塔买里13.33公顷金银花种植示范田，打造提克阿热克村黄芪13.33公顷试种田。萨尔布群试种糯玉米26.67公顷，莫因古则试种树莓6.67公顷，补植阿克巴斯陶树上干杏66.67公顷。建立萨尔布群1000头西蒙塔尔牛养殖基地、塔勒德200头新疆褐牛养殖基地、奥尔塔买里500头黑白花奶牛养殖基地，新增骆驼80峰、马200匹、驴40头、蜂20箱，带动肉产增值、奶业振兴、家禽增效。

【环境治理】 2020年，提克阿热克镇制定农村人居环境综合整治计划，完成莫因古则等5个农村生活垃圾集中处理，创建萨尔布群村“森林村庄”示范村建设。完成卫生改厕1263户。投入资金158.6万元，发动干部群众3200多人次，拆除危旧房屋80座，清运垃圾2200多吨，栽植经济苗木3.5万棵、刺玫花3200多株，种植草花3万多平方米，绿化面积15.85万平方米。创建区伊犁州卫生示范村2个、伊犁州级文明村4个、美丽乡村1个，评选村级“美丽庭院”示范户55户，加快农村道路、水利等基础设施建设，配套完善生产生活设施，集中收集农村生产生活垃圾，开展私搭乱建、残垣断壁、废旧危房、环境卫生死角清理整治，加大巷道主干道、次街道的绿化美化亮化，扩大镇区规划和背街小巷的绿化覆盖率，营造优美、干净、整洁、有序的人居环境。

【脱贫攻坚】 2020年，提克阿热克镇建档立卡贫困户376户769人，外出务工495人，自主就业55人，产业就业113人，赡老扶幼106人，设置公益性岗位31个，借助临近七十三团工业园区、嘉格森企业就近转移就业43人，依托镶产业园、合作社带动就业200多人。为40名贫困家庭学生发放补助金12万元；为100户贫困户发放援疆帮扶资金8万元。申请项目12个，发放扶贫牛5批次214头、扶贫鸡鹅苗4批次7600只，实施棚圈入户项目77户。

投入850万元创办“天山夏尔湖”旱田馕产业园,关联贫困户15户,每户每年分红2000元,解决100多名群众就业问题,实现村集体经济增收7万元。投入90万元,成立塔勒德“新疆褐牛”养殖专业合作社。盘活莫因古则村校服加工厂,吸纳40名女工就业,人均月工资2100元。 (常世翔)

阿克吐别克镇

【概况】 2020年,阿克图别克镇总面积6.13万公顷,其中耕地面积0.258万公顷,草场面积3.35万公顷。下辖村队(社区)7个,其中农业村4个、牧业村2个,社区1个。下设财政所、农业(畜牧业)发展服务中心、食品药品监督管理站、国土规划建设发展服务中心、文体广电服务中心、社会保障服务中心。核定编制102个,在编干部96人。年末总人口10127人,由汉族、哈萨克族、维吾尔族、回族等13个民族组成,其中少数民族9030人,占人口总数的89.17%。

【经济与社会发展】 2020年,阿克图别克镇完成农林牧渔业总产值1.56亿元。其中,农业产值0.41亿元,林业产值0.164亿元,牧业产值0.82亿元,渔业产值8万元,第二产业0.116亿元、第三产业0.049亿元。粮食作物播种面积2914.67公顷,特色种植面积210.33公顷,新增林果面积10公顷;繁育景观林种苗20.67公顷,流转土地133.33公顷。当年完成黄牛冷配2509头,引进优质种公羊157头,劣质公牛去势560头,良种牛参保2200头、良种牛鉴定563头,小畜人工配种3500只。牲畜存栏5.2万头(只),出栏4.5万头(只)。全年肉类总产0.4万吨,产羊毛155吨,牛奶产量4800吨,禽蛋产量450吨。完成造林面积145公顷。地方财政收入2351.61万元,财政支出2229.72万元。完成人工种草730公顷,围栏(改良)草场3780公顷,建设家庭牧场3个,储备牲畜越冬饲草2.02万吨、秸秆1.8万吨、饲料6.3万吨、饲草1.26万吨。全社会固定资产投资0.86亿元,人均纯收入1.6万元。

【基层组织建设】 2020年,阿克图别克镇有9个党支部,有党员444人,其中少数民族党员339人。举办入党积极分子培训班1期、发展对象培训班2期,培训94人次,吸收预备党员58人,举行党日活动80多场次。举办微党课大赛和党务干部知识竞赛,表彰镇级优秀党务工作者3人。优化党员干部队伍,调整3名第一书记、4名党支部书记,选派2名优秀机关干部下沉担任党支部书记,面向社会公开招聘优秀大学生11人、补充调整22名村干部,下沉机关干部18人,配齐6名驻村管寺干部。加强村级力量,集中巩固提升软弱涣散村党组织1个。

【民生保障】 2020年,阿克图别克镇完成农村安居房建设34户,累计发放建房补贴147万元。转移富余劳动力2905人次(有组织外出务工60人次),实现劳务创收1750万元。开办技能培训班4期,200人参加培训。全民体检9864人,体检率100%。居民医疗保险完成10228人,完成率100%。居民养老保险征缴4453人,完成率100%。发放农村低保金285.21万元,发放城镇低保金69.92万元,发放特殊困难群众生活补贴4.13万元,发放残疾人两项补贴44.09万元。

【社会事业】 2020年,阿克图别克镇有九年一贯制学校1所,在校生1341人,其中少数民族在校生1298人;教学点2个,在校生273人,其中少数民族在校生265人。幼儿园6所,在校生735人,其中少数民族在校生711人。全镇有教师208人,其中少数民族教师168人。卫生院有1所,村队卫生室7所,卫生专业技术人员有46人。人口出生率6.2‰,自然增长率3.61‰。

【村镇建设】 2020年,阿克图别克镇实施项目15个,累计投入资金2928万元,其中产业类项目3

个、入户类项目4个、基础设施类项目8个，新建农村公路41千米，完成自来水饮水改造3.7千米、浆砌石水渠建设4千米，农村基础设施不断完善。

【综合治理】 2020年，阿克图别克镇强化社会面管理，提高3分钟快速处置能力。落实民族团结一家亲住户包联机制，287名干部结对认亲452户，常态化开展走访、住户结亲工作，累计捐款1.3万元、捐物1300多件，办实事好事129件。创建伊犁州级民族团结示范镇，伊犁州级民族团结示范点4个、示范巷道20个，荣获伊犁州级模范个人1个，评选县级民族团结先进集体2个，先进个人2人。

【特色产业】 2020年，阿克图别克镇招商引资建设华凌活畜交易市场，日均牛羊交易量在100头以上，交易额100万元左右，全年牲畜交易量8410头（只）、马504匹，交易额9852万元。引资企业那拉乳业骆驼养殖扩大至200多峰，景曦林果示范园扩大种植规模至29.33公顷，带动就业50多人，为集体创收16万元。

【环境治理】 2020年，阿克图别克镇开展庭院环境、污水坑沟整治80多次，出动铲车、挖机等机械600多车次，拆除乱搭乱建150多处，清运垃圾8000多吨。新建农村公路41千米，完成自来水饮水改造3.7千米、浆砌石水渠4千米。巷道绿化、栽植各类景观树2.8万多棵，完成农村改厕988座，新增垃圾车1辆、扫路机1辆、吸粪车1辆、环卫保洁车6辆。严格按照河长制工作要求，常态化开展巡河343次。

【脱贫攻坚】 2020年，阿克图别克镇有建档立卡贫困户578户2050人，其中阿克加孜克村脱贫377户1322人、高尔基村已脱贫28户119人、唐努尔村42户143人、阿克图别克村已脱贫51户180人、齐那尔村已脱贫53户199人、哈雷社区已脱贫27户87人。经过全户籍摸排，无新增边缘户、监测户。落实领导班子遍访、包联干部月访，强化“防返贫”监测等制度，完成578户2050人巩固提升，检测户清零，做到坚决防止返贫风险，年收入全部达到5000元以上，实现精准扶贫、精准脱贫的任务目标。 （呼唤）

哈雷社区

【概况】 2020年，阿克图别克镇哈雷社区有户籍人口771户2493人，实有930户2939人。由汉族、哈萨克族、维吾尔族、回族等9个民族组成，其中少数民族2048人，占人口总数的83%。社区有耕地面积222公顷，林地面积22.7公顷。村集体拥有耕地78.3公顷。辖区有各类商业网点159个，驻辖区县、镇单位15个。集体经济收入30万元，人均收入1.28万元。

【党建工作】 2020年，哈雷社区有正式党员56人，预备党员7人，入党积极分子21人。党支部坚持三会一课制度，召开党员大会和群众代表大会6次，开展主题党日活动12次。远程教育学习48次，走访慰问社区党员45人次，干部、访惠聚工作队队员均匀编入五大中心。

【民生保障】 2020年，哈雷社区开展各类生产帮扶55次，发放扶贫牛3头、鸡苗1600只、饲料48袋，实现贫困户富余劳动力转移就业38人，为20户困难群众发放冬季燃煤20吨，建安居富民房6户，危房改造1户。举办职业技能培训1期，培训45人，劳务输出326人，自主转移就业1265人次。完成城乡居民医疗保险缴费2198人、养老保险缴费754人；全民健康体检完成100%。

【综合治理】 2020年，哈雷社区各支驻村力量职责清晰、分工合理、联动有力。召开联户长家庭会议2832场次，提高群众对突发事件的反应能力和自保意识。加强对流动人口的管理,建立每月联系卡和管理台账。对社区60名团结关注群体一对一包联,有针对性地制定帮扶方案,每周定期走访,掌握生产生活情况,开展帮扶帮教工作。开展民族团结一家亲活动12场,主导服务四项活动63场。

【环境治理】 2020年,哈雷社区围绕旅游经济加大环境卫生整治,清理防渗渠2.8千米、清理垃圾635立方米。完成235户改厕任务。宣传动员各族干部群众做好院里院外卫生,教育引导各族群众养成讲文明、爱卫生的良好生活习惯。督促劝导各单位、商家和居民在生产、生活中严格遵守规章制度,做到门前"三包",自觉养成依法、文明的经营行为和生活习惯,预防和减少疾病的发生,提高居民的健康生活水平。筹措1.32万元,打造"千村示范、万村整治"自治区级示范村。2020年,获伊犁州文明社区称号。

【脱贫攻坚】 2020年,哈雷社区有建档立卡贫困户27户97人,低保户220人。贫困人口"两不愁三保障"目标达标,社区干部走访群众5878人次、关心关爱群体630户次。加大摸排走访,确保扶贫路上不漏一户不漏一人,开展扶贫帮困、助残、富民安居工程建设,关注群众生产生活中遇到的难题。

(庄永明)

驻县单位

新疆生产建设兵团第四师七十三团

【新疆生产建设兵团第四师七十三团负责人】

党委书记、政委:吴桂春

党委副书记、团长:黄伟力

【概况】 新疆生产建设兵团第四师七十三团场(简称七十三团)成立于1960年1月,2013年1月更名为新疆生产建设兵团第四师七十三团,11月21日更名金琪珊,2017年12月金琪珊更名为金岗镇,隶属新疆生产建设兵团第四师序列。2020年,团场下辖基层单位28个,其中7个农业连队、1个社区、5个办公室(党政办公室、党建工作办公室、经济发展办公室、社会管理综合治理办公室、社会事务办公室),6个中心,团直单位9个(一连、三连、四连、五连、六连、七连、八连,社区1个,工业园区管委会)。拥有文体广电服务中心、社会事务服务中心、核算中心、城镇管理服务中心、农业发展服务中心、学校、医院、幼儿园8个事业单位。总户数3176户,总人口8263人,其中少数民族人口2379人,占总人口的28.79%。年内出生人口46人。

【经济与社会发展】 2020年,七十三团实现生产总值10.69亿元,减少2.67%;其中,第一产业增加值2.52亿元,增长6 %;第二产业增加值5.46亿元,增长-9.96%;第三产业增加值2.71亿元,增长6.65%;三次产业结构比重为24:51:25。人均生产总值12.93万元,增长2%。全社会固定资产投资1.07亿元,减少37%。团场财政总收入0.76亿元。

【党建工作】 2020年,七十三团有16个党支部,465名党员。其中,在职党员239人,占党员总数的51.4%;离退休党员226人,占党员总数的48.6%;女党员124人,占党员总数的26.7%。全年,发展新党员10人。有13个团支部,155名团员。有9个基层工会,1021名会员。有10个基层妇联(妇委会)组织。全团干部(含连队、社区两委)总人数112人,其中机关干部32人,事业单位干部46人,连队、社区两委干部34人,女干部51人。党员干部84人,占干部总数的75%。

【城镇建设】 2020年,七十三团驻镇单位总数8家,总户数3176户,常住人口8263人。至年末,自来水普及率达到100%,污水处理率达到98%,城镇楼房总建筑面积达到153570平方米,楼房户1932家,入住率达79.8%。全年,投资1400万元,建起城镇换热站3处。

【招商引资】 2020年,七十三团完成招商引资项目6个,投资7908.5万元,当年新增工业企业5家,协助注册成立5家,其中开工项目4个,总投资5.75亿元,餐饮住宿公司5家、物业管理公司1家。固定资产投资1.07亿元,下降31.8%,招商引资落地资金7908.5万元;同比减少47.73%。

【非公经济】 2020年,七十三团有民营经济主体企业64家,其中硅企业5家,电力企业2家,其他企业57家。非公经济实现生产总值10.69亿元,约占全团生产总值的100%。为就业再就业人员提供岗位162个。

【工业】 2020年,七十三团有工业硅企业5家,其他工业18家。23家企业实现工业产值159202亿元。企业产值159202万元,企业增加值54633万元、企业产品销售额14.75亿元。

【团场深化改革】 2020年,七十三团完成土地确权颁证1034人3102公顷。重新核实有效耕地面积3266.7公顷,完成固定资产清理等工作。

【农业】 2020年,七十三团种植面积4805公顷,减少1.03 %。其中,粮食种植面积218.4公顷,总产量3.7万吨,公顷单产7700千克;油料种植面积85.9公顷,减少22.7%;葡萄大棚26座,种植面积3.31公顷,露地葡萄20公顷,年产葡萄450吨;蔬菜大棚195座,种植面积34.8公顷,总产量2409吨。完成农业总产值2.18亿元,同比增长37.6%。其中,种植业产值1.31亿元,增长30.4%;牧业产值2.72亿元,下降10.1%;水产品1750吨,总产值21100万元,减少6.96%。年产果品总产量0.42万吨;农、林、牧、渔、服务业产值5.24亿元,增长5.8%。农、林、牧、渔、服务业产值结构比为6.27:1:77.9:6:2.77。

【农业机械】 2020年,七十三团农业机械总动力14072.23千瓦,比上年增长7%。拥有大型中拖拉机134台,小型拖拉机53台,联合收割机25台,大中型拖拉机配套农机具146台(架),小型拖拉机配套农机具206台(架),大中型拖拉机与配套农机具比1:1.1。年内农机补贴20.68万元,更新具28台架。是年实现水稻、制种玉米等农作物全程机械化,综合机械化率100%。新增农机动力8442.65千瓦,其中新增柴油机8442.65千瓦,新增农机22台、有“2204”拖拉机2台、“604”拖拉机4台、“1604”拖拉机1台、“1304”拖拉机1台。新增农机固定资产投资248.06万元。其中,国家补贴20.68万元,个体户投资227.38万元。年末减少农机数量5台,减少农机总动力344.53万千瓦,其中减少采油机动力344.53千瓦。

【水利】 2020年,七十三团境内干、支防渗渠道总长41千米,高新节水面积420公顷。

【林业】 2020年,七十三团森林资源面积1416.3公顷,覆盖率为5%。全年植树造林面积6公顷。完成“三北”防护林工程面积6公顷。全年林业产业总产值349万元,比上年增长26万元,增长8%。其中,经济林总产4577吨,产值4115万元。水果产量0.46万吨。林业站编制1人。种植树上干杏424.27公顷,年产鲜杏3900吨。

【牧业】 2020年,七十三团牲畜存栏3.57万头(只),比上年下降52%。其中牛0.24万头,下降7.7 %;羊1.93万头,下降62.7%;猪1.37万头,下降31.5 %。年牲畜出栏7.27万头(只),下降26.1%。其中牛0.41万头、羊3.44万头、生猪3.41万头。完成肉类总产4136吨,下降38.4%;其中牛肉656吨、羊肉504吨、猪肉2218吨、禽肉742吨。禽蛋总产4692吨,上升3.3 %。牛奶总产5073吨,减少11.2%。羊毛总产178吨,减少14.8%。存栏能繁母畜1.56万头。年内牛、羊、猪繁育率为92%。七十三团有30万羽家禽养殖基地1个,万头养猪基地1个,大型设施暖圈53栋,大型水产养殖基地1个,水产养殖面积127公顷。规模养殖户25家,20头牛以上的养殖户22家。

【教育】 2020年,七十三团有学校1所,占地面积6.66万平方米,建筑面积12263平方米。学校体育馆面积1307平方米,新建规范化图书室,使用面积300平方米,藏书总量2.88万册。固定资产总值3805.53万元。全年,教育经费投入1955.97万元,其中国家、兵团拨款1950.36万元,师市拨款5.61万元。学校有教职员工101人,专任教师72人,其中:中学教师30人,小学教师42人,幼师15人。在校学生1013人,其中中学生281人,小学生732人,住宿学生132人。中小学少数民族学生667人。

开设初中教学班6个、小学教学班18个。有幼儿园1所,幼儿教学班6个,在园幼儿186人。学龄前儿童入园率100%,小学适龄儿童入学率100%,初中适龄人口入学率100%,高中阶段毛入学率100%。全年,18名贫困学子受助1.375万元,为职工减负34.8万元,1013名中小学生受益。

【卫生】 2020年,七十三团有医院和疾病控制中心各1所,基层标准化医务室7个,有医技人员43人、病床21张。是年,门诊就医13856人(次),其中附近乡村就医2589人(次),住院接受治疗病人6人(次),治愈率100%。全年安排65岁以上老年人免费健康体检612人,录入电子健康档案7395人,任务完成率为100%。参加医疗责任险,病人综合满意度达98%。医疗纠纷为0。食品药品监督66次。全团已婚育龄妇女有1899人。对15~64岁3009人进行健康体检,完成率92.67%。为19对夫妇免费孕前优生健康检查,发放计划生育家庭职工及城镇奖励10.4万元,为6名独生子女伤残死亡家庭发放特别扶助金及一次性补贴3万元。全年,办理35张生育服务证、6张独生子女父母光荣证和2张计划生育光荣证。

【文化】 2020年,七十三团有综合文化活动中心1个、连队综合文化活动室7个,农家书屋7个,广播电视站1个,文化娱乐场所2家(网吧1家,电影院1家);有线数字电视用户1886户,覆盖率80%。是年,新闻外发稿件465篇,第四师可克达拉市广播电视台采用团稿件286条。

【社会保障】 2020年,七十三团职工参加基本养老保险4570人,居民养老保险249人,参加基本医疗保险27129人,居民医疗保险3371人,参加失业保险1746人。全年,为1053户低保户发放低保金94.18万元;为1263名80岁以上老人发放高龄补贴金71.39万元,为17名大病患者发放医疗救助金17.48万元,为204户贫困户发放临时救助、慰问金45.128万元,为9名残疾学生发放助学金1.1万元,完成92名残疾人"十年换证"工作,发放残疾人辅助器17个,落实疫情民生保障政策,对辖区18家中小微企业免征企业基金养老金、失业金、工伤保险单位减免333万元,为10家企业发放稳岗补贴15.5万元,落实企业失业补助38人16.76万元,关心关爱重点群体落实各项补贴32.15万元;为2025退休人员发放养老金7482.07万元,完成23名失业保险职业技能提升补贴的审核发放,完成76份异地医疗费用手工报销41.04万元,异地医疗门诊个人账户返还169人16.3万元,为23人结算生育工伤待遇109.3万元;完成退休人员资格认证1966人(其中当地1702人,异地264人),认证率100%;完成退役军人补费工作;为1名在其他省市读书的低保家庭申请援疆助学金0.6万元。

【人民生活】 2020年,七十三团在岗职工平均工资7.43万元,比上年增长7.43%。连队职工平均收入6.89万元,比上年增加或减少3.3%。居民固定电话用户980户,手机用户1150户。 (赵怀亮)

天山西部国有林管理局巩留分局

【天山西部国有林管理局巩留分局负责人】
党委书记、副局长:王军文
党委副书记、局长:袁红(7月离任)
党委委员、副局长:艾克拜尔·阿木提(维吾尔族)
副局长:库尔班江·玉赛因(维吾尔族)
党委委员、纪委书记:于建国(7月任职)

【概况】 2020年,天山西部国有林管理局巩留分局(简称天西局巩留分局)林区总面积17.79万公顷,林地面积9.67万公顷,其中天然林保护面积9.05万公顷,中央森林生态效益补偿面积0.62万公顷,有林地面积4.74万公顷,共计100个林班,活立木总蓄积1457.02万立方米,森林覆盖率36.93%。

内设党政办公室、森林资源和林政管理科、计划资金管理科、组织劳动人事科、天保工程及公益林管理科、森林保护科、纪检监察室7个职能科室,下设5个管护所,53个管护站、5个木材检查站。核定事业编制人数50人,分局领导职数5个,科级领导职数14个。事业单位首聘人数163人,巩留分局核定事业身份职工人数206人。在职实有人数137人,有党员40人,退休职工219人。

【党建工作】 2020年,天西局巩留分局党委下辖有5个党支部,规范开展三会一课,按照党员发展流程发展党员。全年召开党建专题会2次,班子成员讲党课4次,党委理论中心组学习12次,召开支委会60次,党员大会20次,上党课20次;发展积极分子2人,预备党员1人。分局党委严格落实党风廉政建设责任制,签订年度党风廉政建设责任书5份,召开专题会议4次。对照自治区林业和草原局“以案促改、净化政治生态”专项整治工作,制定具体整改措施143条,各科室对照认领整改;分局党委总结梳理、研判、上报违建别墅、违规津贴、坐收坐支、违规公款接待四项工作整改措施,召开民主生活会和专题组织生活会。

【安全生产】 2020年,天西局巩留分局压实安全生产“一岗双责”和“三个必须”等工作制度,组织召开安全专题会议5次,开展宣传活动和专项整治。全年对189家场所单位开展安全检查,排查隐患11处,全部整改完毕;开展消防知识培训5次,开展安全生产应急救援综合演练1次、机关和各管护所站开展演练10次。投入9000元资金,购买灭火器,更新消防设施,做到责任落实到位、安全措施到位。

【森林防火】 2020年,天西局巩留分局严格落实森林防火责任,推动地方行政首长负责制。召开森林防火形势研判会48次,明确工作目标要求。加大森林防火宣传,发放宣传单32548份、宣传册5719份,受教育人数826人次;常态化开展隐患排查杜绝火源火种进入林区,共检查车辆13180辆、暂扣烤炉395个、火锅47个、打火机308个。常态化开展隐患排查42次,杜绝火源火种进入林区;对接地方政府签订联防联动协议。科学组织防火实战演练,加强扑火机具使用实际操作,提高防灭火实战能力,与巩留县联合开展防火实战演练2次、管护所组织防灭火实战演练9次。全年分局发生2起一般雷击火,均实现“打早、打小、打了”;实现连续37年无重大森林火灾的成绩。

【林业有害生物防控】 2020年,天西局巩留分局加大对一线基层管护所、站内职工综合业务培训,开展业务培训16场次,参训126人次。加强林业有害生物防控和野生动植物保护,开展苹果枝枯病专项调查10次、松材线虫病调查和检疫执法专项行动10次,防范外来危险性有害生物入侵。开展野生动植物保护宣传,加强疫源疫病监测防控,打击破坏野生动物栖息地行为。

【森林资源保护】 2020年,天西局巩留分局加强森林资源管理,上报核准建设项目使用林地手续1宗。完成“十四五”期间森林采伐限额编制和森林经营方案修编,完成森林督查和森林资源管理“一张图”年度更新。与伊犁州、巩留县相关部门对接国土“三调”数据,梳理漏划、错划林地问题图斑4047个,完成举证图斑688个,面积3938.17公顷。开展自治区违建别墅问题清查整治,经巩留县违建别墅问题清查整治专项行动,领导小组研判界定巩留分局塔里木管护站10栋建筑属于违建别墅,5栋于4月23日前由分局自行拆除;5栋予以没收并进行现场移交。联合巩留林区森林公安派出所对各林区开展森林资源管护实效检查暨护林防火清山行动,经巡查,林班未发现伐根,未发生盗伐林木、非法猎捕野生动物现象,责任区内也未发生森林火灾。严格林政执法,规范林业行政管理秩序,确保巩留林区资源安全。

【天然林保护】 2020年,天西局巩留分局加强天然林资源管护与生态修复，完成管护所站设施建设、维修工程和设备的配置，强化巩留林区资源管护能力。森林资源管护按照五级管理制度，将天保工程区9.67万公顷林地按地块、山头、小班落实到5个管护所的管护员人头进行责任管护。全年无偷盗林木、乱捕滥杀野生动物等违法案件。

【落实国有林场事业改制政策】 2020年，天西局巩留分局落实国有林场事业改革政策，积极与相关部门对接，完成所有在职职工按事业单位交纳社会保险的对接工作、完成分局原企业退休职工158人移交地方工作，解决事业单位改制后退休人员工资发放问题。 （安桂菊）

荣 誉

先进个人

自治区先进个人

赵阳、何海基(巩留县红十字会优秀志愿者)获自治区红十字会突出贡献者奖。

熊殷(中国农业发展银行伊犁州分行高级业务主管,驻巩留县塔斯托别乡库克塔拉村工作队队长、第一书记)2020年度被自治区评为“访民情惠民生聚民心”驻村工作先进个人。

哈哈尔·马金(伊犁州工业和信息化局招商协作发展处处长,驻巩留县巩留镇良繁片区党工委良繁社区工作队队长、第一书记)2020年度被自治区评为“访民情惠民生聚民心”驻村工作先进个人。

马如艳(国家税务总局巩留县税务局党委委员、纪检组组长,驻巩留县提克阿热克镇莫因古则村工作队队长、第一书记)2020年度被自治区评为“访民情惠民生聚民心”驻村工作先进个人。

李军贤(巩留县农业农村局党组副书记、局长,驻巩留县阿克吐别克镇阿克吐别克村工作队队长、第一书记)2020年度被自治区评为“访民情惠民生聚民心”驻村工作先进个人。

裴亮(巩留县维稳指挥中心主任,驻巩留县塔斯托别乡英塔木村工作队队长、第一书记)2020年度被自治区评为“访民情惠民生聚民心”驻村工作先进个人。

邢超(巩留县党员电化教育中心主任、三级主任科员,驻巩留县阿尕尔森镇别斯沙拉村工作队队长、第一书记)2020年度被自治区评为“访民情惠民生聚民心”驻村工作先进个人。

解彩霞(伊犁州林木种苗管理总站二级主任科员,驻巩留县东买里镇莫因古则尔村工作队队员)2020年度被自治区评为“访民情惠民生聚民心”驻村工作先进个人。

顾斌(伊犁州林业科学研究院工程师,驻巩留县阿克吐别克镇阔尔吉勒尕村工作队队员)2020年度被自治区评为“访民情惠民生聚民心”驻村工作先进个人。

周文涛(伊犁州中小微企业服务中心干部,驻巩留县巩留镇良繁片区党工委良繁社区工作队队员)2020年度被自治区评为“访民情惠民生聚民心”驻村工作先进个人。

胡晓慧(伊犁州工业和信息化培训中心干部,驻巩留县巩留镇良繁片区党工委良繁社区工作队队员)2020年度被自治区评为“访民情惠民生聚民心”驻村工作先进个人。

武向渊(中国农业发展银行伊犁州分行客户经理,驻巩留县塔斯托别乡库克塔拉村工作队队员)2020年度被自治区评为“访民情惠民生聚民心”驻村工作先进个人。

冯天文(中国农业发展银行伊犁州分行客户经理,驻巩留县塔斯托别乡库克塔拉村工作队队员)2020年度被自治区评为“访民情惠民生聚民心”驻村工作先进个人。

杨平萍(伊犁州党委宣传部四级主任科员,驻巩留县阿尕尔森镇阿克塔木村工作队队员)2020年度被自治区评为“访民情惠民生聚民心”驻村工作先进个人。

努尔兰·波拉提(伊犁州党委宣传部三级主任

科员，驻巩留县阿尕尔森镇阿克塔木村工作队副队长）2020年度被自治区评为“访民情惠民生聚民心”驻村工作先进个人。

马军（伊犁州新源国有林管理局纪检监察室主任，驻巩留县东买里镇克孜勒布拉克村工作队队员）2020年度被自治区评为“访民情惠民生聚民心”驻村工作先进个人。

党晓玲（伊犁州治蝗灭鼠预警指挥中心干部，驻巩留县东买里镇公尚村工作队队员）2020年度被自治区评为“访民情惠民生聚民心”驻村工作先进个人。

王琴（伊犁州工业和信息化局培训中心副主任，驻巩留县巩留镇塔什干沙孜村工作队副队长）2020年度被自治区评为“访民情惠民生聚民心”驻村工作先进个人。

马朝青（中国邮政集团巩留县分公司综合事务专员，驻巩留县阿尕尔森镇塔依吐罕村工作队队员，已去世）2020年度被自治区评为“访民情惠民生聚民心”驻村工作先进个人。

翟梦洁（国家税务总局巩留县税务局风险管理股行政执法员，驻巩留县提克阿热克镇莫因古则村工作队队员）2020年度被自治区评为“访民情惠民生聚民心”驻村工作先进个人。

许瑞（国家税务总局巩留县税务局第一税务所行政执法员，驻巩留县巩留镇提尔曼社区工作队副队长）2020年度被自治区评为“访民情惠民生聚民心”驻村工作先进个人。

张瑞琴（巩留县农业农村局农机推广站技术员，驻巩留县阿克吐别克镇阿克吐别克村工作队队员）2020年度被自治区评为“访民情惠民生聚民心”驻村工作先进个人。

李云（巩留县委办公室信息督查科干部，驻巩留县阿克吐别克镇哈雷社区工作队副队长）2020年度被自治区评为“访民情惠民生聚民心”驻村工作先进个人。

楚豪杰（巩留县委政法委办公室干部，驻巩留县塔斯托别乡英塔木村工作队队员）2020年度被自治区评为“访民情惠民生聚民心”驻村工作先进个人。

库胡瓦特哈孜·斯依提江（巩留县委组织部干部，驻巩留县阿尕尔森镇别斯沙拉村工作队队员）2020年度被自治区评为“访民情惠民生聚民心”驻村工作先进个人。

米来勒·巴合提开尔地（巩留县委党校干部，驻巩留县巩留镇蝶湖社区工作队队员）2020年度被自治区评为“访民情惠民生聚民心”驻村工作先进个人。

曹长峰（巩留县水利局水利管理站副站长，驻巩留具提克阿热克镇萨尔布群村工作队副队长）2020年度被自治区评为“访民情惠民生聚民心”驻村工作先进个人。

艾克然木·阿尔山（巩留县融媒体中心维文编辑部记者，驻巩留县塔斯托别乡巴哈拜村工作队队员）2020年度被自治区评为“访民情惠民生聚民心”驻村工作先进个人。

邵范明（巩留县审计局办公室主任，驻巩留县库尔德宁镇阔克塔勒村工作队副队长）2020年度被自治区评为“访民情惠民生聚民心”驻村工作先进个人。

如克赛依·阿布力孜（巩留县政协财经工作委员会副主任，驻巩留县阿尕尔森镇羊场片区党工委克孜勒齐勒克社区工作队队员）2020年度被自治区评为“访民情惠民生聚民心”驻村工作先进个人。

杨乐（巩留县人民政府办公室信息督查科科长，驻巩留县塔斯托别乡阔那塔木村工作队副队长）2020年度被自治区评为“访民情惠民生聚民心”驻村工作先进个人。

古力别克·卡那阿提（巩留县市场监督管理局食品科科员，驻巩留县东买里镇克热森布拉克村工作队队员）2020年度被自治区评为“访民情惠民生聚民心”驻村工作先进个人。

叶尔开西·艾米尔（巩留县市场监督管理局注册登记科干部，驻巩留县东买里镇东买里村工作队队员）2020年度被自治区评为“访民情惠民生聚民心”驻村工作先进个人。

阿布都肉苏尔·阿布都热义木(巩留县民政局办公室干部,驻巩留县塔斯托别乡综农片区党工委盛荣社区工作队队员)2020年度被自治区评为“访民情惠民生聚民心”驻村工作先进个人。

努尔加娜提·卡孜别克(巩留县住房和城乡建设局农安办技术员,驻巩留县阿尕尔森镇达尔特村工作队队员)2020年度被自治区评为“访民情惠民生聚民心”驻村工作先进个人。

芦英丽(巩留县委宣传部办公室干部,驻巩留县巩留镇牛场片区党工委良种社区工作队队员)2020年度被自治区评为“访民情惠民生聚民心”驻村工作先进个人。

于宪明(巩留县库尔德宁镇景区管委会党组成员、规划监督科科长、库尔墩景区管理办公室主任,巩留县文化体育广播电视和旅游局党组成员,驻巩留县吉尔格朗乡奥夏干德村工作队队员)2020年度被自治区评为“访民情惠民生聚民心”驻村工作先进个人

伊犁州先进个人

努尔江·努尔海依甫(伊犁州林业科学研究院党委书记、副院长,驻巩留县阿克吐别克镇阔尔吉勒尕村工作队队长)2020年度被伊犁州评为“访民情惠民生聚民心”驻村工作先进个人。

丁云(巩留县水利局水政办副主任,驻巩留县牛场片区党工委鑫牛社区工作队队长、第一书记)2020年度被伊犁州评为“访民情惠民生聚民心”驻村工作先进个人。

许克亭(巩留县政协提案办副主任,驻巩留县吉尔格朗乡沙尕村工作队队长)2020年度被伊犁州评为“访民情惠民生聚民心”驻村工作先进个人。

徐晓勤(巩留县政协办公室主任,驻巩留县阿尕尔森镇羊场片区党工委克孜勒齐勒克社区工作队队长)2020年度被伊犁州评为“访民情惠民生聚民心”驻村工作先进个人。

封华(巩留县审计局党组副书记、局长,驻巩留县库尔德宁镇阔克塔勒村工作队队长、第一书记)2020年度被伊犁州评为“访民情惠民生聚民心”驻村工作先进个人。

马武(巩留县政府办公室党总支书记、副主任、一级主任科员,驻巩留县塔斯托别乡阔那塔木村工作队队长、第一书记)2020年度被伊犁治州评为“访民情惠民生聚民心”驻村工作先进个人。

王敏(巩留县融媒体中心新闻采访部主任,驻巩留县塔斯托别乡巴哈拜村工作队队长、第一书记)2020年度被伊犁州评为“访民情惠民生聚民心”驻村工作先进个人。

窦敬伟(巩留县住房和城乡建设局挂职副局长,驻巩留县阿尕尔森镇达尔特村工作队队长、第一书记)2020年度被伊犁州评为“访民情惠民生聚民心”驻村工作先进个人。

崔娟(新源国有林管理局工程师,驻巩留县东买里镇克勒孜布拉克村工作队队员)2020年度被伊犁州评为“访民情惠民生聚民心”驻村工作先进个人。

刘振远(伊犁州公安局森林分局四级主任科员,驻巩留县东买里镇公尚村工作队队员)2020年度被伊犁州评为“访民情惠民生聚民心”驻村工作先进个人。

米拉·阿布拉(伊犁州地震监测中心干部,驻巩留县提克阿热克镇塔勒德村工作队队员)2020年度被伊犁州评为“访民情惠民生聚民心”驻村工作先进个人。

严雪鸿(伊犁州地震监测中心财务科科长,驻巩留县提克阿热克镇塔勒德村工作队副队长)2020年度被伊犁州评为“访民情惠民生聚民心”驻村工作先进个人。

王伟东(伊犁州工业和信息化局办公室干部,驻巩留镇塔什干沙孜村工作队队员)2020年度被伊犁州评为“访民情惠民生聚民心”驻村工作先进个人。

米尔孜别拉力·米尔孜加拉(伊犁州邮政管理局安全监控中心干部,驻巩留县阿尕尔森镇塔依吐罕村工作队副队长)2020年度被伊犁州评为“访

民情惠民生聚民心”驻村工作先进个人。

张中华（伊犁州林木良种繁育试验中心干部，驻巩留县东买里镇琼艾依拉村工作队原副队长）2020年度被伊犁州评为“访民情惠民生聚民心”驻村工作先进个人。

沙吉旦·尕依提（伊犁州林木良种繁育试验中心技术工程师，驻巩留县东买里镇琼艾依拉村工作队队员）2020年度被伊犁州评为“访民情惠民生聚民心”驻村工作先进个人。

张炜（国家税务总局巩留县税务局风险管理股副股长，驻巩留县提克阿热克镇莫因古则村工作队副队长）2020年度被伊犁州评为“访民情惠民生聚民心”驻村工作先进个人。

文凤（巩留县农业农村局农业技术推广站技术员，驻巩留县阿克吐别克镇阿克吐别克村工作队副队长）2020年度被伊犁州评为“访民情惠民生聚民心”驻村工作先进个人。

马江（巩留县农业农村局技术员，驻巩留县提克阿热克镇提克阿热克村工作队队员）2020年度被伊犁州评为“访民情惠民生聚民心”驻村工作先进个人。

马丽亚（巩留县委政法委综治中心干部，驻巩留县塔斯托别乡英塔木村工作队队员）2020年度被伊犁州评为“访民情惠民生聚民心”驻村工作先进个人。

刘民本（巩留县阿尕尔森镇副镇长候选人，驻巩留县阿尕尔森镇别斯沙拉村工作队副队长）2020年度被伊犁州评为“访民情惠民生聚民心”驻村工作先进个人。

吕世林（巩留县委老干局办公室主任，驻巩留县巩留镇蝶湖社区工作队副队长）2020年度被伊犁州评为“访民情惠民生聚民心”驻村工作先进个人。

沙提瓦力地·达肉拜衣（巩留县水利局水利管理站分站站长，驻巩留县提克阿热克镇萨尔布群村工作队队员）2020年度被伊犁州评为“访民情惠民生聚民心”驻村工作先进个人。

常喜荣（巩留县水利局农民用水户协会党支部书记，驻巩留县巩留镇牛场片区党工委鑫牛社区工作队副队长）2020年度被伊犁州评为“访民情惠民生聚民心”驻村工作先进个人。

刘芳（巩留县融媒体中心新闻部干部，驻巩留县塔斯托别乡巴哈拜村工作队队员）2020年度被伊犁州评为“访民情惠民生聚民心”驻村工作先进个人。

伍芳（巩留县审计局办公室干部，驻巩留县库尔德宁镇阔克塔勒村工作队队员）2020年度被伊犁州评为“访民情惠民生聚民心”驻村工作先进个人。

苏健（巩留县汽车客运站有限责任公司职工，驻巩留县吉尔格朗乡沙尕村工作队副队长）2020年度被伊犁治州评为“访民情惠民生聚民心”驻村工作先进个人。

张勇（巩留县交通运输局城市客运管理办公室主任，驻巩留县吉尔格朗乡沙尕村工作队队员）2020年度被伊犁州评为“访民情惠民生聚民心”驻村工作先进个人。

王秀兰（巩留县公安局巡逻防控大队民警，驻巩留县巩留镇西公园社区工作队队员）2020年度被伊犁州评为“访民情惠民生聚民心”驻村工作先进个人。

孙亮（巩留县农业农村局黑蜂管理办公室干部，驻巩留县阿克吐别克镇阿克吐别克村工作队队员）2020年度被伊犁州评为“访民情惠民生聚民心”驻村工作先进个人。

俞兆飞（巩留县政府办干部，驻巩留县塔斯托别乡阔那塔木村工作队队员）2020年度被伊犁州评为“访民情惠民生聚民心”驻村工作先进个人。

迪娜·奴尔木合买提（巩留县市场监督管理局标准计量科科员，驻巩留县东买里镇东买里村工作队队员）2020年度被伊犁州评为“访民情惠民生聚民心”驻村工作先进个人。

邵世斌（巩留县市场监督管理局政策法规科科长，驻巩留县东买里镇克热森布拉克村工作队队员）2020年度被伊犁州评为“访民情惠民生聚民心”驻村工作先进个人。

李环照(巩留县住房和城乡建设局质监站技术员,驻巩留县阿尕尔森镇达尔特村工作队队员)2020年度被伊犁州评为“访民情惠民生聚民心”驻村工作先进个人。

马国栋(巩留县教育局教育研究中心干部,驻巩留县库尔德宁镇莫乎尔村工作队队员)2020年度被伊犁州评为“访民情惠民生聚民心”驻村工作先进个人。

王霞(巩留县教育局基础教育中心干部,驻巩留县库尔德宁镇莫乎尔村工作队队员)2020年度被伊犁州评为“访民情惠民生聚民心”驻村工作先进个人。

马海元(巩留县教育局教研室干部,驻巩留县库尔德宁镇阔克巴克村工作队副队长)2020年度被伊犁州评为“访民情惠民生聚民心”驻村工作先进个人。

孔新安(巩留县教育局均衡中心干部,驻巩留县库尔德宁镇阔克巴克村工作队队员)2020年度被伊犁州评为“访民情惠民生聚民心”驻村工作先进个人。

秦源(巩留县委宣传部办公室干部,驻巩留县巩留镇牛场片区党工委良种社区工作队副队长)2020年度被伊犁州评为“访民情惠民生聚民心”驻村工作先进个人。

牟林锋(巩留县退役军人事务局干部,驻巩留县巩留镇托乎玉孜社区工作队副队长)2020年度被伊犁州评为“访民情惠民生聚民心”驻村工作先进个人。

陈丽(巩留县发展和改革委员会干部,驻巩留县提克阿热克镇阔克阿尕什村工作队副队长)2020年度被伊犁州评为“访民情惠民生聚民心”驻村工作先进个人。

黄春香(巩留县文化体育广播电视和旅游局文化馆馆员,驻巩留县吉尔格朗乡奥夏干德村工作队副队长)2020年度被伊犁州评为“访民情惠民生聚民心”驻村工作先进个人。

武燕刚(巩留县市场监督管理局药械科科员,驻巩留县东买里镇大营盘村工作队副队长)2020年度被伊犁州评为“访民情惠民生聚民心”驻村工作先进个人。

孙路平(巩留县人力资源和社会保障局培训科科长,驻巩留县巩留镇牛场片区党工委农七社区工作队副队长)2020年度被伊犁州评为“访民情惠民生聚民心”驻村工作先进个人。

赵亮(巩留县农业农村局农业技术推广站技术员,驻巩留县提克阿热克镇阿克巴斯陶村工作队副队长)2020年度被伊犁州评为“访民情惠民生聚民心”驻村工作先进个人。

赵丽媛(巩留县农业农村局农机推广站技术员,驻巩留县库尔德宁镇库热村工作队副队长)2020年度被伊犁州评为“访民情惠民生聚民心”驻村工作先进个人。

吴云飞(巩留县财政局金财办负责人,驻巩留县塔斯托别乡伊勒格代村工作队副队长)2020年度被伊犁州评为“访民情惠民生聚民心”驻村工作先进个人。

杨梅(巩留县团委干部,驻巩留县巩留镇乔勒潘社区工作队队员)2020年度被伊犁州评为“访民情惠民生聚民心”驻村工作先进个人。

买迪力·阿克木别克(巩留县农业农村局监理站监理员,驻巩留县阿克吐别克镇齐那尔村工作队副队长)2020年度被伊犁州评为“访民情惠民生聚民心”驻村工作先进个人。

买买提·乌斯曼(巩留县纪委监委信访室主任,驻巩留县塔斯托别乡古丽巴格村工作队副队长)2020年度被伊犁州评为“访民情惠民生聚民心”驻村工作先进个人。

阿依包鲁·杰恩斯(巩留县林业和草原局技术员,驻巩留县阿尕尔森镇萨尔乌泽克村工作队队员)2020年度被伊犁州评为“访民情惠民生聚民心”驻村工作先进个人。

曲立江(巩留县农业农村局兽医工作站技术员,驻巩留县阿克吐别克镇阿克加孜克村工作队副队长)2020年度被伊犁州评为“访民情惠民生聚民心”驻村工作先进个人。

李义花(巩留县委组织部四级主任科员,驻巩留县“访惠聚”驻村工作领导小组办公室三组组长)2020年度被伊犁州评为“访民情惠民生聚民心”驻村工作先进个人。

巩留县提克阿热克镇党委书记郭彦龙被自治州评为第八次民族团结进步模范个人。

巩留县融媒体中心主任戚以洲被自治州评为第八次民族团结进步模范个人。

伊犁州党委宣传部新闻宣传处干部(驻巩留县阿尕尔森镇阿克塔木村访惠聚工作队队员)杨平萍被自治州评为第八次民族团结进步模范个人。

巩留县塔斯托别乡英塔木村干部牛秀花被自治州评为第八次民族团结进步模范个人。

巩留县库尔德宁镇中心小学分校第二支部副书记张培被自治州评为第八次民族团结进步模范个人。

巩留县人民政府办公室一级主任科员肖红被自治州评为第八次民族团结进步模范个人。

新疆伊犁佳和乳业有限公司总经理毛卫东被自治州评为第八次民族团结进步模范个人。

巩留县东买里镇红光村农民赵绪东被自治州评为第八次民族团结进步模范个人。

巩留县牛场农一社区第一书记、党支部书记李江成被自治州评为第八次民族团结进步模范个人。

巩留县塔斯托别乡副乡长夏华被自治州评为第八次民族团结进步模范个人。

巩留县塔斯托别乡阔那塔木村农民吴文明被自治州评为第八次民族团结进步模范个人。

巩留县妇幼保健计划生育服务中心副主任赵先强被自治州评为第八次民族团结进步模范个人。

巩留县吉尔格朗乡阿勒玛勒村干部徐向荣被自治州评为第八次民族团结进步模范个人。

国家税务总局巩留县税务局税源管理股干部艾力丁·努斯来提江(维吾尔族)被自治州评为第八次民族团结进步模范个人。

巩留县提克阿热克镇萨尔布群村农民肉苏尔夏·白克吐尔逊(维吾尔族)被自治州评为第八次民族团结进步模范个人。

巩留县阿克图别克镇高尔基村农民吾买尔江·吐尔逊(维吾尔族)被自治州评为第八次民族团结进步模范个人。

巩留县阿尕尔森镇党委副书记、镇长阿依木拉提·努尔布卡(哈萨克族)被自治州评为第八次民族团结进步模范个人。

巩留县第二中学党支部副书记、校长巴格达提·奶信被自治州评为第八次民族团结进步模范个人。

巩留县库尔德宁镇塔克吐别克村民莫力德尔·艾布都哈得尔被自治州评为第八次民族团结进步模范个人。

巩留县职业技术学校教师达旦·努克先被自治州评为第八次民族团结进步模范个人。

巩留县巩留镇西公园社区副主任苏娟尔被自治州评为第八次民族团结进步模范个人。

巩留县阿尕尔森镇农业经济经营管理站干部杨苏青被自治州评为第八次民族团结进步模范个人。

巩留镇医院退休干部赵翠兰被自治州评为第八次民族团结进步模范个人。

巩留镇人民政府信访干事、巩留镇驻村寺委员会主任依加提·赛达合买提被自治州评为第八次民族团结进步模范个人。

中国邮政集团有限公司伊犁州邮政分公司安全保卫部干部、驻巩留县阿尕尔森镇塔依吐汗村访惠聚工作队队员赛力克·吐尔汗别克被自治州评为第八次民族团结进步模范个人。

巩留县农村信用合作联社东买里信用社主任马杰被自治州评为第八次民族团结进步模范个人。

中国电信巩留分公司阿不都米吉提·阿布拉江被伊犁州电信公司被评民族团结先进个人。

中国电信巩留分公司孙均被伊犁州电信公司评为优秀共产党员。

中国电信巩留分公司张巧成被伊犁州电信公

司评为防疫抗疫先进个人。

中国电信巩留分公司翟勤被伊犁州电信公司评为优秀管理者。

中国电信巩留分公司孙均、陈晓波、张巧成3名员工被伊犁州电信公司评为先进生产者。

中国电信巩留分公司方圆被伊犁州分公司评为工会积极分子。

先进集体

国家先进集体

巩留县农业农村局被中央农办、农业农村部授予“全国农村承包地确权登记颁证工作典型”荣誉称号。

自治区先进集体

巩留县人民政府被新疆维吾尔自治区人民政府评为2020年度自治区农田水利基本建设“天山杯”竞赛先进县(市)综合奖。

巩留县水利局2020年度被自治区评为“访民情惠民生聚民心”驻村工作优秀组织单位。

巩留县财政局被新疆维吾尔自治区精神文明建设指导委员会评为精神文明单位。

巩留县艾克纳尔农副产品加工合作社被自治区农业农村厅评为自治区农民专业合作社示范社。

巩留县农丰农机合作社被自治区农业农村厅评为自治区农民专业合作社示范社。

巩留县久丰农民种植专业合作社被自治区农业农村厅评为自治区农民专业合作社示范社。

巩留县乡情种植专业合作社被自治区农业农村厅评为自治区农民专业合作社示范社。

伊犁州林业和草原局驻巩留县东买里镇莫因古则尔村工作队2020年度被自治区评为“访民情惠民生聚民心”驻村工作先进集体。

伊犁州农业发展银行驻巩留县塔斯托别乡库克塔拉村工作队2020年度被自治区评为“访民情惠民生聚民心”驻村工作先进集体。

国家税务总局巩留县税务局驻巩留县提克阿热克镇莫因古则村工作队2020年度被自治区评为“访民情惠民生聚民心”驻村工作先进集体。

巩留县农业农村局驻巩留县阿克吐别克镇阿克吐别克村工作队2020年度被自治区评为“访民情惠民生聚民心”驻村工作先进集体。

巩留县委政法委驻巩留县塔斯托别乡英塔木村工作队2020年度被自治区评为“访民情惠民生聚民心”驻村工作先进集体。

巩留县委组织部驻巩留县阿尕尔森镇别斯沙拉村工作队2020年度被自治州评为“访民情惠民生聚民心”驻村工作先进集体。

巩留县委党校、老干部局、农村信用联社驻巩留县巩留镇蝶湖社区工作队2020年度被自治区评为“访民情惠民生聚民心”驻村工作先进集体。

伊犁州先进集体

巩留县被伊犁州人民政府评为2020年度伊犁州农田水利基本建设“天山杯”竞赛先进县(市)综合奖。

中国电信巩留分公司被伊犁州电信公司评为“民族团结先进集体”。

中共巩留县东买里镇委员会、中共巩留县塔斯托别乡综农片区工作委员会、中共巩留镇鑫牛社区支部委员会、中共巩留县塔斯托别乡塔斯托别村党支部、巩留县公安局、巩留县高级中学、巩留县人民医院、江苏省张家港市对口支援新疆伊犁巩留县工作组和巩留县众康医用材料有限公司被伊犁哈萨克自治州评为第八次民族团结进步模范集体。

巩留县残疾人联合会被自治州民族团结进步创建工作领导小组办公室评为“自治州民族团结进步示范单位”。

伊犁州林业和草原局驻巩留县阿克吐别克镇阔尔吉勒尕村工作队2020年度被伊犁州评为“访民情惠民生聚民心”驻村工作先进集体。

伊犁州工业和信息化局驻巩留县巩留镇良繁片区党工委良繁社区工作队2020年度被伊犁州评为“访民情惠民生聚民心”驻村工作先进集体。

巩留县水利局驻巩留县提克阿热克镇萨尔布群工作队2020年度被伊犁州评为“访民情惠民生聚民心”驻村工作先进集体。

巩留县水利局驻巩留县牛场片区党工委鑫牛社区工作2020年度被伊犁州评为“访民情惠民生聚民心”驻村工作先进集体。

国家税务总局巩留县税务局驻巩留县巩留镇提尔曼社区工作队2020年度被伊犁州评为“访民情惠民生聚民心”驻村工作先进集体。

巩留县交通运输局驻巩留县吉尔格朗乡沙尕村工作队2020年度被伊犁州评为“访民情惠民生聚民心”驻村工作先进集体。

巩留县政协办公室驻巩留县阿尕尔森镇羊场片区党工委克孜勒齐勒克社区工作队2020年度被伊犁州评为“访民情惠民生聚民心”驻村工作先进集体。

巩留县水利局2020年度被伊犁州评为“访民情惠民生聚民心”驻村工作优秀组织单位。

附 录

巩留县2020年国民经济和社会发展统计公报

2020年，面对突如其来的新冠肺炎疫情和艰巨繁重的改革发展稳定任务，巩留县在自治区、自治州党委的坚强领导下，苦干实干、奋力拼搏，夺取了疫情防控和经济社会发展“双胜利”，为“十三五”圆满收官、全面建成小康社会、开启全面建设社会主义现代化新征程奠定了坚实基础。

一、综合

国民经济增速加快，总体运行良好。初步核算，2020年全县完成生产总值56.58亿元，比上年增长4%(按不变价计算，下同)。其中，一产业20.86亿元，比上年增长5.9%；二产13.46亿元，比上年增长3.6%；三产22.27亿元，比上年增长2.9%。经济结构有所调整，全县三次产业比重由2019年的34.9∶24.1∶41.调整为36.8∶23.8∶39.4。人均生产总值达到29208元。

二、农业

2020年，全县农林牧渔业实现产值31.81亿元，比上年增长7.17%(可比价，下同)。其中，农业产值18.38亿元，比上年增长21.68%；林业产值0.62亿元，比上年增长0.44%；牧业产值12.54亿元，比上年下降9.42%；渔业产值0.15亿元，比上年增长5.47%；农林牧渔服务业产值0.12亿元，比上年增长122.7%。种植业结构继续得到调整，许多农户在龙头企业带领下，自觉调整种植结构，积极参与产业经营，实现农牧民增收。

全县总播种面积(含复播)63.86千公顷，比上年增加5.99千公顷。其中，粮食作物播种面积55.45千公顷，比上年增加1.56千公顷；经济作物播种面积8.41千公顷，比上年增加4.43千公顷。经济作物播种面积中：油料面积为1.8千公顷，比上年增加0.83千公顷；蔬菜面积为0.51千公顷，比上年增加0.15千公顷；甜菜面积为0.88千公顷，比上年增加0.75千公顷；其他作物5.22千公顷，比上年增加2.7千公顷。粮食产量为413750吨，比上年增长12.24%。

表1 2020年主要农产品产量

产品名称	单位	产量	增减(%)
粮 食	吨	413750	12.24
#小 麦	吨	86200	-0.09
玉 米	吨	311200	20.99
油料	吨	6169	185.87
甜菜	吨	67600	563.27
瓜果	吨	3038	-35.79
蔬菜	吨	31836	52.73

畜牧业生产呈现良好的发展势头，年末牲畜存栏头数为59.58万头，比上年增长0.49%；全年共出栏牲畜52.74万头，比上年增长2.23%。肉类总产量达到27557吨，比上年增长5.77%；产牛奶46953吨，比上年增长0.13%；产羊毛1266吨，比上年增长73.42%；农业生产条件进一步改善。农业机械总动力达到27.25万千瓦，增长1.64%；化肥施用量2.46万吨，下降0.4%；农村用电量1538万千瓦时，增长0.2%。

三、工业和建筑业

工业经济实力进一步增强。2020年，全县共有规模以上工业企业11家。累计完成规模以上工业总产值214574万元，比上年下降2.3%，累计完成工业增加值56338.9万元，比上年下降7.1%。

表2　主要工业产品产量

产品名称	单位	产 量	增减(%)
发电量	万度	260490	-10.6
#水电	万度	260490	-10.6
原煤	万吨	82.6	-3.78
工业硅	吨	42274	-18
小麦粉	吨	27000	-0.6
饲料	吨	8893	4.9

全年实现建筑业总产值3亿元，同比增长125.6%，年末拥有资质以上建筑业企业4家。

四、固定资产投资

2020年我县全社会固定资产投资增长119.8%。在总投资中:一产投资增长1112.63%；二产投资增长2683.06%；三产投资增长31%。其中，500万以上投资增长119.8%。

全县房地产投资29601万元，同比增长28.56%，其中住宅投资31157万元，同比增长83.6%，商业营业用房投资10467万元，同比增长171%。

五、贸易

由于城乡居民的有效需求增长，消费对经济的拉动作用日益明显。全县实现社会消费品零售额126579万元，比上年下降3.9%。其中，城镇社会消费品零售总额为96589.9万元，比上年下降5.96%；乡村社会消费品零售总额29989.1万元，比上年增长3.3%。按消费形态看，商品零售业实现零售总额107183.8万元，比去年增长0.5%，餐饮业实现零售总额19395.2万元，比去年下降22.5%。

全县实现限额以上社会消费品零售额7839.7万元，比上年增长41.6%。

六、交通运输、邮电

邮政业和电信业发展步伐加快，基础设施建设得到加强，通信能力、服务质量不断提高。全年完成邮政业务总量663万元；固定电话用户达到2.56万户，固定电话普及率为43部/百户；移动电话用户达到21.24万部，移动电话普及率为110部/百人。

七、财政

2020年，全县地方财政收入累计完成49319万元，较上年增长68.34%。一般公共预算收入为21220万元，较上年增长11.85%，其中：税收收入15710万元，较上年增长7.41%。全县地方财政支出309835万元，比上年增长33.93%。一般公共预算支出258806万元，较上年增长31.71%。

表3　财政收入、支出

指 标	单位	金额	增减(%)
一般公共预算收入	万元	21220	11.85
#税收收入	万元	15710	7.41
一般公共预算支出	万元	258806	31.71
#一般公共服务支出	万元	15683	22.31
教育支出	万元	54138	-0.64
科学技术	万元	2445	0.12
社会保障和就业支出	万元	28141	22.03
卫生健康支出	万元	26983	34.06
农林水支出	万元	64787	92.54
节能环保	万元	1755	-67.55

八、金融

金融机构积极改进服务方式，不断提高服务质量，充分发挥金融的特殊作用，有力地支持了县域经济健康快速发展。年末银行存款余额为51.71亿元，较上年增长15.3%。银行贷款余额达到27.33亿元，较上年增长27%。

表4　年末金融机构各项存贷款余额

指标	2020年(亿元)	增长(%)
年末银行各项存款余额	51.71	15.3
#城乡居民储蓄存款余额	35.97	15.5
年末银行各项贷款余额	27.33	27

九、教育

基础教育不断加强,义务教育普及程度继续提高,教育事业继续发展。2020年,全县共有学校100所,其中职业高中1所、高级中学1所、九年一贯制学校2所、初级中学2所、小学26所、幼儿园68所。全县在校学生数达41563人。

十、文化、卫生

文化事业健康发展。全县共有电影院1个,文化馆1个,档案馆1个,调频广播发射台1座,县级电视台1座,乡级文化广播站12座,电视人口覆盖率99 %,广播覆盖率99%。有线数字电视用户达4100户。医疗卫生条件进一步改善,卫生事业健康发展。全县现有卫生计生医疗机构127家,其中县级医疗卫生机构4所(人民医院、中医医院、妇幼保健计划生育服务中心、疾控中心)、乡镇卫生院(社区卫生服务中心)9所,牧区卫生院1所,社区卫生服务站6所,村(队)卫生室68所,个体诊所36所,民营医院3所;全县医疗卫生机构编制床位810张;医疗卫生人员1369人,其中高级及以上职称64人、中级职称104人、初级职称566人;村医疗点普及率达100%。

十一、人民生活、就业和社会保障

城乡居民收入继续增加,生活水平有所提高。据抽样调查推算,全县城镇居民人均可支配收入30490元,比上年增加1240元,同比增长4.2%;农村居民人均可支配收入15151元,比上年增加1109元,同比增长7.9%。社会保障和福利事业取得新进展,全县参加失业保险人数10826人,城镇职工基本养老保险参保人数16587人,城乡居民基本养老保险参保人数61026人。全县基本医疗保险参保人数172100人,其中城乡居民基本医疗保险参保人数155154人。全县城镇得到最低生活保障救济的人数达到2281人,农村得到最低生活保障救济的人数达到10085人。

注:

1.公报中发布的2020年数据为初步统计数。部分数据因四舍五入的原因,存在着与分项合计不等的情况。

2.公报中地区生产总值(GDP)、各产业及相关行业增加值按现价计算,增长速度按不变价计算。

3.规模以上工业统计范围为年主营业务收入2000万元及以上的工业企业。

4.固定资产投资统计范围为计划总投资500万元及以上建设项目,房地产投资统计范围为房地产开发经营企业。

5.社会消费品零售总额统计中限额以上单位是指年主营业务收入2000万元及以上的批发业企业(单位)、500万元及以上的零售业企业(单位)、200万元及以上的住宿和餐饮业企业(单位)。

6.本公报中,农业、建筑、邮电、财政、金融、教育、科技、文化、卫生、体育、人口、社会保障等相关数据均来源于部门提供。

7.2020年开展第七次全国人口普查,人口相关数据拟于人口普查统计公报中发布,公报中不再单独发布人口数据。公报中涉及的人均指标根据人口预计数计算得到。